Trees/Whiting/Omansen

Drei Jahre nach Null

1 *Das erste Fronleichnamsfest nach sechs Jahren: in den Trümmern von Mülheim/Ruhr, 1945.*

Wolfgang Trees
Charles Whiting
Thomas Omansen

Drei Jahre nach Null

Geschichte der
britischen Besatzungszone
1945–1948

Ein Bild/Text-Band

Droste Verlag Düsseldorf

Fotonachweis:

AP (1), Herbert Arnolds (1), Werner Brähne (1), Bundesarchiv (3), Bundespresseamt (1), Walter Dick (1), dpa Deutsche Presse-Agentur (3), Imperial War Museum, London (142), Keystone (1), Otto Pesch (1), Josef Prümm (2), Rheinische Post Archiv (6), Theatersammlung Hamburg (3), Sammlung Trees (77), Ullstein Bilderdienst (3).

Alle übrigen Bilder sind aus verschiedenen alliierten Archiven.

Sonderausgabe für Gondrom Verlag GmbH & Co. KG, Bindlach 1989

Schutzumschlag- und Buchgestaltung: Helmut Schwanen
Druck: Zumbrink Druck GmbH, Bad Salzuflen
Lithos: Droste Klischee und Litho, Düsseldorf
ISBN 3-8112-0644-3

Inhalt

Erscheint vorläufig wöchentlich einmal

Aachener NACHRICHTEN

Einzelpreis 20 Pf.

Publikationsorgan für den Regierungsbezirk Aachen

1. Jahrg. Nr. 1 — Aachener Nachrichten-Verlag, Aachen — 24. Januar 1945

Russischer Siegeszug rollt weiter!

Alliierte Flugzeuge zerschlagen Rundstedt's Rückzugskolonnen

St. Vith erreicht

Mit der amerikanischen Armee, 24. Jan. Die Frontberichterstatter melden, die Vorausabteilungen der amerikanischen 7. Panzerdivision erreichten St. Vith.

*

Schwärme von Jagdbombern belegten gestern die zum Rückzug aus dem Ardennenfront-Vorsprung dicht aufgefahrenen Kraftfahrkolonnen mit einem Bombenhagel.

Bombengeschwader der 9. Amerikanischen Flugwaffe allein vernichteten 1593 Kraftfahrzeuge und beschädigten weitere 1179. Etwa 65 Panzer wurden außer Gefecht gesetzt.

Die deutschen Kraftfahrkolonnen wurden südwestlich von Prum und bei Diekirch angegriffen. Das 19. taktische Flugkommando hat somit den in der Normandie aufgestellten Rekord geschlagen, als bei den Kämpfen um Falaise etwa 1000 Kraftwagen vernichtet wurden. Mit Ausnahme des Gebiets nördlich von Straßburg ist die Initiative an der gesamten Westfront wieder an die Alliierten übergegangen.

Der Ardennenfrontvorsprung ist so gut wie beseitigt. General Patton's 3. Amerikanische Armee ist auf 30 Kilometer breiter Front in einer Tiefe von 8 Kilometer weiter vorgestoßen und steht nur noch 10 Kilometer vor der deutschen Grenze. Der alliierte Heeresbericht meldet über die Lage in den Ardennen: Die Alliierten haben Born gesäubert und stehen 3 Kilometer nördlich von der deutschen Kernstellung in St. Vith. Wiltz in Luxemburg wurde befreit.

Am Nordabschnitt der Front im holländisch-deutschen Grenzgebiet rücken die Verbündeten in östlicher Richtung weiter vor. Der alliierte Heeresbericht gibt dazu bekannt: Nördlich von Zetten wurden die Deutschen über den Delinge-Kanal zurückgedrängt. Deutsche Gegenangriffe wurden bei Waldfeucht, an der deutsch-holländischen Grenze abgeschlagen. Südlich von Waldfeucht wurden Honten und Selsten besetzt.

Im Elsaß steht die 1. französische Armee unter dem Befehl von General de Lattre de Tassigny auf einer 40 Kilometer breiten Front am Westufer des Rheins südlich von Kolmar im Angriff. Die ungünstigen Witterungsverhältnisse beeinträchtigen stark die Operationen. In den vergangenen 36 Stunden wurden Frontberichten zufolge über 1000 Gefangene eingebracht. Der alliierte Heeresbericht meldet, daß die wichtigsten Vorstädte von Mülhausen gesäubert wurden.

Im Monat Dezember erlitt Feldmarschall von Rundstedt's Armee 130 000 Mann Verluste, davon 50 000 an Gefangenen. Die alliierten Verlustziffern bis zum 11. Jan. betrugen 55 421. Davon sind 18 416 gefangen genommen worden.

Alliierte Heeresleiter konferieren

Der amerikanische General der Armee Dwight D. Eisenhower (links), Oberster Befehlshaber der Alliierten Streitkräfte, und der britische Feldmarschall Sir Bernard Montgomery, Kommandierender General der 21. Armeegruppe, konferieren über die Kriegslage.

Amerikanische Truppen rücken auf Manila vor

Washington, 24. Jan. — Die amerikanischen Streitkräfte von General Mac Arthur sind auf der Insel Luzon 17 Kilometer auf ihrem Vormarsch auf der Hauptstraße nach Manila, der Hauptstadt der Philippinen, vorgerückt.

Sie haben Capas und Santa Monica, etwa 17 Kilometer südlich von dem kürzlich eroberten Verkehrsknotenpunkt Tarlac, auf der nord-südlichen Hauptstraße, befreit und stehen nun 16 Kilometer vom Clark Feld, dem wichtigsten Flugplatz auf der Insel Luzon.

Cuyano und Anao, nordöstlich von Tarlac, wurden von den Amerikanern erobert.

Admiral Halsey gab bekannt, daß amerikanische Flieger der Dritten Luftflotte in elf Tagen japanische Schiffe von beinahe 500 000 Tonnen Gehalt im süd-chinesischen Meer, wie auch 100 feindliche Flugzeuge, vernichtet haben.

Washington, 23. Jan. — Fliegende Großfestungen bekämpften im Anflug von Saipan die Hauptinsel Japans Hondo.

Auf der dicht besiedelten Insel befinden sich außer Tokio noch bedeutende Städte wie Yokohama, Kyoto, Kobe und Osaka.

Alliierte Bomber greifen Treibstofflager in Duisburg an

London, 24. Jan. — Ueber 200 amerikanische Schwerbomber machten am Montag einen Tagesangriff auf die Werke für synthetischen Treibstoff in Sterkrade, nordöstlich von Duisburg. In der Nacht zum Dienstag griffen starke britische Bomberverbände Ziele in Westdeutschland an, vor allem die synthetischen Treibstoffanlagen in Duisburg.

In den lezten Tagen konzentrierten sich die alliierten Fliegerangriffe in erster Linie auf deutsche Verkehrswege, während ihr Hauptziel in der Woche vorher die deutsche Treibstoffindustrie war. Aber auch dieser wie jeder andere Zweig der deutschen Rüstungsindustrie blieb nicht verschont.

Immer weniger verhindert das Wetter den Anflug großer Bomberformationen. In der Nacht von Sonntag auf Montag wurde Kassel von britischen Schwerbombern

(Fortsetzung 4. Seite!)

Bromberg erobert Ostpreußen überrannt 270 km vor Berlin

Moskau, 23. Jan. – Marschall Stalin erließ heute abend drei Tagesbefehle, in denen er bekannt gab, daß die russischen Streitkräfte Bromberg eroberten, bis 40 Kilometer nordöstlich Königsberg vordrangen und den Vormarsch auf Danzig fortsetzten.

*

London, 23. Jan. — Die Truppen Marschall Schukow's stehen auf halbem Wege von Warschau nach Berlin. Sowjetische Spitzenverbände sind rund 270 Kilometer von der Reichshauptstadt entfernt. — Etwa die Entfernung Aachen—Karlsruhe oder Aachen—Fulda. Die Ostgrenze des Reichs ist an drei Fronten in großer Tiefe durchstoßen worden. Ostpreußen wird vom Süden und Osten her überrannt.

Die Hauptbahnlinie zwischen Ostpreußen und dem übrigen Reich ist durchschnitten. 200 000 Mann deutscher Tuppen droht Isolierung, wie der seit vielen Monaten im Kurland eingekesselten deutschen Armee.

Das Wartheland ist zur Hälfte durchstoßen. In Schlesien wird um die Zugänge zu Breslau, in Oberschlesien um die nach Oppeln gekämpft.

Volkssturmbataillone und Landwacht werden an die Front geworfen. Die 20 Kerndivisionen, die in die Ardennenoffensive geworfen wurden, fehlen. 28 Divisionen sind in Italien gebunden. Die Armee Weichs wird in Jugoslawien festgehalten.

Rundstedt ist im Ardennenraum im großen und ganzen auf seine Ausgangsstellungen zurückgegangen.

Ungeachtet der tödlichen Gefahr aus dem Osten, setzt das OKW. die Angriffe an den beiden Nebenfronten von Straßburg und Stuhlweißenburg in Ungarn fort.

Königsberg und Posen bedroht

In 24 Stunden ist die Armee von Marschall Schukow 63 Kilometer vorwärts gestürmt und befindet sich nur noch 272 Kilometer von Berlin entfernt. Mit der Einnahme von Labiszyno in Polen ist Schukow nahe an Bromberg herangekommen, während sich andere Verbände seiner Armeegruppe nach der Erstürmung des wichtigen Eisenbahnknotenpunktes von Gnesen, etwa 48 Kilometer von Posen, befinden.

In Ostpreußen haben die Russen die große Stadt Insterburg erobert und stehen 50 Kilometer vor der ostpreußischen Hauptstadt Königsberg. Marschall Rokossowsky drang in 24 Stunden 40 Kilometer über Tannenberg hinaus, eroberte

(Fortsetzung nächste Seite!)

Polizeistunde wird morgen vorgerückt

Die Ausgangszeit und die Verdunkelungszeit werden in der Stadt Aachen vom 25. Januar an um eine halbe Stunde vorgerückt, teilte uns gestern die militärische Regierungsbehörde mit.

Der Bevölkerung ist es erlaubt bis 18 Uhr anstatt 17.30 Uhr wie bisher auf den Straßen zu bleiben.

Das Ausgehverbot und die Verdunkelungszeit dauern bis 7 Uhr morgens.

Schirmfabrikant erhält Gefängnis wegen Hamsterei

Der Schirmfabrikant Artur Brauer und seine Ehefrau Emilie aus Aachen wurden beide letzte Woche vom einfachen Militärgericht zu neun Monaten Gefängnis verurteilt, weil sie Lebensmittel hamsterten und vor den amerikanischen Behörden verhehlten.

Emil Brauer, ein Bruder des Fabrikanten, der der Hilfeleistung bei diesem Vergehen für schuldig befunden wurde, erhielt vier Monate Gefängnis.

Das Urteil wurde nach den Bestimmungen eines deutschen Gesetzes vom Sept. 1939 gefällt.

Vor Gericht wurde der Beweis erbracht, daß Brauer und seine Frau im Besitze von großen Mengen Mehl, Zucker und Konserven waren, die sie im Schleichhandel erstanden hatten. Gleichzeitig wurde festgestellt, daß sie die sämtlichen Vorräte eines Lebensmittelgeschäfts in ihrer eigenen Fabrikanlage aufkauften und sie in ihre Wohnung, Prinz-Heinrich-Straße 5, transportierten. Die Lebensmittel wurden in Schirmschachteln dorthin geschafft, bevor die amerikanische Armee Aachen besetzte.

Die Untersuchungsbehörden fanden einen Teil der gehamsterten Waren in einem neben dem Schlafzimmer des Ehepaares liegenden Zimmer. Der Rest war in Blechdosen in ihrem Garten vergraben.

2 *Die Zeitung mit der »Lizenz Nummer 1« im Nachkriegsdeutschland: Nummer 1, Jg. 1, Aachener Nachrichten.*

Einleitung

Über drei Jahrzehnte sind seit dem Ende des Zweiten Weltkrieges vergangen. Jeder zweite Deutsche ist nach jenem schrecklichen Jahr 1945 geboren, in dem der Krieg zu Ende ging. Junge Männer und Frauen Mitte der Dreißig können sich heute nicht mehr vorstellen, wie ihr Land damals aussah.
Die Verwüstungen in Deutschland waren schlimmer als nach dem Dreißigjährigen Krieg. Große Städte lagen in Schutt und Asche. In den Trümmern gab es kein Gas, keine Elektrizität, kein Wasser und nur wenig Nahrung. Millionen von Deutschen saßen noch hinter Stacheldraht – entweder in ihrem eigenen Lande oder verstreut in vielen Ländern rund um den Erdball. Millionen waren tot. Im Sommer 1945 starb in Hamburg jedes fünfte Kind binnen Monatsfrist nach der Geburt. Alles und jeder wurde nur von einem einzigen Gedanken beherrscht: Wie können wir überleben?
Heute ist dieses Deutschland von 1945 nur noch eine verblaßte Erinnerung. Es hat sich in Nichts aufgelöst. Die gelben Gesichter in den Straßen, die zerlumpten grauen Uniformen, die Krüppel, die leeren Läden, in denen es nichts zu kaufen gab, die Leute schließlich, die nirgendwohin gehen konnten . . . Heute ist dieses zerlumpte Volk von damals zu einem der reichsten Europas geworden. Längst sind die Ruinen durch Wolkenkratzer und durch die zweite Generation neu gebauter Appartementwohnungen ersetzt. Westdeutschland hat sich mit schwindelerregendem Tempo aus den Tiefen der Armut zu neuem Wohlstand emporgeschwungen. Es ist Partner anderer europäischer und überseeischer Länder, die Deutschland geschlagen hatten und ihm dann halfen, wieder auf die Beine zu kommen. Manchmal mochte es sogar scheinen, als hätten Sieger und Besiegte ihre Rollen getauscht. Innerhalb von dreißig Jahren hat das Rad sich einmal gedreht.
Wie konnte es dazu kommen? Wir hoffen, die Anfänge in »Drei Jahre nach Null« erklären zu helfen. Wir schrieben diesen Rückblick nicht ohne Dank und Mitgefühl für jene, die dies alles fertigbrachten.

W.T., C.W., T.O.

»Es geht alles vorüber, es geht alles vorbei,
auf jeden Dezember folgt wieder ein Mai.«

(Volkstümliches Lied im Zweiten Weltkrieg und danach)

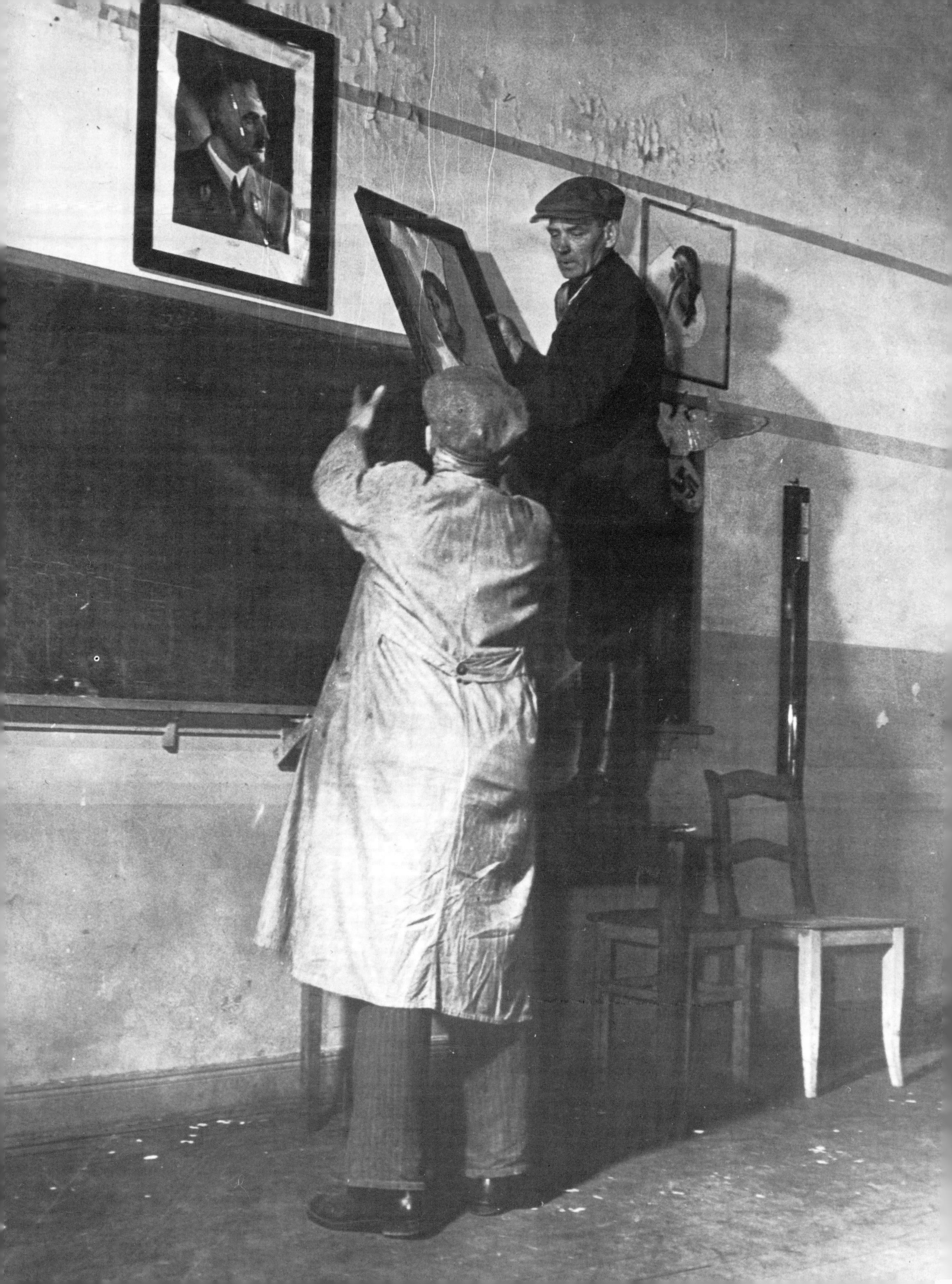

1. Das Ende in der Heide (Mai 1945)

Sie kamen in einem Mercedes. Vor ihnen fuhr ein britischer Panzerspähwagen. Als sie aus dem Mercedes ausstiegen, waren ihre Gesichter hart und unbeweglich. Nur ihre Augen zeigten, daß sie wußten: sie waren schließlich doch geschlagen worden.

Sie stapften über die feuchte Heide, kamen an einem halbversteckten Sturmgeschütz vorbei und schritten auf Montgomerys Wohnwagen zu, wo der kleine, dürre britische Feldmarschall sie erwartete.

Montgomery stand vor seinem Wagen. Sie mußten sich an der vorbereiteten weißen Trennungslinie aufstellen, während der Feldmarschall sie von den Stufen seines Wohnwagens von oben herab betrachtete: Generaladmiral von Friedeburg, der noch vor Monatsende Gift nehmen wird; General Kinzel, der sich noch in diesem Mai 1945 erschießen wird; Major Friedel, der zusammen mit seinem englischen Bewacher bei einem Autounfall zu Tode kommen wird, und schließlich Konteradmiral Gerhard Wagner, der einzige der hohen Offiziere, der diesen Mai 1945 überleben wird . . .

Schließlich begann Montgomery zu sprechen.

»Was wünschen Sie?« fragte er.

»Wir sind gekommen«, sagte Admiral von Friedeburg den Tränen nahe und mit Hilfe des britischen Dolmetschers (die Deutschen hatten vergessen, ihren eigenen mitzubringen), »um Sie im Auftrag von Feldmarschall Busch zu fragen, ob Sie die Übergabe der drei deutschen Armeen annehmen, die sich vor den Russen in Mecklenburg zurückziehen.«

Von Friedeburg hatte vom Reichspräsidenten Dönitz den Befehl, die deutsche militärische Teilkapitulation für den gesamten norddeutschen Raum anzubieten. Dönitz wollte den Krieg so schnell wie

◁ 3 *Auch eine »Zeitenwende«: zwei Arbeiter in Aachen holen ein Hermann-Göring-Bild aus einer Schule, 4. Mai 1945.*

4 *Die Sieger in Berlin, 6. Juni 1945: v. l. Marschall Schukow, General Eisenhower, General de Lattre de Tassigny (Rücken zum Betrachter) und Feldmarschall Bernard Montgomery vor Konferenzbeginn.*

5 *Der Osten trifft auf den Westen . . . 16. April 1945, gegen 16 Uhr in Torgau. Die 1. US-Armee trifft mit russischen Truppen zusammen. Der US-Soldat ist der Gefreite Frank Huff, Washington. Im Hintergrund die Elbe.*

möglich beenden, um weiteres Blutvergießen zu ersparen. So lange wie möglich aber wollte er die von den Alliierten für das Kriegsende vereinbarte Gesamtkapitulation aufschieben, um die Fronten und die Bevölkerung vor der Kapitulation gegenüber der Sowjetunion nach Westen zurückzunehmen. Der Befehl für von Friedeburg lautete, nach der Kapitulation vor Montgomery bei General Eisenhower die Übergabe für den gesamten Westen zu erklären.

Von Friedeburg, letzter Oberbefehlshaber der Kriegsmarine, mochte jetzt auch an seinen Sohn

denken, U-Boot-Kommandant in der Ostsee, dem Operationsgebiet der Russen, in den letzten Monaten Schauplatz der größten maritimen Rettungsaktion der Geschichte, bei der Kriegs- und Handelsmarine über zwei Millionen Flüchtlinge und Verwundete aus West- und Ostpreußen und Pommern auf dem Seeweg in den Westen brachten. Jetzt las von Friedeburg den Brief vor, der im Hauptquartier von Großadmiral Dönitz vorbereitet worden war: »Wir machen uns große Sorgen um das Leben der deutschen Zivilisten, die mitgetrieben werden, wenn unsere Armeen vor den nachrückenden Russen zurückgehen.«

6 *Das Ende in der Heide: die deutsche Übergabedelegation kommt zu Montgomerys Wohnwagen.*

7 *Unter der britischen Flagge: Feldmarschall Busch, britischer Offizier, Montgomery.* ▷

8 *Montgomery liest die Kapitulationsbedingungen den deutschen Offizieren vor: 4. Mai 1945.*

Montgomery antwortete sehr bestimmt: »Die Armeen, von denen Sie sprechen, kämpfen doch gegen die Russen. Wenn sie sich jemandem ergeben wollen, dann müssen sie sich den Russen ergeben. Mich geht das nichts an.«
Der Engländer machte Anstalten, sich auf dem Absatz umzudrehen und in seinen Wohnwagen zurückzugehen, der von den Italienern in der Wüste Nordafrikas geplündert worden war. Dann plötzlich sagte der Engländer: »Sind Sie darauf vorbereitet, mir die deutschen Truppen an meiner West- und Nordflanke zu übergeben? Ich meine, alle

deutschen Einheiten zwischen Lübeck und Holland und alle Truppen, die Ihnen unterstehen, auch die in Dänemark?«
Von Friedeburgs Antwort war ein festes »Nein«. Und er fuhr fort: »Wir machen uns große Sorgen über die Lebensbedingungen der Zivilisten in diesen Gebieten. Wir würden gerne mit Ihnen eine Übereinkunft treffen, die verhindert, daß unter ihnen ein Blutbad stattfindet.«
Diesmal sagte Montgomery: »Nein.«
»Über irgendwelche Bedingungen werde ich mit Ihnen nicht diskutieren . . . Ich frage mich übrigens, ob irgend jemand von Ihnen überhaupt die Lage an der Westfront kennt!«
Die deutschen Unterhändler schüttelten schweigend den Kopf. Da zog Montgomery seine Gefechtskarten hervor, auf denen mit roten Stiften der unaufhaltsame Vormarsch seiner Armee durch Holland und Norddeutschland markiert war. Eine Million Soldaten!
Über das aschgraue Gesicht des Admirals liefen Tränen. Er hatte sich nicht mehr in der Gewalt. Montgomery befahl, die Deutschen fortzuführen und ihnen etwas zu essen zu geben. Aber von Friedeburg erholte sich auch während des Mittagessens nicht. Montgomery wartete unterdessen in seinem Wohnwagen ab, welchen Entschluß die Deutschen fassen würden.

*

Montgomerys Stimmung an diesem naßkalten Mai-Nachmittag in der Heide bei Timmerlohberg besserte sich etwas, als er sich vor Augen führte, daß dies sein letzter großer Sieg sein würde, obwohl Churchill und sein eigener Stabschef Eisenhower ihm untersagt hatten, eine Teilkapitulation der deutschen Truppen anzunehmen, die ihm gegen-

9 *Deutschland, das Land der Flüchtlinge.*

10 *Jüchen: Panzer rücken nach Mönchengladbach.*

11 *Hellenthal: die Amerikaner kommen vorbei.*

überstanden. Es müsse eine totale Übergabe an allen Fronten einschließlich der russischen stattfinden, so hatte es geheißen – oder gar keine. Aber Montgomery handelte auf eigene Faust.

*

4. Mai 1945. Hamburg, zur offenen Stadt erklärt, war seit gestern in englischer Hand, Lübeck seit vorgestern. Das RAF Bomber Command hatte am 2./3. den letzten Angriff auf Deutschland geflogen: 174 t Bomben auf den Kieler Hafen. Die Masse der deutschen Truppen im mecklenburgischen Raum hatte sich in schweren Kämpfen gegen die Russen auf das Westufer der Elbe und die Linie Schwerin–Wismar durchgeschlagen und sich den Angelsachsen ergeben, die bereits nach Mecklenburg vorgestoßen waren. Die russischen Truppen hatten in Berlin den letzten Widerstand niedergekämpft. Auf den Trümmern des Reichstages wehte die sowjetische Flagge. München war in amerikanischer Hand. An der Donau nahmen amerikanische Verbände Linz und drangen auf Salzburg vor. Kämpfe auf der Frischen Nehrung, Kampfpause in Kurland. Keine Kampfhandlungen im von deutschen Truppen besetzten Holland, in Dänemark und Norwegen. Die Heeresgruppe in Italien hatte kapituliert. Das Westheer befand sich in Auflösung. Die Armeen in Pommern, Brandenburg und Schlesien setzten sich in Richtung auf die Demarkationslinie ab, die der deutschen Führung als von den Alliierten vereinbartes angelsächsisches Besatzungsgebiet bekannt waren. Und vor der vorrückenden russischen Front die Flut der Millionen Flüchtlinge!
Jetzt war es 18 Uhr und beinahe dunkel. Über dem Wohnwagen in der Heide vor den Toren Lüneburgs flatterte der »Union Jack« in einer steifen

12 *Unweit vom Hbf. Mönchengladbach: 1. März 1945.*

13 *In Dreiborns Kirche: Warten auf den Transport.*

14 *Geflüchtete Xantener und britische Soldaten.*

15 *Unterwegs mit dem Bollerwagen: bei Heppendorf rücken die Amerikaner vor – sechs von Tausenden »unterwegs«.*

Brise. Durch den Zelteingang sah man den viereckigen Tisch, der mit einer grauen Armeewolldecke bedeckt war. Rundherum waren sechs harte Stühle gruppiert, deren Lack im Licht der elektrischen Birnen glänzte. Es herrschte völlige Stille.

Dann kam Montgomery das Treppchen vor seinem Wohnwagen herab. In der Tasche seines schäbigen Wollmantels hatte er eine vorbereitete Erklärung, die er in typisch englischer Untertreibung »das Stück Papier« nannte.

Von der anderen Seite kamen die Deutschen über die braune Heide. Einzig und allein die scharlachroten Spiegel von General Kinzel verliehen dem traurigen Aussehen der deutschen Gruppe ein bißchen Farbe. Kinzel trug ein Monokel. Jetzt gingen sie in das Zelt und standen hinter ihren Stühlen.

Auch Montgomery trat ein. Die Deutschen grüßten. Montgomery gab ihnen ein Zeichen, sich zu setzen.

Dann setzte er umständlich seine Brille auf und holte »das Stück Papier« hervor. Es war nicht mehr und nicht weniger als die Kapitulationsurkunde. Der Feldmarschall begann zu lesen: »1. Das Oberkommando der deutschen Wehrmacht erklärt sich einverstanden mit der Übergabe sämtlicher deutscher Streitkräfte in Holland, in Nordwestdeutschland einschließlich der Friesischen Inseln und Helgoland und aller anderen Inseln in Schleswig-Holstein und in Dänemark an den Oberbefehlshaber der 21. Heeresgruppe. Das schließt alle Schiffe in diesen Zonen ein. Diese Streitkräfte haben die Waffen zu strecken und sich bedingungslos zu ergeben. 2. Alle Kampfhandlungen auf dem Lande, zur See und in der Luft durch deutsche Streitkräfte in den vorgenannten Gebieten sind um 08.00 Uhr vormittags doppelte britische Sommerzeit am Sonnabend, dem 5. Mai 1945, einzustellen . . .«

Als Montgomery zu Ende gelesen hatte, schaute er zu den um den Tisch versammelten Deutschen hinüber.

»Die deutsche Delegation wird jetzt unterschreiben, und zwar gemäß der Rangordnung«, befahl er.

16 *Das Dokument der Niederlage vom 4. Mai 1945: Admiral von Friedeburg unterschreibt als erster. Montgomery verbessert die Datumszahl (unten links).*

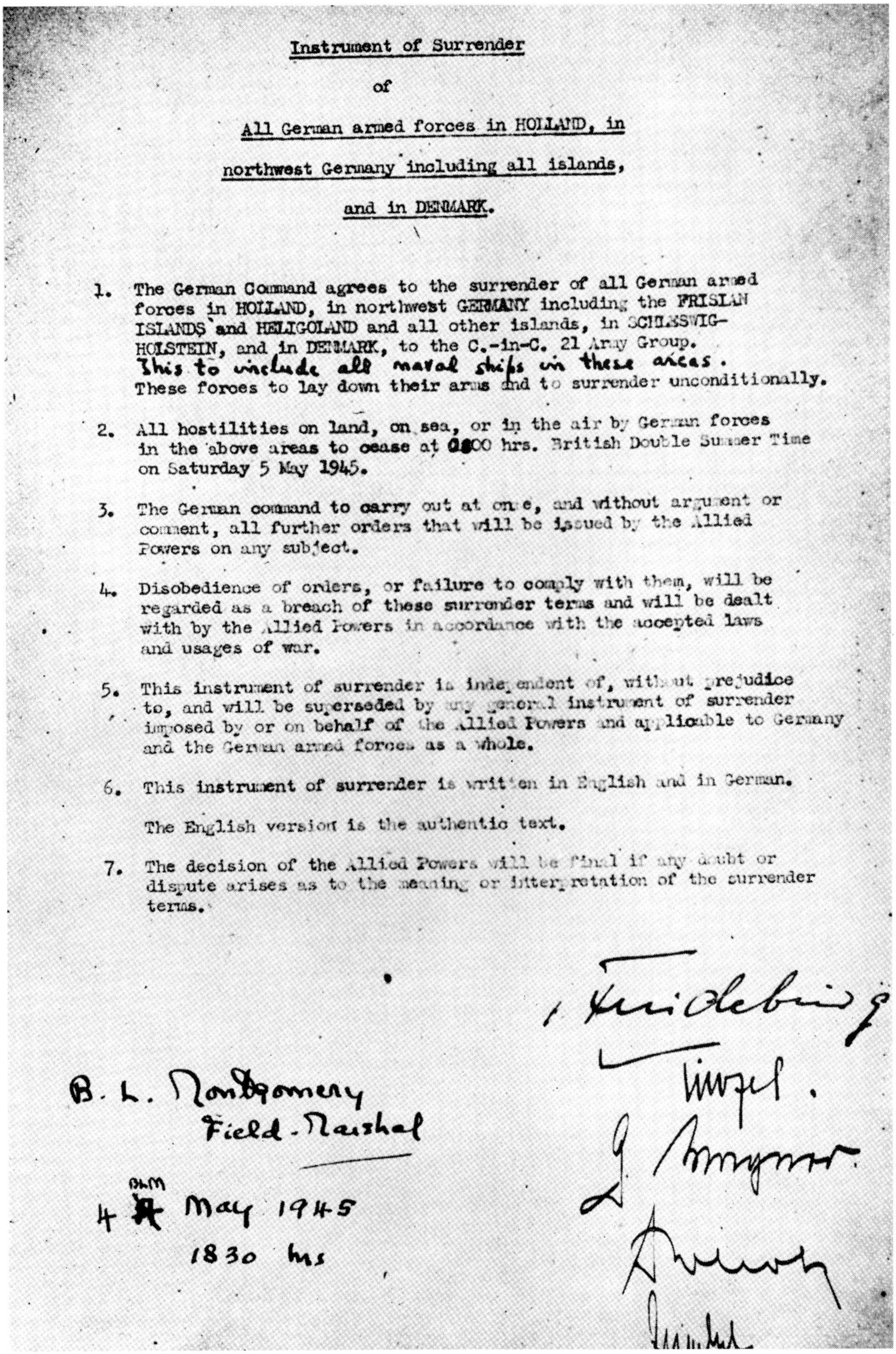

Instrument of Surrender

of

All German armed forces in HOLLAND, in northwest Germany including all islands, and in DENMARK.

1. The German Command agrees to the surrender of all German armed forces in HOLLAND, in northwest GERMANY including the FRISIAN ISLANDS and HELIGOLAND and all other islands, in SCHLESWIG-HOLSTEIN, and in DENMARK, to the C.-in-C. 21 Army Group. This to include all naval ships in these areas. These forces to lay down their arms and to surrender unconditionally.

2. All hostilities on land, on sea, or in the air by German forces in the above areas to cease at 0800 hrs. British Double Summer Time on Saturday 5 May 1945.

3. The German command to carry out at once, and without argument or comment, all further orders that will be issued by the Allied Powers on any subject.

4. Disobedience of orders, or failure to comply with them, will be regarded as a breach of these surrender terms and will be dealt with by the Allied Powers in accordance with the accepted laws and usages of war.

5. This instrument of surrender is independent of, without prejudice to, and will be superseded by any general instrument of surrender imposed by or on behalf of the Allied Powers and applicable to Germany and the German armed forces as a whole.

6. This instrument of surrender is written in English and in German.

   The English version is the authentic text.

7. The decision of the Allied Powers will be final if any doubt or dispute arises as to the meaning or interpretation of the surrender terms.

B. L. Montgomery
Field-Marshal

4 ~~5~~ BLM May 1945
1830 hrs

v. Friedeburg

17 *Der erste Brite in der Reichskanzlei Berlin: Feldwebel R. S. Baker vor einem gestürzten Parteisymbol.*

»Admiral von Friedeburg zuerst.«
Der Admiral erhob sich und nahm den Armeebleistift in die Hand. Es war ein ganz gewöhnlicher Stift, von dem Montgomery später sagte, er hätte in jeder Post für ein paar Pfennig gekauft sein können.

Von Friedeburg unterschrieb so, als wenn er die Sache schnell hinter sich bringen wolle.
Dann folgte General Kinzel. Er war der einzige, der überlegte und sich die trockenen Lippen vor dem Unterschreiben anfeuchtete. Einen Namen nach dem anderen rief Montgomery auf, jetzt auch

18 *Ungewißheit in Jüchen: 1500 warten ängstlich . . .*

19 *. . . und die weiße Fahne in Herrig: gequälte Freude.*

20 *27. Februar 1945: die Geschlagenen in Erkelenz . . .*

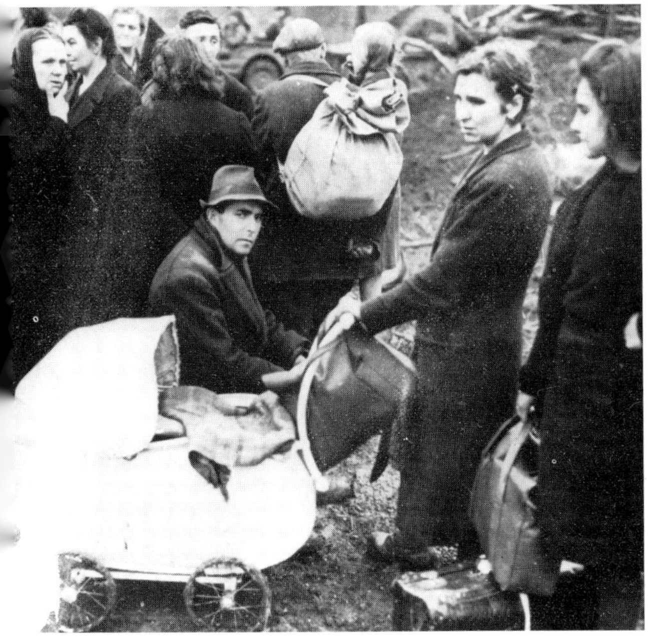

21 *. . . und die alten Vertriebenen in Bedburg/Erft.*

22 *Die neue Militärregierung von Gangelt im Selfkant: Major Reitz (mit Käppi und Brille) konferiert.*

23 *»European Theatre Operations WAR ENDS«: die halbseitige Schlagzeile der amerikanischen Truppenzeitschrift »The Stars and Stripes« (Sterne und Streifen, nach der amerikanischen Flagge). Der Text bedeutet: »Der Krieg auf dem europäischen Schauplatz ist zu Ende«. Diese süddeutsche Ausgabe erschien am 8. Mai 1945.* ▷

Wagner und Friedel, wobei er den von Major Friedel falsch aussprach. Dann sagte er: »Jetzt werde ich für den alliierten Oberbefehlshaber, General Eisenhower, unterschreiben.«

Er beugte sich nieder und achtete nicht auf das Surren der Filmkameras. Mit zusammengekniffenen Lippen unterschrieb Montgomery und fügte das Datum hinzu – das falsche! Dann entdeckte er seinen Fehler, strich die 5 durch und ersetzte sie durch eine 4. Schließlich paraphierte er die Änderung mit »BLM«: »4. Mai 1945, 18.30 Uhr.«
Als er fertig war, seufzte er hörbar und lehnte sich

SOUTHERN GERMANY EDITION
Tuesday, May 8, 1945
Volume 1, Number 1

THE STARS AND STRIPES

Daily Newspaper of U.S. Armed Forces in the European Theater of Operations

Ten days that shook the world — a review of the last ten days, the most important in modern history, appears on Page 4.

ETO WAR ENDS

Unconditional surrender of all German forces was announced yesterday by the German radio at Flensburg. Grand Admiral Karl Doenitz, successor to Adolf Hitler as Fuehrer of Germany, ordered the surrender and the German high command declared it effective, the German announcement said. No immediate confirmation came from the capitals of the Allied powers, but President Truman and Prime Minister Churchill will broadcast at 3 p. m. ETO time today, and King George VI will broadcast tonight at 9 o'clock.

In London, the British Ministry of Information announced that today would be V-E Day, and that today and tomorrow would be holidays in Britain. In Washington, President Truman said he had agreed with London and Moscow to make no announcement of surrender until a simultaneous statement could be made by the three governments.

Not waiting for formal confirmation of the peace news, New York and battered London began peace celebrations. Downtown New York was reported snowed under by the heaviest blizzard of paper thrown out of office buildings in years.

AP and Reuter correspondents assigned to SHAEF reported unofficially that the Germans had surrendered unconditionally to the Western Allies and Russia at 2:41 a.m., ETO time, yesterday.

High German officers formally surrendered the German forces at a meeting in the big red school house which is Gen. Eisenhower's headquarters, the agencies reported.

The surrender, said Ed Kennedy, AP correspondent, was signed for Germany by Col. Gen. Gustav Jodl, chief of staff of the Wehrmacht. Lt. Gen. Walter Bedell Smith, Gen. Eisenhower's chief of staff, signed for the Supreme Allied Command. Gen. Ivan Susloparoff signed for Russia, and Gen. Francois Sevez for France.

Kennedy said Gen. Eisenhower was not present at the official

(Continued on Page 4)

U. S. Celebrates Victory 2nd Time in Ten Days

NEW YORK, May 7—Tension-tight America exploded today for the second time in 10 days over the unconfirmed report that Germany had surrendered unconditionally to the Allies.

In New York, clouds of torn paper — Gotham's traditiooal form of celebration — began swirling through the city's granite canyons a quarter of an hour after the news flash reached the population.

Office workers by the thousands gathered at the high windows heaving out handfuls of paper scraps. In Brooklyn, 30 girl garment workers fainted when the news was broadcast. After they had been revived, all 500 employees in the plant were given the day off.

Moved By Flash

At San Francisco, scene of the Security Conference, delegates of the United Nations were deeply moved by the news as they began another week of determined effort to bring the diverging views of the Big Five together and provide a unified front for world security.

Many of the delegates were at breakfast when word of Germany's surrender came through.

"Thanks to you for bringing the good news," said the Norwegian delegate when informed by the Associated Press. The Norwegian, vitally affected as any nationality by the German capitulation,

(Continued on Page 4)

King Expresses Thanks to Ike

LONDON, May 7 (AP)—The gratitude of the British people for the "complete and crushing victory" over Germany was expressed by King George VI in a message sent tonight to Gen. Eisenhower.

"Eleven months ago you led the Allied Expeditionary Force across the English Channel, carrying with you the hopes and prayers of millions of men and women of many nations," the King said.

"To it was entrusted the task of annihilating the German Armies in Western Europe and thus liberating the peoples whom they had enslaved.

"All the world now knows that after fierce and continuous warfare

(Continued on Page 4)

New S and S Is Off To a Rousing Start

Here's our new baby—the Southern Germany edition of The Stars and Stripes, which begins publication this morning. And no Volume 1, No. 1, has ever got off to such a bombastic send-off as that oculist's eye chart you see topside.

We've opened the new edition—the second in Germany—to improve circulation to the farthermost areas, thus getting the paper out to you in better time. The Pfungstadt edition, which began publication April 5, will continue to service the troops in northern Germany.

Organizing two separate Germany editions will enable us to give you a more complete newspaper, something which mechanical limitations have hitherto prevented. There will be bugs in this sheet at first, as there always are in a new paper. But with many of our problems simplified now by V-E, we expect to give you a better paper and to get it to you faster.

King Leopold Rescued

WITH 7TH U.S. ARMY, May 7—King Leopold of Belgium, his wife and family are now in the safe custody of 7th Army troops.

Leopold was rescued by elements of the 106th Cavalry Group who were sent to Strobl, 30 kilometers from Salzburg.

25 *März 1945: eine US-Panzerdivision hat den Ort überrollt – ein totes Pferd wird ausgeschlachtet. Bei Kaiserslautern.* ▷

24 *Die alliierte Presse nennt sie »Nomaden«, der Junge hinten links gilt als »Soldat«: deutsche Flüchtlinge.*

in seinem Stuhl zurück. Er nahm die Brille ab und sagte: »Hiermit ist die formelle Übergabe beendet.«
Die Deutschen verließen den Raum. Montgomery rief nach draußen zu den Fotografen, die Fotos von der deutschen Gruppe machten: »Haben Sie auch die Aufnahme gemacht, auf der sie unter unserer Fahne zu sehen sind?« Einer der Männer rief »Ja«. »Gut, gut«, rief der Feldmarschall. »Es ist ein historisches Bild.«
Dann wurde der Vorhang des Zeltes geschlossen. Nordwestdeutschland war in britischer Hand. Wie würden die Eroberer mit ihrem neuen Besitz umgehen?

Vom Hauptquartier Montgomerys flog von Friedeburg direkt nach Reims in das Hauptquartier General Eisenhowers, oberster Befehlshaber der alliierten Streitkräfte in Westeuropa. In Timmerlohberg wurde am 5. Mai ein einfaches Monument aus Holz am Platz der Übergabe errichtet. Darauf war zu lesen: »Hier übergab am 4. Mai 1945, 18.30 Uhr, eine Abordnung des Deutschen Oberkommandos bedingungslos alle Land-, See- und Luftstreitkräfte in Nordwestdeutschland, Dänemark und Holland an Feldmarschall Montgomery . . .«
Nur wenige Tage später schon wurde es gestohlen, dann wieder aufgestellt und noch einmal gestohlen. Schließlich trugen die britischen Besatzungsbehör-

26 *Montgomerys Stabschef, Brigadegeneral de Guingand.*

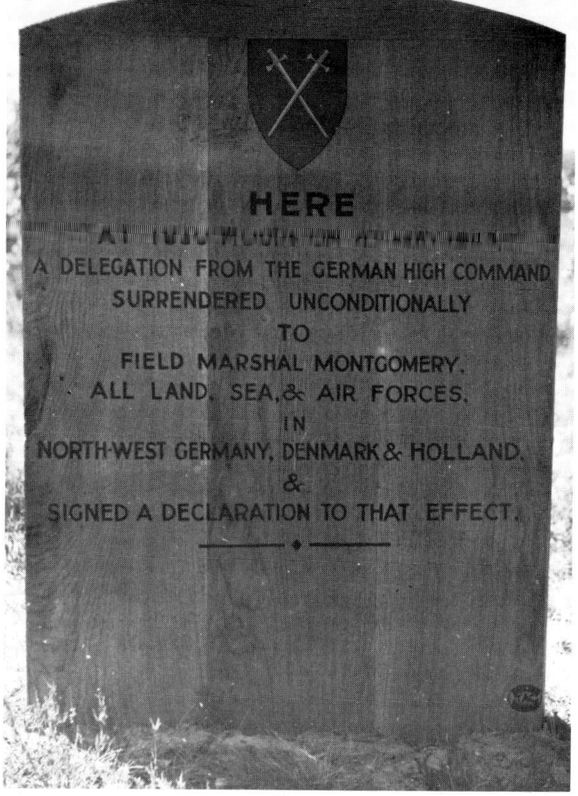

27 *Gedenkstein: hier fand die Übergabe statt.*

28 *In einem Vorort von Geilenkirchen. Ein britischer Soldat hat einen Hund aus den Trümmern eines Hauses gerettet.*

29 *Sie winken arglos: die Kellerkinder von Bad Honnef und die amerikanische Patrouille. In der Mauer Einschüsse.*

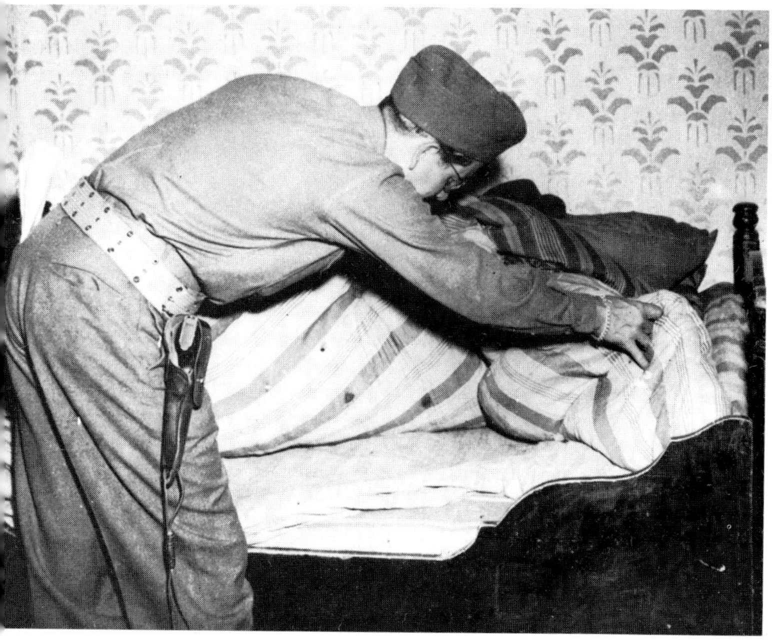

33 *Sie sind evakuiert aus Tenholz und werden zum Verhör nach Lövenich ins Hauptquartier gebracht. Im Blick des Jungen rechts: Angst und Trotz zugleich gegenüber den neuen Herren.*

30 *Im Laufschritt marsch . . . Deutsche Gefangene.*

31 *Suche nach Waffen: Amerikaner bei Koblenz.*

32 *9. März 1945: amerikanische Panzer im Kottenforst.*

34 *Mit Karren und Kühen: Treck in Geilenkirchen.*

35 *Die Rur – dahinter die Reste von Düren . . .*

36 *Deutsche Zivilisten im Eifelörtchen Hergarten unweit von Gemünd: sie haben ihre Sachen packen müssen und sich in die ihnen zugewiesene Häusergruppe einquartiert.*

38 *Bepackt an Bauch und Rücken: Flüchtlinge aus Aachen.* ▷

37 *Die »zeitweilige Registrierungskarte« für den Schüler Josef Prümm vom 29. März 1945. Prümm ist heute Hauptfeldwebel bei der Bundeswehr in Aachen.*

195

MILITARY GOVERNMENT OF GERMANY

TEMPORARY REGISTRATION — **ZEITWEILIGE REGISTRIERUNGSKARTE**

Name / Name: Prümm, Josef
Alter / Age: 13 — Geschlecht / Sex: M
Ständige Adresse / Permanent Address: Kenn Nr.135a
Beruf / Occupation: Schüler
Jetzige Adresse / Present Address: desgl.

Der (Die) Inhaber(in) dieser Karte ist als Einwohner von Kenn vorschriftsmässig registriert. Es ist ihm (ihr) strengstens verboten sich von diesem Aufenthaltsort zu entfernen. Zuwiderhandlung dieser Massnahme führt zu sofortiger Verhaftung. Der (Die) Inhaber(in) dieses Ausweises muss ihn stets bei sich führen.

The holder of this card is duly registered as a resident of the town of Kenn and is prohibited from leaving the place designated. Violation of this restriction will lead to immediate arrest. Registrant will at all times have this paper on his person.

Legitimations Nummer / Identity Card Number

Ira R. MEYERS, 1st Lt, CMP
Name and Rank
Mil Gov Officer, U.S. Army

Josef Prümm
Unterschrift des Inhabers / Signature of Holder

Right Index Finger

29 March 1945
Datum der Ausstellung / Date of Issue

(Dies ist kein Personalausweis und gewährt keinerlei Vorrechte.)
(This is not an identity document and allows no privileges.)

den dem Bürgermeister des nächstgelegenen Ortes Wendisch-Evern, einem Herrn Karl Baisse, auf, er habe die Verantwortung für das Denkmal zu übernehmen.
Man hat dann einen 15 Zentner schweren Stein machen lassen, der niemals gestohlen wurde. 1955 schrieb jedoch ein unbekannter Deutscher auf den Stein: »Dieser Sieg gestattet dem Kommunismus, in das Herz von Europa vorzudringen! 10 Jahre später ist es Zeit, die gemeinsame Gefahr zu erkennen. Wir wollen diese Vergangenheit vergessen.«
1958 räumten die Briten ihre Garnison in Lüne-

burg. Montgomery, der an der Abschiedsfeier teilnahm, fragte die deutschen Behörden, ob sie etwas dagegen hätten, wenn der Stein mitgenommen würde. Sie hatten nichts dagegen. So kann man ihn heute in der britischen Militärakademie in Sandhurst finden. Timmerlohberg jedoch ist inzwischen Teil eines Bundeswehr-Übungsgeländes. Es gibt dort nichts mehr, was den Besucher daran erinnert, daß Deutschland hier den ersten Schritt seiner Übergabe vollzog.

Der erhoffte zweite Schritt, eine Teilkapitulation zunächst auch den amerikanischen Streitkräften gegenüber, scheiterte. Eisenhower bestand auf der sofortigen, gleichzeitigen, bedingungslosen Übergabe an allen Fronten. Er drohte, andernfalls alle noch ostwärts der amerikanischen Linien befindlichen Deutschen den Russen auszuliefern und die Luftangriffe auch auf Norddeutschland wiederauf zunehmen. Die fürchterliche Steigerung des Bombenkrieges, zunächst als Antwort auf deutsche Angriffe begonnen, dann als »strategischer« Luftkrieg gegen Verkehrswege, Rüstungs- und Versorgungsbetriebe und Werke der Treibstoffherstellung, insbesondere aber gegen die Innenstädte und die Moral der gegnerischen Zivilbevölkerung gerichtet, hatte allein in Deutschland über eine halbe Million Menschenleben gekostet.

Am 7. Mai 1945, 00.15 Uhr, ging bei Dönitz ein Funkspruch von Generaloberst Jodl aus dem Hauptquartier Eisenhowers ein: »General Eisenhower besteht darauf, daß wir heute noch unterschreiben . . . Ich sehe keinen anderen Ausweg als Chaos oder Unterzeichnung . . .«
Um 2.41 Uhr erfolgte in Reims die Gesamtkapitulation der deutschen Wehrmacht. Sie wurde einen Tag später im sowjetrussischen Hauptquartier in Berlin-Karlshorst vor Marschall Schukow wiederholt. Am 9. Mai 1945, 00.01 Uhr, trat sie in Kraft. Der letzte Wehrmachtsbericht des deutschen Oberkommandos der Wehrmacht meldete: »Seit Mitternacht schweigen nun an allen Fronten die Waffen. Auf Befehl des Großadmirals hat die Wehrmacht den aussichtslos gewordenen Kampf eingestellt.«
Hitler hatte schon am 30. April im Bunker der Reichskanzlei in Berlin seinem Leben ein Ende gemacht. Die Bilanz des gewaltigsten Krieges der Geschichte lautete: 55 Millionen Tote, 35 Millionen Verwundete und 3 Millionen Vermißte . . .

39 *Das gestürzte Denkmal in Dinslaken. Die Amerikaner sahen in Geste und Foto ein Symbol für die Übergabe.*

2. Der Admiral geht von Bord

Der Funkspruch 18.07/30/ag 14, mit geheimem Marineschlüssel aus dem »Führerbunker« in Berlin übermittelt, ging am 30. April, 18.35 Uhr, ein:

»F R R Großadmiral Dönitz:
Anstelle des bisherigen Reichsmarschalls Göring setzte der Führer Sie, Herr Großadmiral, als seinen Nachfolger ein. Schriftliche Vollmacht unterwegs. Ab sofort sollen Sie sämtliche Maßnahmen verfügen, die sich aus der gegenwärtigen Lage ergeben.
Bormann«

Karl Dönitz traf diese Ernennung völlig überraschend. Seit dem 20. Juli 1944, dem Tag des mißglückten Anschlags auf Hitler, hatte er den »Führer« nur im großen Kreis gesehen. Der U-Boot-Kommandant des Ersten Weltkrieges, vom Befehlshaber der U-Boote 1943 zum Großadmiral und Oberbefehlshaber der Kriegsmarine aufgestiegen, hatte seit dem 22. April die Befehlsgewalt über den »Nordraum«.
Als er jetzt den Funkspruch im Beisein Albert Speers las, zweifelte er »keinen Augenblick daran, daß ich den Auftrag annehmen mußte ... Es war mir klar, daß mir die dunkelste Stunde bevorstand, die ein Soldat erleben konnte, die Stunde der bedingungslosen militärischen Kapitulation ... Mein Regierungsprogramm war einfach. Es galt, so viel Menschenleben zu retten wie möglich.«
Eine entsicherte Pistole griffbereit unter den Schreibtischpapieren verborgen, verhandelte Dönitz in jener Nacht in seiner Baracke in Plön mit dem nach Hitler und Göring jahrelang mächtigsten, meistgefürchtetsten Mann des Dritten Reiches: Heinrich Himmler, »Reichsführer SS« und Reichsinnenminister, der sich offenbar bereits als Staatsoberhaupt gesehen hatte. Er war mit sechs bewaffneten SS-Führern erschienen. Ohne Wissen Hitlers hatte Himmler seit Februar über den schwedischen Grafen Bernadotte erfolglos die Beendigung des Krieges im Westen und den gemeinsamen Kampf mit den westlichen Alliierten gegen die Sowjetunion angetragen. Erst Stunden vor dieser nächtlichen Begegnung hatte Dönitz von dem Kapitulationsangebot erfahren. »Führer erwartet, daß Sie gegen alle Verräter blitzschnell und stahlhart vorgehen«, hatte es aus dem Bunker der Reichskanzlei gelautet.
Vergeblich bot Himmler sich jetzt an, zweiter Mann im Staate zu werden. Die Auseinandersetzung zwischen Dönitz, ohne Truppen und Machtmittel, und Himmler, der faktisch immer noch über seine Polizei- und SS-Kräfte verfügte, ging »ohne Gewalt vonstatten«. Hermann Göring, »Reichsmarschall des Großdeutschen Reiches«, 1939 von Hitler für den Fall seines Todes zu seinem Nachfolger bestimmt, war schon am 23. April aller seiner Ämter enthoben und verhaftet worden. Von Süddeutschland aus hatte er bei Hitler angefragt, ob er als dessen Vertreter die Führung des Reiches übernehmen solle, und Vollmacht für Kapitulationsverhandlungen mit den Westmächten gefordert.
Als Dönitz um 3.27 Uhr jener Nacht des 1. Mai einen Funkspruch in das Führerhauptquartier absetzen ließ, der Hitler seine unabdingbare Treue bekundete, konnte er nicht ahnen, daß schon am Nachmittag zuvor das eingetreten war, was erst morgens der Geheimcode übermittelte: »Testament in Kraft.« Und auch der Mann, der Dönitz den wesentlichen Inhalt von Hitlers politischem Testament, »gegeben zu Berlin, den 29. April 1945, 4 Uhr«, übermitteln ließ, überlebte den 1. Mai nicht. Dr. Joseph Goebbels, der einst Berlin für Hitlers NSDAP »erobert« hatte, seit 1933 »Reichsminister für Volksaufklärung und Propaganda«, seit 1944 »Generalbevollmächtigter für den totalen Kriegseinsatz«, einer der Hauptverantwortlichen für die maßlosen Ausschreitungen des Regimes, verübte wenige Stunden nach Hitler mit seiner ganzen Familie Selbstmord. »Reichsleiter« Martin Bormann, als »Sekretär des Führers« und sein Vertrauter in den letzten Jahren mit einer nahezu uneingeschränkten Machtfülle ausgestattet, jetzt nach Hitlers Letztem Willen »Partei-

40 *Beim Verlassen des britischen Hauptquartiers: v. l. n. r. neben der britischen Ordonnanz Dr. Albert Speer, Großadmiral Dönitz und Generaloberst Jodl, der Chef des Wehrmachtführungsstabes.*

minister«, ließ ankündigen, daß er »noch heute« versuche, zu Dönitz zu kommen. Daraufhin befahl Dönitz, Bormann und Goebbels zu verhaften, falls sie tatsächlich einträfen. Bormann endete beim Ausbruchsversuch aus Berlin.
Noch an diesem 1. Mai faßte Dönitz den Entschluß, Teilkapitulationen im Westen zu erreichen und zu versuchen, möglichst 8 bis 10 Tage Zeit bis zur Gesamtkapitulation zu gewinnen, damit nicht »schlagartig Millionen deutscher Soldaten und Zivilisten den Russen ausgeliefert würden«.
Über Tag lagen die Straßen in Holstein unter dem Beschuß englischer Jagdbomber. Für 21 Uhr wurde von Friedeburg zur Levensauer Hochbrücke über den Kaiser-Wilhelm-Kanal bestellt. Als er sich von Dönitz und Graf Schwerin von Krosigk trennte, hatte er die mündlichen Instruktionen für die Kapitulationsverhandlungen mit Montgomery.

*

In seinem jetzigen Hauptquartier in der Kriegsmarineschule Mürwik, etwas außerhalb von Flensburg gelegen und von seinen eigenen U-Boot-Mannschaften bewacht, fühlte sich Großadmiral Dönitz nach der Nachricht von der Unterzeichnung des Waffenstillstands mit den Briten von einer Last befreit. Noch immer wehte vor dem Gebäude aus

roten Backsteinen die stolze deutsche Kriegsflagge. Auch in den nächsten Tagen und Nächten war es der Ort unablässiger Anfragen, Beratungen, Entscheidungen und von Bemühungen, auch in den Ländern die Übergabe reibungslos zu vollziehen, in denen die deutschen Truppen das Heft noch in der Hand hatten: in den Niederlanden, Dänemark und Norwegen. Von allen Fronten Meldungen über die Endphase des Krieges, Flucht, Zusammenbruch, Vormarsch der Alliierten.
Dönitz, auch Oberbefehlshaber der Wehrmacht, hatte schon in der Nacht vom 30. April zum 1. Mai Generalfeldmarschall Keitel, den Chef des Oberkommandos der Wehrmacht, und den Chef des Wehrmachtsführungsstabes, Generaloberst Jodl, zu sich befohlen. Er sandte diesen dann am 6. Mai zu Friedeburgs Unterstützung mit neuen Instruktionen und der schriftlichen Vollmacht zur Unterzeichnung der Gesamtkapitulation an allen Fronten zu Eisenhower nach Reims. Die Kriegsmarine erhielt Weisung, noch möglichst viele Menschen aus dem Osten zu retten. Der Landweg war schon seit Monaten durch die russischen Truppen abgeschnitten. Vom 5. bis 9. Mai unternahmen die noch fahrbereiten deutschen Zerstörer, Torpedoboote und Schnellboote die letzte Evakuierungsfahrt nach Hela und brachten 43 000 Menschen über die Ostsee. 1,85 Millionen deutscher Soldaten konnten durch die zentrale Steuerung in der Zeit vom 1. bis 9. Mai die westlichen Demarkationslinien erreichen, Hunderttausende davon in den letzten zwei Tagen zwischen Unterzeichnung und Inkrafttreten der Gesamtkapitulation.
Seit dem 1. Mai Inhaber der Regierungsgewalt, hatte Dönitz zwischen dem 2. und 5. Mai die letzte »Geschäftsführende Reichsregierung« gebildet, ein reines Fachkabinett mit Graf Schwerin von Krosigk als Außen- und Finanzminister an der Spitze, Albert Speer als Reichswirtschafts- und Produktionsminister und vier weiteren Fachministern.
Dönitz hatte sein Hauptquartier Mürwik von den schlimmsten Nazis gesäubert, nachdem sie versucht hatten, sich hier wieder einzurichten. Himmler, von Dönitz am 6. Mai aller Ämter enthoben, tauchte mit abrasiertem Schnurrbart in dem großen Flüchtlingsstrom unter, der sich nach Süden bewegte. Als er am 22. Mai als »Feldwebel Hitzinger« in englische Gefangenschaft geriet, nahm sich der Mann, dessen Name für gnadenlosen Polizei-

41 *Großadmiral Carl Dönitz, am 1. Oktober 1946 vom Nürnberger Internationalen Militärgerichtshof für begangene Kriegsverbrechen und Verbrechen gegen den Frieden zu zehn Jahren Haft verurteilt.*

42 *Selbstmord mit Giftkapsel: Admiral von Friedeburg, der die Schmach der Niederlage nicht verwinden konnte. Am Kopfende: sein Koffer.*

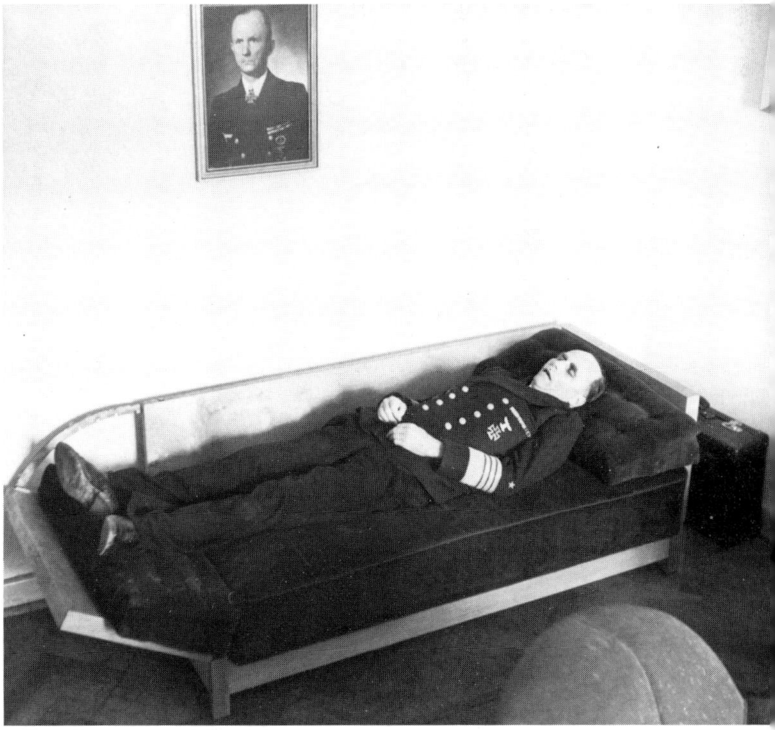

43 *Das Hauptquartier von Dönitz: die Marineschule in Mürwik.*

44 *Auf Klappstühlen neben dem Lastwagen: so sieht der Stab einer der neuen örtlichen britischen Militärdienststellen aus.*

staat, Terror, Verfolgung und Ausrottung von Millionen, für Elitewahn und gigantische Vernichtungstechnokratie steht, mit Gift das Leben. Auch Reichsaußenminister von Ribbentrop war in Mürwik unerwünscht. 1946 wird ihn der alliierte Militärgerichtshof in Nürnberg als Kriegsverbrecher in allen Punkten der Anklage für schuldig erklären und zum Tode durch den Strang verurteilen. Gauleiter wie Erich Koch, der später als ehemaliger »Reichskommissar« der Ukraine wegen Massenmordes in Polen zum Tode verurteilt wurde, und Hinrich Lohse, als »Reichskommissar für das Ostland« rücksichtsloser Ausbeuter des Baltikums, waren in den ersten Maitagen davon in Kenntnis gesetzt worden, daß ihre Anwesenheit nicht länger vonnöten war. Sie waren ebenfalls untergetaucht.
Was für eine Existenzberechtigung aber hatte nach der Kapitulation eine Regierung, die in der von den Alliierten nicht besetzten Enklave Mürwik ein Scheindasein führte, völlig in der Hand des Gegners? Und rundum ein gänzlich besetztes, zerstörtes, zerschlagenes Deutschland. War es nicht einzig sinnvoll und ehrenvoll, freiwillig zurückzutreten?
Und wie sollte die Frage nach der deutschen Schuld bewältigt werden, als immer mehr von den KZ-Greueln und den Vernichtungslagern bekannt wurde, deren Millionen Opfer auch heutige Historiker nicht genau zu beziffern wissen? Am 7. Mai hatte von Friedeburg, aus Reims zurück, eine Ausgabe der amerikanischen Soldatenzeitung »Stars and Stripes« mitgebracht. Sie enthielt grauenhafte Bilder aus dem Konzentrationslager Buchenwald bei Weimar. Es war am 11. April von den Amerikanern befreit worden. »Ich war der Ansicht«, erinnert sich Dönitz, »daß diese Dinge eine deutsche Angelegenheit seien, daß wir selbst alles, was an Unmenschlichem geschehen war, zu klären hatten und die Schuldigen zur Verantwortung ziehen sollten.« Auf einen an Eisenhower gerichteten Vorschlag zur Untersuchung und Aburteilung der Greueltaten durch ein deutsches Gericht blieb die Regierung Dönitz ohne Antwort. Ohne das Wissen des Großadmirals war das Schicksal dieser letzten Reichsregierung schon entschieden.
Der Gnadenstoß für die die Kapitulation überdauernde »Dönitz-Regierung« wurde zunächst recht unauffällig eingeleitet.
Trotz der Weisungen, die Waffenstillstandsabkommen loyal durchzuführen und, in Norddeutschland,

mit den Briten zusammenzuarbeiten, gab es Widerstände, Schwierigkeiten und belastende Unzuträglichkeiten. Obwohl er sich Mühe gab, die Briten zufriedenzustellen, erwies sich Generalfeldmarschall Busch, seit Mitte April Oberbefehlshaber Nordwest, als eine Belastung. Er versuchte, Montgomery wie einen Gleichrangigen bei der Organisation der Demobilisierung der deutschen Armeen im Nordabschnitt zu behandeln. Montgomery aber war nicht der Mann, so etwas hinzunehmen, zuallerletzt von einem Deutschen.

Anfang Mai hatte Busch über Radio Flensburg erklärt: »Ich habe in Schleswig-Holstein und dem Gebiet, das von den Truppen von Feldmarschall Montgomery erobert worden ist, auf Geheiß von Großadmiral Dönitz und mit Zustimmung der britischen Besatzungsbehörden den Befehl übernommen. Meine Weisungen versetzen mich in die Lage, die Verantwortung für Ordnung und Disziplin sowie für die Versorgung der Militär- und Zivilbevölkerung mit Lebensmitteln zu tragen. Ich erwarte bedingungslose Pflichterfüllung und Gehorsam gegenüber meinen Befehlen sowie eine schnelle und reibungslose Zusammenarbeit jedes einzelnen in der Erfüllung der Aufgaben, die mir übertragen worden sind.«

Als Montgomery von dieser Rundfunksendung erfuhr, ließ er Busch zu sich kommen und »gab ihm einen auf den Deckel«, wie er es nannte. Der ältere Feldmarschall mußte sich an einer weißen Linie einen Meter vor dem Briten aufstellen, während Montgomery ihm eine Lektion erteilte. Er sagte zu ihm: »Sie und Ihren Stab brauche ich nur solange, bis die Kapitulation reibungslos durchgeführt worden ist. Wenn Sie meine Befehle nicht schnell und genau ausführen, werde ich Sie feuern ... Im schlimmsten Falle kann immer noch die britische Armee die Aufgaben übernehmen. Aber das würde natürlich nur zu einer Verzögerung führen, die eine Verschlechterung der Lage der deutschen Bevölkerung bedeuten würde. Sie haben doch schließlich selbst gesehen, daß die Wehrmacht endgültig geschlagen ist und daß die Deutschen jetzt die Folgen dieser Niederlage tragen müssen.«

Damit entließ er Busch wieder. Montgomery notierte sich später: »Danach hatte ich nie wieder Probleme mit ihm.«

Aber damit war die Affäre Busch noch nicht zu Ende. Die »Times« bekam Wind von der Geschichte und »der alte Donnerer«, so der Beiname

45 *Nach der Gefangennahme am »Militär-Regierungsamt« ...*

46 *... Entwaffnung und Demobilisierung.*

47 *Was nun? So fragen sich Offiziere und auch der ,,kleine Mann", nachdem das Volk ohne eigene Regierung und vollkommen den Siegermächten ausgeliefert ist.*

des englischen Blattes, zögerte nicht, die Sache näher zu untersuchen. In der Ausgabe vom 13. Mai 1945 hieß es: »Wohlgemerkt, Busch beansprucht, daß er zwar ›auf Befehl von Dönitz‹ handelt, jedoch lediglich ›in Übereinstimmung mit den britischen Behörden‹. In dem Gebiet, das er kontrolliert, gibt es jedoch nur ein einziges Gesetz, und dies ist das britische. Es ist eine weitverbreitete Meinung, daß Dönitz und Busch bereits versuchen, ein Regime einzuführen, mit dem die Alliierten die Macht teilen müssen. Sie versuchen die Macht an sich zu reißen. Der Zwischenfall verstärkt die Notwendigkeit für eine baldmögliche Veröffentlichung der Richtlinien für die alliierte Politik in Deutschland.«
Andere britische und amerikanische Zeitungen übernahmen ebenfalls den Protest, nachdem schon kurz zuvor eindeutige Ablehnungen einer Regierung Dönitz in der Presse laut geworden waren. Von San Francisco aus schrieb der britische Außenminister Antony Eden, beunruhigt durch die Kritik in den Zeitungen, einen Brief an Churchill, in dem er die gleiche Meinung äußerte.
Winston Churchill antwortete sofort. Sein Brief beleuchtet seine völlig realistische Einstellung gegenüber Dönitz und den besiegten Deutschen. Er schrieb: »Es ist von großer Bedeutung, daß die Kapitulation des deutschen Volkes von Instanzen begleitet wird, die bei ihm Autorität besitzen. Ich kenne Dönitz nicht und mache mir auch nichts aus ihm. Kann sein, daß er ein Kriegsverbrecher ist. Er benutzte Unterseeboote, um Schiffe zu versenken, ohne jemals die Erfolgsrate der britischen Admiralität erreichen zu können. Die Frage ist nur: Hat er die Macht, die Deutschen dazu zu bringen, ihre Waffen niederzulegen und sich so schnell wie möglich zu ergeben, so daß weitere Verluste von Menschenleben vermieden werden? . . . Es muß natürlich daran erinnert werden, daß es Dönitz auf seine Kriegsverbrechen als Kommandeur der Unterseeboote angerechnet werden wird, wenn er sich als wertvolles Werkzeug für uns erweist. Also, was wollen Sie: ein Werkzeug, mit dem Sie dieses besiegte Volk führen können – oder aber die Hände in einen Ameisenhaufen stecken?«
Churchill jedoch konnte Dönitz nicht länger halten. Die Tage der von den Alliierten in der Flensburger Enklave belassenen »amtierenden« deutschen Regierung waren gezählt. Denn der nicht zuletzt auf Wirkung in der Öffentlichkeit bedachte General Eisenhower – bald darauf war er Präsident der Vereinigten Staaten von Amerika – hatte längst beschlossen, daß der Großadmiral zu gehen habe.

*

Genau um 9.45 Uhr am Morgen des Mittwoch, dem 23. Mai 1945, fuhr Admiral Dönitz in einem der früheren Mercedes-Autos aus Hitlers Wagenpark am Fallreep des Wohnschiffes »Patria« vor, auf dem der Leiter der alliierten Kontrollkommission beim OKW, der amerikanische Generalmajor Rooks, untergebracht war.
Diesmal war kein alliierter Offizier erschienen, um den Admiral, von Friedeburg und Jodl an Bord willkommen zu heißen. Keine Ehrenwache präsentierte die Waffen. Dönitz zog die Schultern hoch und ging über die Treppe. Alliierte Kameraleute,

Pressefotografen und Korrespondenten beobachteten die Szene.
Der Dolmetscher führte die Deutschen in die Schiffsmesse. Neben Rooks saßen der englische General Foord und der russische General Truskow, die Leiter der britischen und russischen Kontrollkommission. Die sowjetischen Vertreter waren am 17. Mai in Flensburg eingetroffen.
Lowell Rooks betrachtete Dönitz und begann, eine vorbereitete Erklärung zu verlesen. Seine Stimme klang unbeholfen, so als ob er es nicht gewohnt sei, laut zu lesen: »Meine Herren, ich habe Sie auf Weisung des Oberbefehlshabers General Eisenhower heute morgen zu mir rufen lassen, um Ihnen folgendes mitzuteilen. Nach Abstimmung mit dem sowjetischen Oberkommando ist beschlossen worden, daß die amtierende deutsche Regierung und das deutsche Oberkommando mit einigen seiner Mitglieder am heutigen Tage als Kriegsgefangene verhaftet werden. Hiermit ist die amtierende deutsche Regierung aufgelöst.« Für einen Augenblick zögerte er. Dann fuhr er fort: »Wenn Sie diesen Raum verlassen haben, wird ein alliierter Offizier Sie zu Ihren Quartieren begleiten, wo Sie Ihre Sachen packen und zu Mittag essen können. Danach wird er Sie gegen halb zwei zum Flugplatz

48 *Auch nach dem Fall der Stadt ein Wohnort: Bürger vor dem Bunker in Hamm, April 1945.*

49 *Instruktionen für die Überlebenden: ein Mann des Roten Kreuzes spricht zu den Leuten von Hamm.*

50 *Verewigung mit Rufzeichen: die Russen im Reichstag Berlin. »Von Stalingrad bis Berlin 7. Mai 1945«.*

begleiten. Sie können das Gepäck mitnehmen, das Sie selbst für nötig halten. Das ist alles, was ich Ihnen mitzuteilen habe.«
Der Amerikaner legte sein Blatt Papier weg. »Möchten Sie irgend etwas erwidern?« fragte er. Dönitz schüttelte den Kopf. »Es erübrigt sich jedes Wort!« antwortete er nur.

*

In einigen Minuten war alles vorbei. Zusammen mit von Friedeburg und Jodl verließ Dönitz die »Patria«. Von Friedeburgs Augen waren voller Tränen. »Ich glaube nicht, daß ich den Zirkus mitmachen kann, der jetzt anfängt«, sagte er niedergeschlagen. Dönitz versuchte, ihn aufzumuntern. »Wir werden als Kriegsgefangene gemäß der Genfer Konvention behandelt werden«, sagte er. »Sie müssen nicht alles gleich so tragisch nehmen!«
Von Friedeburg wandte sich ab. Dönitz wartete auf seinen Adjutanten. Schließlich gab er seinem Fahrer den Befehl zu starten. Zufällig schaute Korvettenkapitän Lüdde-Neurath in diesem Augenblick durch das Heckfenster. Er sah, wie ein amerikanischer Marineoffizier verzweifelt versuchte, einen englischen Lastwagen zu beschlagnahmen, damit er dem abfahrenden Mercedes mit Dönitz folgen könne. Der Kapitänleutnant machte Dönitz darauf aufmerksam. Der Admiral tippte seinem Fahrer auf die Schulter. »Fahren Sie langsamer«, befahl er. »Wir wollen nicht, daß der arme Kerl Ärger bekommt!« Das war die einzige Entscheidung, die der Admiral an diesem Maitag noch selbständig treffen konnte . . .

*

51 *Von den Amerikanern überrollt: die Flüchtlinge aus dem Dürener Land.*

52 *Bunkerleben in Krefeld, März 1945.*

53 *Gerettet aus dem Keller: Verwundeter in Dinslaken.*

Fast genau zur gleichen Zeit hatte Schwerin von Krosigk seine »Kabinettsitzung« begonnen. Da flogen plötzlich die Türen der Marineschule auf. Britische Soldaten stürmten herein. Sie waren mit Maschinenpistolen und Handgranaten bewaffnet. »Raus! Hände hoch!« schrien sie.
Überrascht, aber keineswegs verängstigt, ließen sich die deutschen Soldaten und Zivilisten von den Soldaten der 2. britischen Panzerdivision nach draußen führen. Dann mußten sie sich gegen die Mauer stellen und wurden gründlich nach Waffen durchsucht.
Der nächste Befehl jedoch schockte »die letzte deutsche Regierung«. Das Kommando lautete »Hosen runter!« Schwerin von Krosigk war der erste. Er mußte sich vornüber bücken und sich auf verborgene Giftkapseln untersuchen lassen. Die Engländer wollten kein Risiko eingehen.
Einer nach dem anderen wurden sie so gezwungen, die entwürdigende Prozedur über sich ergehen zu lassen. Auch Dönitz kam nicht daran vorbei und Generaloberst Jodl, Chef des Wehrmachtsführungsstabes, seit Keitels Verhaftung durch die Alliierten am 13. Mai mit der Führung des OKW beauftragt, noch vor kurzem strategisch-operativer Berater Hitlers – zwei Männer, die alles daran gesetzt hatten, das mächtige britische Empire auf die Knie zu zwingen.
Admiral von Friedeburg hatte gerade eine Gruppe vorbeiziehender deutscher Marinesoldaten gegrüßt. Als er sah, was mit seinen Kameraden geschah, bat er seinen Begleitoffizier, auf die Toilette gehen zu dürfen. Das wurde gestattet. Dort vergiftete sich der Admiral mit Zyankali.
Sein Begleitoffizier, ein Amerikaner, geriet in Panik und nahm an Stelle des toten Admirals dessen Adjutanten fest. Dieser durchlief alle Stationen des Prominentenlagers, bis man erst in Nürnberg seine wirkliche Identität entdeckte. Kreidebleich hörte Admiral Dönitz die Nachricht vom Selbstmord seines alten Kameraden.
Von Flensburg im Norden bis Aachen im Süden, von Helmstedt an der neuen Grenze im Osten bis Kleve im Westen war Nordwestdeutschland jetzt auf Gedeih und Verderb völlig in britischer Hand. Die letzte deutsche Reichsregierung hatte aufgehört zu existieren. Rundum die Trümmer des »Tausendjährigen Reiches«. Über 10 Millionen deutsche Soldaten waren in Gefangenschaft der Sieger. Die Verluststatistik der Wehrmacht verzeichnete bis zum 31. Januar 1945 2 Millionen Gefallene einschließlich nahezu 200000 durch Krankheit, Unfall oder Selbstmord Gestorbene und der zum Tode Verurteilten. Spätere Ermittlungen ergeben für Deutschland insgesamt 4 Millionen Tote. Ende 1945 werden 1,6 Millionen Kriegsbeschädigte, 1,2 Millionen Kriegerwitwen, 1,4 Millionen Halb- und 60000 Vollwaisen gezählt.

Augenzeugen

Am 1. Mai 1945 gab Admiral Dönitz den angeblichen Heldentod seines Führers über den Rundfunk bekannt. Die bombastische Ansprache hörte ich im Luxuszug Görings, der auf der kleinen Station in der Holsteinischen Schweiz vergessen herumstand. Die rollende Befehlszentrale war mit einer perfekten Empfangsanlage ausgestattet. Ein paar Soldaten verfolgten von Stunde zu Stunde den Vormarsch der Alliierten und machten es sich in den Salonwagen gemütlich.

Axel Eggebrecht, Schriftsteller und Publizist
(Aus: Der halbe Weg. Zwischenbilanz einer Epoche)

Der Führer hat mich zu seinem Nachfolger bestimmt. Im Bewußtsein der Verantwortung übernehme ich die Führung des deutschen Volkes in dieser schicksalsschweren Stunde. Meine erste Aufgabe ist es, deutsche Menschen vor der Vernichtung durch den vordrängenden bolschewistischen Feind zu retten. Nur für diesen Zweck geht der militärische Kampf weiter. Soweit und solange die Erreichung dieses Ziels durch die Briten und Amerikaner verhindert wird, werden wir uns auch gegen sie weiter verteidigen und weiterkämpfen müssen.

Dönitz
Rundfunkansprache am 1. Mai 1945

Schweigend wartete unsere kleine Gruppe ab, ganz erfüllt von der Erwartung des geschichtlichen Augenblickes, der sich vor unseren Augen vollziehen

54 *Vor dem Haus der amerikanischen Militärverwaltung in Aachen-Breinig: Der ganze Hausrat auf zwei Wägelchen.*

würde. Es war so ein Ereignis, bei dem sich an sich nebensächliche Dinge nachhaltig dem Gedächtnis einprägen. Wir standen vor einer kleinen Gruppe Tannen und vor unseren Augen zeichneten sich die Türme der zwei Kirchen von Lüneburg scharf vor dem Hintergrund des trüben Himmels ab, daneben ein paar blaßtrübe Birken. Es war eine gespenstische Szene, mit jenem seltsamen Zwielicht, das für Deutschland so typisch zu sein scheint.

Kriegsberichterstatter *R. W. Thompson* über die Teilkapitulation am 5. Mai 1945

Es war ein grauer Abend: nur graue Luft, schwere graue Wolken, graue Kleidung bei den Deutschen und auch Grau in ihren Gesichtern.

Alan Moorehead, Kriegsberichterstatter über die Teilkapitulation am 5. Mai 1945

Die Engländer bekamen die Bergwerke, die Russen die Kornfelder und wir die Kulisse.

Amerikanischer Offizier über die Einteilung Deutschlands in Besatzungszonen

Deutsche Hörer!
Wie bitter ist es, wenn der Jubel der Welt der Niederlage, der tiefsten Demütigung des eigenen Landes gilt! Wie zeigt sich darin noch einmal schrecklich der Abgrund, der sich zwischen Deutschland, dem Land unserer Väter und Meister, und der gesitteten Welt aufgetan hatte!
Die Sieges-, die Friedensglocken dröhnen, die Gläser klingen, Umarmungen und Glückwünsche ringsum. Der Deutsche aber, dem von den Allerunberufensten einst sein Deutschtum abgesprochen wurde, der sein grauenvoll gewordenes Land meiden und sich unter freundlicheren Zonen ein neues Leben bauen mußte – er senkt das Haupt in der weltweiten Freude; das Herz krampft sich ihm zusammen bei dem Gedanken, was sie für Deutschland bedeutet, durch welche dunklen Tage, welche Jahre der Unmacht zur Selbstbestimmung und abbüßender Erniedrigung es nach allem, was es schon gelitten hat, wird gehen müssen.
Und dennoch, die Stunde ist groß – nicht nur für die Siegerwelt, auch für Deutschland –, die Stunde, wo

55 *Das kleine Mädchen und die Puppe: Warten auf die Evakuierung in Stolberg.*

56 *Das getroffene Kind – Opfer einer Handgranate.*

der Drache zur Strecke gebracht ist, das wüste und krankhafte Ungeheuer, Nationalsozialismus genannt, verröchelt und Deutschland von dem Fluch wenigstens befreit ist, das Land Hitlers zu heißen.

Thomas Mann, Eine Radioansprache, 10. Mai 1945

Die deutschen Streitkräfte sind vollständig geschlagen und haben bedingungslos kapituliert, und Deutschland, das die Verantwortung für den Krieg trägt, ist nicht mehr imstande, sich dem Willen der siegreichen Mächte zu widersetzen. Deutschland fügt sich allen Forderungen, die ihm jetzt oder später auferlegt werden. Es gibt in Deutschland keine zentrale Regierung oder Behörde, die fähig wäre, die Verantwortung für die Aufrechterhaltung der Ordnung, für die Verwaltung des Landes und für die Ausführung der Forderungen der Siegermächte zu übernehmen. Für diese Zwecke müssen Vorkehrungen getroffen werden. Die vier alliierten Regierungen übernehmen hiermit in allen Deutschland betreffenden Angelegenheiten die oberste Autorität, einschließlich aller Machtvollkommenheiten, die der deutschen Regierung, dem Oberkommando der Wehrmacht und allen staatlichen, städtischen oder örtlichen Regierungen oder Behörden zustehen. Die Übernahme dieser Machtbefugnisse bewirkt nicht die Annektierung Deutschlands. Die vier alliierten Regierungen werden später die Grenzen Deutschlands oder irgendeines Teiles Deutschlands und die rechtliche Stellung Deutschlands oder irgendeines Gebietes, das

57 *Die Kriegskinder: der Strolch aus Aachen . . .*

58 *. . . und der kleine Händler mit dem Orden.*

59 *Der Gang ins Internierungslager (Aachen) . . .*

60 *. . . und die Unterkunft im Luftschutzbunker (Hamburg).*

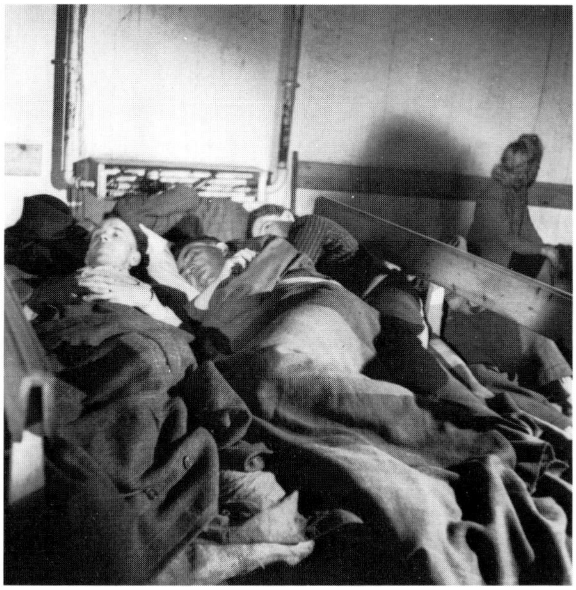

gegenwärtig einen Teil des deutschen Territoriums darstellt, festlegen.

Deklaration der vier Siegermächte aus dem Hauptquartier von Marschall Schukow in Berlin, 5. Juni 1945

Viele Wochen eingehender Studien in dem verfallenen Deutschen Reich haben in mir die Überzeugung reifen lassen, daß Deutschland nie wieder zu einem Zustand zurückkehren wird, den die Deutschen selbst als »normal« empfinden. Die Deutschen verstehen unter dem Begriff »normal« die Vorstellung, daß Deutschland imstande ist, mit jeder anderen hochzivilisierten und stark industrialisierten Nation der Welt konkurrieren zu können. Dieses Ziel wird Deutschland, obgleich es heute Millionen Reichsangehörigen vorschwebt, nie wieder erreichen, das heißt, wenn die Anregungen befolgt werden, die von mir und meinem Stab ausgehen. Rußland, Großbritannien und die Vereinigten Staaten sind zweifellos entschlossen, es Deutschland für alle Zeiten unmöglich zu machen, wieder einen Krieg zu führen, und damit ergeben sich zwangsläufig Vorsichtsmaßregeln, die Deutschland aus der Reihe der großen Industriestaaten ausschalten.

General Eisenhower in einer Rede aus Anlaß der Verleihung der Ehrenbürgerrechte der Stadt London (12. Juni 1945)

3. Deutschlands Trümmer, viergeteilt

Es war die Stunde Null. Eine deutsche Regierung gab es nicht mehr. Weite Teile der »Reichshauptstadt« waren ein Trümmerfeld. Der schwere Bombenkrieg seit 1943 und die Artilleriekämpfe bei der Eroberung durch die Rote Armee unter Marschall Grigori Schukow hatten mehr als eine halbe Million Wohnungen zerstört. Industrieanlagen, Geschäfts- und Verwaltungsviertel waren verwüstet. Statt der 4,3 Millionen Einwohner des Jahres 1939 lebten noch 2,8 Millionen in Berlin.

62 *Zivilisten im zerbombten Darmstadt nach dem Fall der Stadt Ende März 1945. Die Eroberer waren von der 26. Division der 3. US-Armee.* ▷

61 *Deutschlands Trümmer, Beispiel Hildesheim. Trümmer nach der Bombardierung, die dem Fall der Stadt vorausging (April 1945).*

63 *Dies ist der Duisburger Hafen vor dem Krieg: rauchende Schlote und Geschäftigkeit. Der größte Binnenhafen Europas . . .*

Am 5. Juni unterzeichneten Eisenhower, Montgomery, Schukow und General Jean de Lattre de Tassigny, Oberbefehlshaber der mit den Alliierten in Deutschland einmarschierten französischen Truppen, die Berliner Viermächteerklärung. Die Siegermächte übernahmen »die oberste Regierungsgewalt« im besetzten Deutschland. »Deutschland, das für den Krieg verantwortlich ist, ist nicht mehr fähig, sich dem Willen der siegreichen Mächte zu widersetzen . . . Deutschland unterwirft sich allen Anforderungen, die ihm jetzt oder später auferlegt werden.«
Die vier Oberbefehlshaber der Besatzungsarmeen bildeten den alliierten Kontrollrat für Deutschland. Er sollte die Funktionen einer gesamtdeutschen Regierung übernehmen. Sitz des gemeinsamen Besatzungsorgans wurde Berlin. Die Kontrollratsgesetze, Proklamationen und Befehle sollten für ganz Deutschland gelten: ein Deutschland in den Grenzen des Jahres 1937, aufgeteilt in vier Besatzungszonen.
Schon einen Tag nachdem Einheiten der 1. US-Armee nördlich von Trier die deutsche Reichsgrenze erreicht hatten und die 2. britische Armee die belgisch-niederländische Grenze überschritt, war für die Alliierten die Bildung von Besatzungszonen im besiegten Hitler-Deutschland beschlossene Sache. Am 12. September 1944 hatte in London eine »Beratende Europäische Kommission« von Vertretern der Vereinigten Staaten, Großbritanniens und der Sowjetunion das »1. Zonenprotokoll« unterzeichnet. Es legte die Linie Lübeck, Helmstedt, Eisenach, Hof als Grenze zwischen der sowjetischen Besatzungszone und den Westzonen

64 . . . *war ein Hauptangriffsziel der alliierten Bomber. An den Kaianlagen liegen mindestens neun versenkte Schiffe.*

fest. Berlin sollte gemeinsam von den drei Großmächten besetzt und verwaltet werden. Das 2. Zonenprotokoll vom November 1944 sprach Nordwestdeutschland der britischen, Süddeutschland einschließlich Hessen der künftigen amerikanischen Besatzungszone zu.

Als sich US-Präsident Franklin D. Roosevelt, Englands Premier Winston Churchill und Marschall Jossif W. Stalin Anfang Februar 1945 mit ihren politischen und militärischen Stäben zur Jalta-Konferenz am ehemaligen Sommersitz des Zaren, Liwadija, an der Südküste der Halbinsel Krim, zusammenfanden und sich über das Vorgehen in der Schlußphase des Krieges und die Zeit danach einigten, wurde auch die Aufteilung Deutschlands in vier Besatzungszonen bestätigt: die Grundzüge der Besatzungspolitik wurden endgültig festgelegt. Frankreich, zur Konferenz nicht geladen, sollte an der Besetzung Deutschlands und am Kontrollrat beteiligt werden. Ein Ergänzungsabkommen zu den Zonenprotokollen wies dann im Juli 1945 den Franzosen die eigene Zone aus Teilen der britischen und amerikanischen zu und regelte die Präsenz in Berlin, ab 12. Juli 1945 dann Vier-Sektoren-Stadt unter der gemeinsamen Verwaltung der alliierten Kommandantur.

Ende Juni hatten die alliierten Truppen begonnen, sich in die vorgesehenen Besatzungszonen zurückzuziehen. Briten und Amerikaner räumten die sowjetische Zone und übergaben zum Entsetzen der Einwohner und Flüchtlinge das westliche Mecklenburg, Sachsen und Thüringen der sowjetischen Militär-Administration.

Schon als sich Ende November 1943 Roosevelt

65 *Drei Liberator-Bomber über Kiel nach der Bombardierung . . .*

66 *. . . und das ist das »sturmreif« gebombte Dülmen in Westfalen.*

und Churchill in Teheran zum erstenmal mit Stalin trafen, zur ersten der drei großen Konferenzen der Anti-Hitler-Koalition, hatte das Protokoll vom 1. Dezember 1943 notiert:
»Zur Deutschlandfrage übergehend, sagte der Präsident, die Frage sei, ob man Deutschland aufteilen solle oder nicht.
Marschall Stalin erwiderte, daß sie die Zerstückelung Deutschlands vorzögen.
Der Premierminister sagte, er sei vollkommen dafür, aber er sei in erster Linie mehr daran interessiert, Preußen, den bösen Kern des deutschen Militarismus, vom Rest Deutschlands getrennt zu sehen . . .«

*

Für diesen »Rest Deutschlands« war es die Stunde Null.
In der britischen Zone waren 1300 Eisenbahn- und 1500 Straßenbrücken zerstört. Alle sieben Rheinbrücken lagen zerstört im Strom. Nur achtzehn Züge waren fahrbereit. Mehr als die Hälfte der Häuser innerhalb des Zonengebietes waren beschädigt. Zwei Fünftel davon irreparabel. Die Zentren von Städten wie Köln, Hamburg, Bremen und Aachen waren nur noch Trümmerhaufen. Die alte Kaiserstadt, nach schweren Kämpfen am 21. Oktober 1944 von den Amerikanern erobert, in den Jahren zuvor von schweren Angriffen britischer Bomberverbände heimgesucht, war zu 65 % zerstört. In Braunschweig hatten englische und amerikanische Großangriffe 27000 Wohnungen vernichtet. Noch am 12. März 1945 hatten 1000 RAF-Bomber nahezu 5000 t Bomben über dem schon schwer zerschlagenen Dortmund abgeworfen. Als die 1. US-Armee am 18. April Düsseldorf eingenommen hatte, war es durch zahlreiche Bombenangriffe der letzten Jahre und Artilleriebeschuß zu 42 % zerstört. 86500, 61 % aller Wohnungen waren in Bombenhagel und Flächenbränden vernichtet worden. Allein durch den britischen Angriff vom 11./12. Juni 1943 waren 120000 Menschen obdachlos geworden.

Es mag überspitzt, aber in der Tendenz zutreffend sein, was Royal Air Force-Marshal Sir Arthur T. Harris, Bomber-Harris genannt, nach dem Krieg über den Einsatz seines Bomber Command erklärte: »Es muß mit Nachdruck gesagt werden, daß, von Essen abgesehen, wir niemals ein besonderes Industriewerk als Ziel gewählt haben. Die Zerstörung von Industrieanlagen erschien uns stets als eine Art Sonderprämie. Unser eigentliches Ziel war immer die Innenstadt.« Dieser Strategie waren im schwer heimgesuchten Essen die Hälfte aller Wohnungen, 100000, zum Opfer gefallen.
Die sieben Tag- und Nachtangriffe der RAF- und der USAAF vom 24. bis 30. Juli 1943 auf Hamburg hatten im Bombenhagel und Feuersturm 30000 Menschen umkommen lassen. Bei Kriegsende lag mehr als die Hälfte der Stadt in Trümmern, 53 % der Wohnungen, 60 % der Hafenanlagen und 25 % der Schulen. Die Einwohnerzahl war zeitweilig von 1,7 Millionen durch Bombenopfer, Abwanderung und Evakuierung auf unter 1 Million gesunken.
Generalleutnant Simpsons Verbände der 9. US-Armee drangen am 10. April 1945 in ein nahezu 70% zerstörtes Hannover ein. Helgoland war

67 *Der Kanaldeckel als Waschstelle. Hintergrund: SS-Fahrzeug.*

68 *Anstehen für Wasser in den Trümmern – glücklich, wer einen Eimer hat, auch wenn er die Aufschrift »Abfall« trägt (links).*

69 *Hausfrauen nach Kriegsende in Köln: Kopftücher gegen Trümmerstaub, Hamster-Rucksäcke auf dem Rücken . . .*

durch Luftangriffe schon vollständig verwüstet, bevor nach der deutschen Kapitulation britische Truppen im Mai 1945 auf der Insel landeten, dann die Bevölkerung zwangsweise evakuierten und die Insel als RAF-Übungsziel nutzten. Kiel und sein Hafen erlebten 1941 bis 1945 insgesamt 90 Luftangriffe, die mehr als die Hälfte der Bausubstanz vernichteten. In Köln, schon Ende Mai 1942 Ziel des ersten englischen 1000-Bomber-Angriffs auf eine deutsche Stadt, hausten bei Kriegsende nur noch rund 40000 der einst 770000 Einwohner in den Ruinen. 72 % der Rheinmetropole lagen in Schutt und Trümmer.

Gegen Lübeck hatte Marshal Harris zum erstenmal in der Nacht vom 28. und 29. März 1942 das »area bombing« angewandt: die Konzentration einer möglichst großen Anzahl von Bombern in möglichst kurzer Zeit über dem Flächenziel. Die dabei hauptsächlich durch Brandbomben angerichteten Schäden und die Opfer unter der Zivilbevölkerung waren beträchtlich höher als bei allen früheren Angriffen auf deutsche Städte. Die furchtbare Zeit der

Terrorangriffe war angebrochen. Als auch über Rostock ein solches Bombardement niedergegangen war und dabei auch zahlreiche historische Stätten untergingen, hatte Hitler der deutschen Luftwaffe »im Rahmen der Vergeltung Terrorangriffe gegen Städte außer London« befohlen. Exeter, Bath, Canterbury: die Eskalation der Vernichtung hatte begonnen.

131 deutsche Städte waren während des Krieges durch Großangriffe aus der Luft betroffen worden. Die Statistik nennt 29 auf Berlin, 21 auf Braunschweig, 19 auf Ludwigshafen und Mannheim, je 18 auf Kiel, Köln und Frankfurt am Main, je 16 auf Hamburg und Münster, je 15 auf Koblenz und Hamm und je 11 auf Hannover und Magdeburg. Allein die britische Luftwaffe ließ mit 400 000 Flügen eine Million Bomben auf gegnerisches Gebiet niedergehen, zwei Drittel davon auf Deutschland. Über ein Fünftel wiederum davon waren Brandbomben. Die beiden Nachtangriffe vom 13. Februar 1945 durch die Lancaster-Bomber der RAF und der anschließende Tagesangriff durch die 8. USAAF auf das mit Flüchtlingen überfüllte Dresden war der furchtbarste Schlag des ganzen Krieges gegen die Zivilbevölkerung. Die genaue Zahl der Opfer ist nicht zu ermitteln. Mindestens 35 000 Menschen, so die wahrscheinlichste Schätzung, kamen um.

Als die alliierten Truppen auf deutsches Gebiet vorrückten, griffen die anglo-amerikanischen Flieger in die Erdkampfhandlungen ein. Vom 1. Januar bis zum 26. April 1945 wurden auf das Reichsgebiet 404 Angriffe geflogen, 137 bei Nacht, 267 über Tag. Tieffliegerangriffe hatten den Eisenbahnverkehr, die Kanalschiffahrt, das Nachrichtennetz und die Versorgung nahezu lahmgelegt und auch der Bevölkerung hohe Verluste zugefügt. Am 15. März 1945 schrieb Albert Speer an Hitler: »Der endgültige Zusammenbruch der gesamten

70 *Anstehen mit Blechkanistern: Internierungslager Aachen-Brand.*

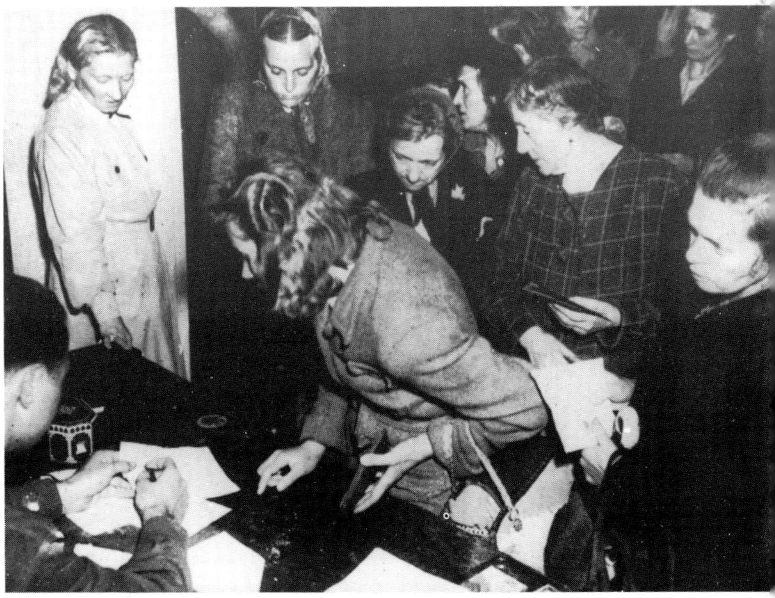

71 *Registrierung ist Pflicht – die Männer fehlen . . .*

72 *. . . das gleiche Bild in Erkelenz (am Bahnübergang).*

73 *Der Kinderwagen als Transportmittel im Schlamm.*

74 *Sein Fähnchen ist aus einem Handtuch: Albrecht Vent aus Aachen.*

deutschen Wirtschaft kam . . . mit Sicherheit innerhalb 4 bis 8 Wochen erwartet werden.« Am 19. März erließ Hitler den berüchtigten Befehl »Verbrannte Erde«, den »Nero-Befehl«: Sämtliche Industrie- und Versorgungsanlagen sowie Sachwerte innerhalb des Reichsgebietes, »die sich der Feind für die Fortsetzung seines Kampfes irgendwie sofort oder in absehbarer Zeit nutzbar machen kann, sind zu zerstören«. »Ausführungsbestimmungen« des Oberkommandos der Wehrmacht und Maßnahmen Speers gelang es, diesen Befehl praktisch aufzuheben und unwirksam werden zu lassen.
Die Monate, Wochen und Tage vor der Stunde Null sind ein Inferno. Hildesheim und Paderborn erleiden schwerste Zerstörungen. Münster, im Stadtkern zu 92 %, sonst zu 63 % zerstört, hat bei Kriegsende noch 23 500 Einwohner. 1939 waren es 141 000. Als die Waffen ruhen, ist das Stadtinnere von Osnabrück schwer zerstört. Mindens Dom braucht Jahre bis zur Wiederherstellung. Das Rathaus von Hameln aus dem Jahre 1282 liegt in Trümmern. Bielefeld hat starke Zerstörungen erlitten. Bocholt wurde am 22. März 1945 zu 85 % zerstört. Am 30. März wurde es von der 51. britischen Division besetzt. Vom niederrheinischen Kleve, ebenfalls dicht an der niederländischen Grenze, hatten Bomben im Jahre 1944 nur etwa 20 % unzerstört gelassen, noch weniger war von Geldern übriggeblieben. Emmerich lag mit seinem altniederländisch geprägten Stadtbild nahezu gänzlich in Trümmern, ebenso Wesel, auf das noch kurz vor der Einnahme zwei schwere Luftangriffe geflogen worden waren. Xanten und sein berühmter Dom waren seit Februar eine Ruine. Von Montgomerys Hauptquartier in der Nähe des hart umkämpften holländischen Venlo aus hatte Churchill am 24. März den Rheinübergang der 2. britischen, 1. kanadischen und 9. US-Armee am Niederrhein beiderseits Wesel beobachtet.
Das Ruhrgebiet, Deutschlands Zentrum der Steinkohlenförderung, der Stahlerzeugung und der Rüstungsindustrie, das größte Industriegebiet des Deutschen Reiches und des europäischen Festlandes, war schon seit 1940 Zielgebiet alliierter Luft-

75 *Die Trümmer von Krefeld – Ergebnis von fast drei Jahren Bombenkrieg gegen die Stadt, bevor sie erobert wurde.*

angriffe. In der großen Luftoffensive der RAF, der »Battle of the Ruhr«, von Ende März bis Anfang Juni 1943, waren Essen, Duisburg, Oberhausen, Mülheim, Dortmund, Bochum und Gelsenkirchen die Hauptziele. In der Endphase des Krieges waren am 1. April 1945 die von Süden aus dem Raum Remagen/Andernach und von Norden über Wesel und Hamm vorrückenden US-Armeen bei Lippstadt zusammengetroffen. Die im Gebiet zwischen Rhein, Ruhr und Sieg eingeschlossenen deutschen Truppen des »Ruhrkessels«, in zwei Teile gespalten, hatten am 16. und 17. April die Waffen gestreckt. Die Industrieanlagen und Wohnviertel des Ruhrgebietes waren bei Kriegsende weithin eine Trümmerlandschaft.

Die Statistik der Luftkriegsopfer zählte in Essen 7500 Tote, in Dortmund 6000, in Duisburg 5730, in Bochum über 4000, in Gelsenkirchen über 3000, in Oberhausen 2300 und in Mülheim 1300.

Die deutsche »Waffenschmiede« Ruhrgebiet hatte bei den Planungen der Anti-Hitler-Koalition für die Zeit nach der Niederwerfung Deutschlands wichtige Bedeutung. Roosevelt hatte vorgeschlagen, das Ruhrgebiet internationaler Kontrolle zu

unterstellen. Sein Finanzminister Henry Morgenthau jr. forderte in seiner im September 1944 vorgelegten Denkschrift mit der Entmilitarisierung, Zerteilung und Reduzierung Deutschlands auf ein Agrarland auch die völlige Demontage der Ruhrindustrie und die Internationalisierung des Ruhrgebiets und der deutschen Wasserwege.
Morgenthaus Absicht, »die gesamte deutsche Industrie zu demontieren und aus den Deutschen ein Volk von kleinen Landwirten zu machen«, hatte schon im Planungsstadium bei seinen engsten Mitarbeitern Widerspruch gefunden. »Das einzige, für das ich meinen Namen hergebe«, hatte Morgenthau ihnen erklärt, »ist die völlige Stillegung der Ruhr. Was aus den Deutschen wird, ist mir egal.« Und er hatte hinzugefügt: »Wenn im Ruhrgebiet die Maschinen zerstört, die Bergwerke überflutet, gesprengt, zerstört werden, dann können sie keine Kriege mehr führen ... Die Lösung scheint schrecklich, unmenschlich, grausam zu sein. Wir haben den Krieg nicht gewollt. Wir haben nicht Millionen in die Gaskammern gejagt. Wir haben all das nicht getan. Sie haben es ja so gewollt. Ich denke an die Zukunft meiner Kinder und Enkel und will nicht, daß die Bestien wieder Krieg führen. Ich weiß keinen anderen Weg als die Sache im Kern zu treffen, und das ist das Ruhrgebiet.«

Der fertige Morgenthau-Plan, »Maßnahmen zur Verhinderung eines Dritten Weltkrieges« überschrieben, sah dann für das Ruhrgebiet, das Rheinland, den Nord-Ostsee-Kanal und Schleswig-Holstein vor, »alle nicht durch Kampfhandlungen zerstörten Industrieanlagen und Maschinen vollständig zu demontieren und als Reparationen in die Länder der Alliierten zu überführen. Die techni-

76 *Mutter und Kinder suchen Reste ihrer Habe: Dinslaken.*

77 *Die Royal Air Force war da: Das Bahnhofsviertel von Hannover.*

78 *Der Hangar des Flugplatzes Bonn-Hangelar nach der Zerstörung durch Bomben.*

schen Einrichtungen der Zechen sind zu demontieren, die Zechen selbst zu schließen.«
Aber führende amerikanische Politiker wie Außenminister Cordell Hull und Kriegsminister Henry Lewis Stimson waren massiv dagegen, »aus Deutschland ein ödes Ackerland zu machen«.
Und so fand der Morgenthau-Plan, dessen Inhalt durch Indiskretionen weitgehend bekannt geworden war und in vielen amerikanischen Zeitungen und der Öffentlichkeit einen Sturm der Entrüstung hervorrief, letztlich doch nicht mehr die Billigung Churchills und Roosevelts. Aber erst im November 1944 ließen die Vereinigten Staaten von der Absicht ab, selbst das Ruhrgebiet zu besetzen und einigten sich mit England, es dessen künftiger Besatzungszone zuzuschlagen.
Auch Frankreich hatte eigene Ambitionen. Die in den Jahren 1944 bis 1946 mehrfach geforderte Trennung der Rheinlande und des Ruhrgebiets vom übrigen Deutschland scheiterte ebenso wie die von Rußland nach der Kapitulation statt einer »Sonderlösung« angesteuerte Viermächtekontrolle nach dem Beispiel Berlins. Stalin, bis dahin für eine Zerstückelung Deutschlands, trat seit dem Frühjahr 1945 in einem scheinbar plötzlichen Sinneswandel nachdrücklich für die Einheit Deutschlands auf.

*

Andere Gegenden Westdeutschlands, schon vorher Schauplatz der Endkämpfe, standen dem Ruhrgebiet an Verwüstungen nicht nach.
Auch Neuss und Mönchengladbach hatten schwere Zerstörungen erlitten. Krefeld war mehrfach Ziel britischer Bomberverbände und wurde stark ge-

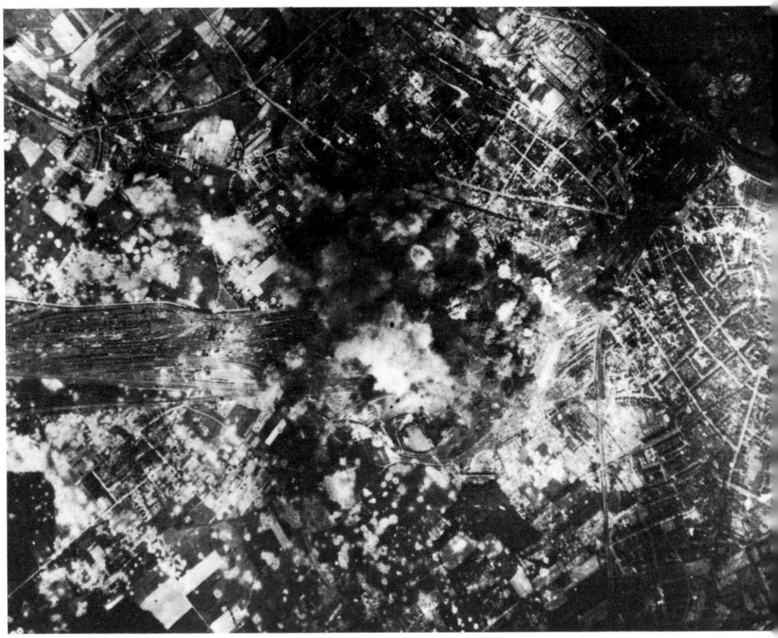

79 *Das alte Düren wurde ausgelöscht: die meistzerstörte Stadt des Rheinlandes.*

80 *Über Hamm am 31. Mai 1944: »Fliegende Festungen« und »Liberators« bombardieren den Hauptbahnhof.*

81 *Düsseldorf vor der Eroberung, von Neuss aus gesehen, wo die 83. Division der 9. US-Armee steht.*

82 *Docks und Schiffe versinken im Wasser: Der Hamburger Hafen war bevorzugtes Ziel alliierter Luftangriffe.*

troffen. Jülich war schon 1944 fast völlig im Bombenhagel untergegangen, ebenso Dürens Altstadt. Trümmerberge lagen auch in Euskirchen. Bonn war Anfang Februar von 238 britischen Bombern angegriffen worden und zu einem Drittel zerstört. Siegen hatte schwerste Schäden davongetragen. Auf Leverkusen hatten britische Bomber vom 22. auf 23. August 1943 1690 t Bomben geworfen. Solingens Stadtkern war zerschlagen. In Wuppertal waren schon Ende Mai 1943 durch einen Großangriff britischer Bomber 2450 Tote, 118000 Obdachlose und erhebliche Zerstörungen zu verzeichnen gewesen. Kurze Zeit vorher ertranken über 1200 Bewohner des Möhne- und Ruhrtals, als am 16./17. Mai 1943 die Möhnetal-Staumauer unter dem Angriff britischer Lancaster-Bomber zerbarst. Joseph Goebbels, bis zum eigenen letzten Atemzug Hitlers Trommler und Durchhalte-Propagandist, einer der wenigen NS-Größen, die sich auch später in der letzten Kriegsphase noch vor die Bevölkerung trauten, verkündete in einer Gedenkstunde für die Bombenopfer Wuppertals: »Die Städte, die in Brand und auf ihren Trümmern ungebrochen stehen, winden einen unverwelklichen Lorbeerkranz um ihre Wappen.« Die Lorbeerkränze gingen auf im Höllenfeuer des Krieges, im Inferno des Untergangs.

Die Werke der damaligen »Stadt des KdF-

Wagens«, Wolfsburg, waren 1945 zu zwei Dritteln zerstört. In der Lüneburger Heide, nördlich von Celle, befreiten am 15. April 1945 englische Truppen die noch lebenden Insassen des NS-Konzentrationslagers Bergen-Belsen. Von den etwa 60000 Insassen des Auffanglagers aus allen Konzentrationslagern des Reiches überlebten nur etwa 10000 das Grauen des Terrors und das Wüten einer Fleckfieber-Epidemie.
Als am 26. April, dem Tag nach dem Beginn der Konferenz von San Francisco zur Festlegung der Charta der »Vereinten Nationen«, das XXX. Korps der 2. britischen Armee Bremen eroberte, mit seiner kriegswichtigen Industrie und als wichtigste deutsche Seehafenstadt nach Hamburg jahrelang Ziel schwerster Luftangriffe, lagen dort auch zahlreiche historische Bauten und 90 % der Bürgerhäuser der Altstadt in Trümmern. 65000 Wohnungen in der bald darauf etablierten amerikanischen »Enklave Bremen« waren zerstört. Bremerhaven hatten RAF-Bomber auch schon 1941 angegriffen. Der Kriegshafen Wilhelmshaven war von einer polnischen Panzer-Division am 7. Mai fast völlig zerstört eingenommen worden. Am selben Tag rückte die 3. kanadische Division in Emden ein: eine zu 78 % zertrümmerte und ausgebrannte Stadt. Cuxhaven hatte am 18. April 1944 den bisherigen »Tagesrekord« alliierter Bombenabwürfe auf deutsche Städte erleben müssen: 4000 t. Auf die Küstenbefestigungen Wangerooges, die strategisch wichtige östlichste der Ostfriesischen Inseln, hatten die Briten noch am 25. April 1945 über 2000 t niedergehen lassen.
Dann, endlich, war die Hölle der Kriegsjahre durchstanden. Für die Überlebenden galt es, in den Trümmern Deutschlands zu überleben: über 21 Millionen in der britischen Zone ...

*

Über vielen Städten hing noch der Geruch der Leichen, die von den Steinen begraben worden waren. Im KZ Bergen-Belsen schoben britische Bulldozer die Berge von Opfern zusammen und bereiteten ihnen die Massengräber.
Ratten und Fliegen waren eine wahre Plage. Es schien so, als ob das deutsche Volk den »Schwarzen Tod« des Mittelalters im 20. Jahrhundert noch einmal durchmachen müsse. Unterernährung und in-

83 *Februar 1945 in Bedburg-Hau: das dortige Landeskrankenhaus diente als Marinelazarett. In die Männerstation »M 12« wurde die Frauen-Abteilung des Klever Antonius-Hospitals gelegt.*

84 *Hamburg zu »Königs Geburtstag«: 14. Juni 1945, Feier der britischen Besatzer.*

85 *Der Sieger in seinem Büro: Eisenhowers Arbeitsplatz im IG-Farben-Haus in Frankfurt.*

86 *Speisesaal für die Briten: Gedeckt ist in Essens Villa Hügel.*

87 *Die Deutschen leben von dem, was sie »organisieren« können – hier aus einem bombardierten Zug bei Regensburg.*

fiziertes Wasser führten zu Typhus und Ruhr in epidemischen Ausmaßen. Die Krätze trat auf. Selbstgebrannter Kartoffel- und Rübenschnaps machte Hunderte blind. Die Zahl der Geschlechtskrankheiten war erschreckend. Obwohl es keine genauen statistischen Angaben gibt: die Sterblichkeitsrate in der britischen Zone war sicherlich fünfmal so hoch wie in normalen Zeiten. Jedes sechste neugeborene Kind starb innerhalb der ersten Lebenswoche.
Mit wenigen Ausnahmen war die deutsche Zivilverwaltung völlig zusammengebrochen. Die meisten Bürgermeister, die Parteimitglieder gewesen waren, hatten die Flucht ergriffen. Einige, wie die von Bad Segeberg und Lübeck, hatten Selbstmord begangen. Und diejenigen, die von den Alliierten eingesetzt worden waren, meistens im Rheinland, hatten sich oft nicht als allzu erfolgreich und nicht selten als gänzlich ungeeignet erwiesen.
Bereits im September 1944 hatten die Briten und Amerikaner die Reichsgrenze erreicht. Aachen im Süden der britischen Zone war die erste Stadt, die im Westen von den Alliierten erobert werden konnte. Hier hatten die Amerikaner das »Handbook for Military Government in Germany« als ihren Leitfaden für die Behandlung der Deutschen eingeführt. Sein Kernsatz lautete: »Die Verwaltung wird mit fester Hand geführt werden. Sie wird gleichermaßen gerecht und human sein.« Aber der von den Amerikanern eingesetzte Oberbürgermeister Franz Oppenhoff von Aachen, der am 28. März 1945 von Werwölfen ermordet wurde, dem NS-Partisanenaufgebot der letzten Stunde, hatte wenig Erfolg. Die Presse der Alliierten griff das Thema auf. Präsident Roosevelt verurteilte das Handbuch »als verdammt schlecht«: »Man gewinnt den Eindruck, als solle Deutschland genauso schnell wieder aufgebaut werden, wie die Nieder-

88 *Zerstörte Bahnhöfe . . .*

89 *. . . leere Straßen zwischen Trümmerhaufen (Düren) . . .*

90 *. . . und drinnen Hoffnungslosigkeit (Aachen).*

91 *Als Speise gab's den »blauen Heinrich«, dünne Milchsuppe.*

92 *Eingang zu einem Munitionsbunker im Wald, von den Engländern entdeckt.*

lande und Belgien«, schrieb er an seinen Kriegsminister. »Jeder einzelne Deutsche soll merken, daß Deutschland diesmal ein besiegtes Volk ist. Ich will nicht, daß die Deutschen verhungern. Haben sie selbst nicht genug zu essen, dann sollen sie dreimal täglich aus den amerikanischen Feldküchen Suppe bekommen. So bleiben sie gesund und werden ihr Leben lang an diese Erfahrung denken. Die Tatsache, daß sie ein besiegtes Volk sind – und zwar alle zusammen und jeder einzelne – muß ihnen so eingebleut werden, daß sie vor jedem neuen Krieg zurückschrecken.«
Statt des Handbuches gaben die amerikanischen Staatschefs (Joint Chiefs of Staff) dann im Mai 1945 die bis zum Oktober streng geheim gehaltene »Direktive JCS 1067« an ihren Oberbefehlshaber

93 *Auf freiem Feld bei Kerpen: Warten auf den Abtransport.*

94 *»Waffen« müssen abgeliefert werden: vor der Militärverwaltung in Bad Godesberg, 13 März 1945.*

96 *Drei, die überlebt haben: der Junge rechts trägt die Hosenklammern in der Außentasche.*

95 *Das kleine Mädchen mit der Kaffeekanne: Tagesration an Suppe für die ganze Familie (Aachen 1945).*

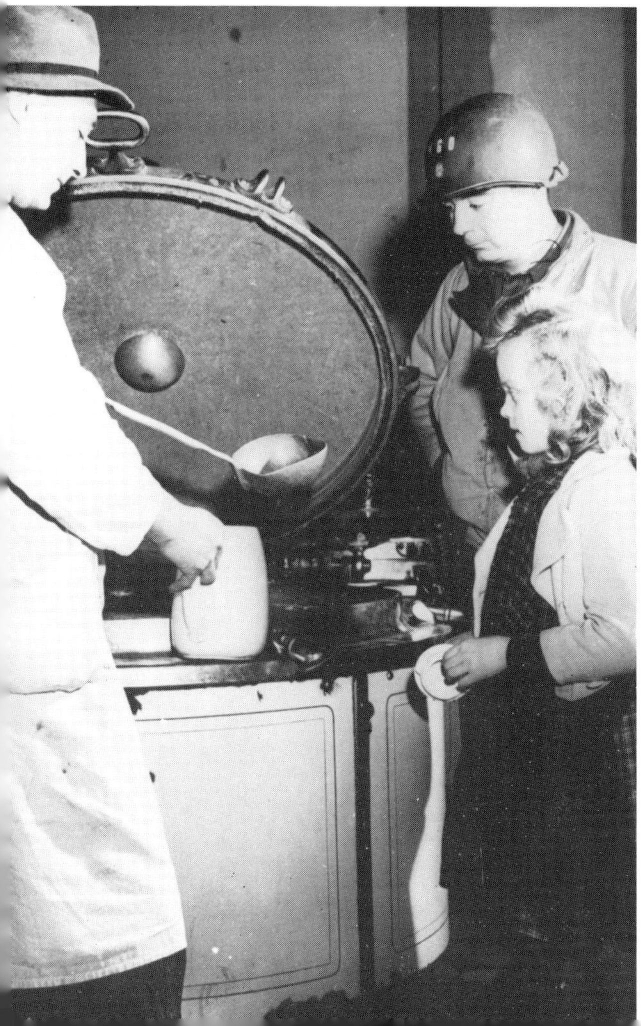

97 *Familienszene im Ruhrgebiet: Die Hausbewohner haben Gäste aufgenommen, die Wohnung wird zu klein.*

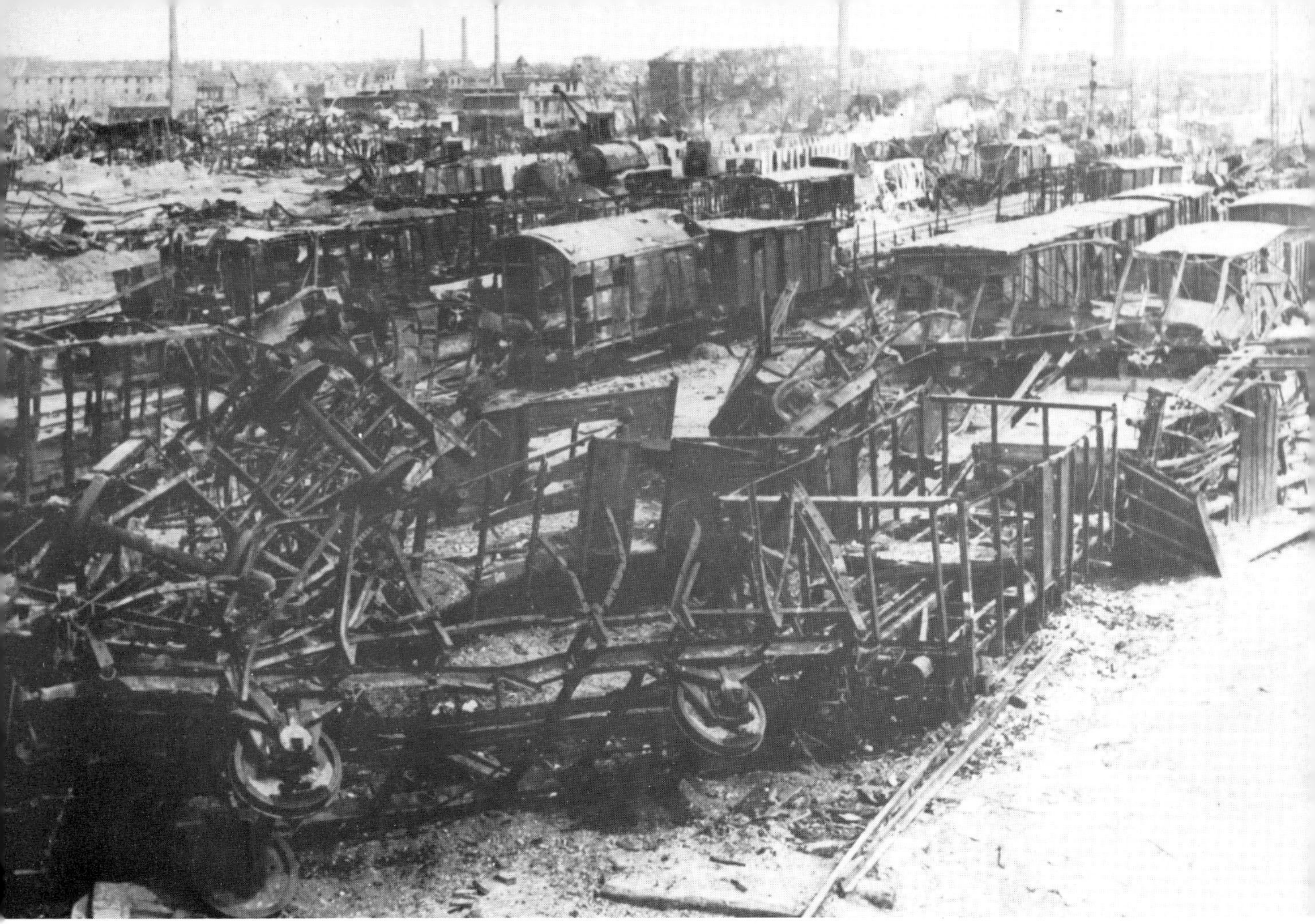

98 *Der Güterbahnhof von Hildesheim am 9. April 1945: er und die Stahlwerke waren seit Juli 1944 mehrfach bombardiert worden, am 22. März 1945 allein mit über 1000 Tonnen Bombenlast.*

in Deutschland, General Eisenhower, heraus. Sie besagte, daß Deutschland »nicht zum Zwecke seiner Befreiung« besetzt würde, »sondern als ein besiegter Feindstaat . . . Die Verbrüderung mit deutschen Beamten und der Bevölkerung werden Sie streng unterbinden.« Es würden keinerlei Schritte unternommen, so hieß es, die eine wirtschaftliche Erholung zum Ziele hätten. Die Entnazifizierung habe in solchem Umfange stattzufinden, daß Fehler wie die in Aachen gemachten sich nicht wiederholen könnten.
Das war der Geist, der unter den Offizieren herrschte, die Deutschland in diesem ersten Nachkriegssommer zu verwalten hatten. Die Stunde

99 *Die Kirche blieb relativ heil: Hermeskeil nach der Eroberung.*

100 Das kriegszerstörte Kerpen bei Köln Ende Februar 1945: Dächer ohne Ziegel, unten vorn ein amerikanischer Militärkonvoi (am Haus).

Null und die amerikanische Besatzungspolitik wurden von den harten, eisernen Grundsätzen der »JCS 1067« beherrscht.
Als Clement R. Attlee, anstelle von Churchill jetzt britischer Premier, Harry S. Truman, Nachfolger des im April verstorbenen amerikanischen Präsidenten Roosevelt, und Stalin, jetzt selbsternannter Generalissimus, am 2. August im Kronprinzenschloß Cecilienhof das Potsdamer Abkommen schlossen, waren die Leitworte der nächsten Jahre festgeschrieben: militärische Besetzung, Beseitigung von Nationalismus und Militarismus, Reparationen, Demontagen, Kontrolle und Entflechtung der Wirtschaft, Bestrafung der Kriegsverbrecher,

101 *Zwei Jeeps in Jakobwüllesheim, links unter dem Mast drei US-Soldaten.*

102 *Unter Führung eines Soldaten weg aus Kellern und Bunkern: Zivilisten in Aachen werden evakuiert.*

Demokratisierung, Bestätigung der Aufteilung Deutschlands bei »wirtschaftlicher Einheit« in vier Besatzungszonen bis zum Friedensschluß.

Das Gebiet östlich der Oder-Neiße-Linie sollte fortan von Polen und Rußland verwaltet werden. Nach der Flucht von Millionen hatte die Zwangsaussiedlung der weiteren Millionen aus den deutschen Ostgebieten, aus Polen, der Tschechoslowakei und Ungarn begonnen.
In jenem August 1945 strömen täglich rund 30000 Flüchtlinge aus dem Osten durch Berlin, 1,3 Millionen bis zum Oktober: die Antwort auf die millionenfache Massenvernichtung, die Deportationen und Vertreibungen im deutschen Namen.
Bevor im Januar 1945 die russische Großoffensive ansetzte, lebten in den Ostgebieten des Deutschen Reiches und den Siedlungsgebieten rd. 16,6 Millionen Deutsche und Volksdeutsche. Schon im Sommer 1945 hatte nach der Fluchtlawine des Winters, nach den Trecks der Millionen und der Flucht über die Ostsee die erste Vertreibungswelle, auch mit Massenausweisungen der Sudetendeutschen aus der Tschechoslowakei, eingesetzt. Obgleich das Potsdamer Abkommen die »Überführung« in »geordneter und humaner Weise« deklarierte, brachten die ungeregelten Vertreibungen und systematischen Massenausweisungen unzähliges Leid. Seit 1945/46 kamen bis in die sechziger Jahre 12,5 Millionen als Flüchtlinge oder Vertriebene in die Bundesrepublik. Bei Flucht und Vertreibung sind 2 Millionen verschollen oder zugrunde gegangen. Die Alliierten fanden bei Kriegsende in Deutschland und den von ihnen besetzten Gebieten 9 Millionen »Displaced Persons« vor, ausländische Zwangsarbeiter und sonstige aus ihren Heimatländern in das Reich verbrachte Ausländer. Unzählige Schicksale in einer Zeit, in der 4 Millionen Balten und Ukrainer nach dem Osten ziehen müssen, 9 Millionen Russen in die besetzten Gebiete Ostdeutschlands und Polens. Etwa 30 Millionen Europäer verlieren ihre Heimat, dann Millionen und Abermillionen in Asien, in China, Korea, Vietnam, Tibet, Indonesien, Afrika, Palästina: das »Jahrhundert der Flüchtlinge«.
Die Alliierten waren nach der Niederwerfung Deutschlands entschlossen, auch im Pazifik den Krieg mit allen Mitteln zu beenden. Am 6. August klinkt US-Oberst Tibets die erste Atombombe über Hiroshima aus: 260000 Tote und über 160000 Verletzte. Am 9. August stürzt »Fat Man« auf Nagasaki. Der Plutoniumbombe fallen 150000 Menschen zum Opfer. Japan bietet am Tag darauf die Kapitulation an.

4. Unter den neuen Herren

Die Nationalsozialisten hatten mit dem Wort vom Herrenvolk Verbrechen, unendliches Unrecht und Leid verbreitet. Jetzt jedoch war mit den westlichen Alliierten eine neue, ganz andere Art von Herrenkaste da. Jede hatte ihre besonderen Eigenarten. No fraternisation! Sich mit der Bevölkerung anzufreunden, war strikt verboten. In der französischen Zone gab zunächst Oberbefehlshaber General de Lattre de Tassigny den Ton an. Er vertrat die Ansicht, man könne die Deutschen am besten beeindrucken und »umerziehen« (das neue Schlüsselwort in diesem Sommer), indem man ihnen die

103 *Die neuen Herren Deutschlands: von links nach rechts Feldmarschall Bernard Montgomery, General Dwight D. Eisenhower und der russische Marschall Schukow.*

104 *Die Hauptverantwortlichen für die britische Besatzungspolitik in Deutschland, fotografiert im Hauptquartier der britischen Besatzungszone in Düsseldorf: von links Brigadegeneral J. A. Barraclough (der Adenauer entließ), der Zivilgouverneur William Ashbury, Befehlshaber der britischen Zone, Luftmarschall Sir Sholto Douglas sowie Deutschlandminister Lord Pakenham.*

105 *Vor »Döhlers Vitasin« (Puddingpulver) und Dr. Oetkers »Rote Grütze Sago«: die angemalte Ausgangssperre, Ende Mai 1945.* ▷

Heute
Ausgangs
verbot von
15^{00}-18^{00} Uhr
Döhler
Vitasin

106 *Die britische »Proklamation« an die Bevölkerung von Wesel, März 1945.*

107 *»Waehrung« (mit ae), Amtssprache, Grenzkontrolle und Deutsche Gerichte: Aushang alliierter Gesetze in zwei Sprachen.*

»Grandeur« vorführe: »Unsere Militärzeremonien sollen den Deutschen zeigen, daß auch wir es verstehen, große Ideen zu fassen, großartige Dinge durchzuführen und das Schöne zu erreichen!« Dementsprechend hatte der General seine Privatvilla in Lindau mit besonders schönen Landschaftsgemälden ausmalen lassen. Die Pariser Nationaloper kam, um für ihn zu spielen. Studenten der französischen Kunstschule in Rom, damals in der Villa Medici untergebracht, entwarfen für ihn neue Formen von Baracken und komponierten eigens eine Militärmusik. Es bedarf eigentlich nicht der Erwähnung, daß die Kosten für all dies vom deutschen Volk getragen wurden.
Als General Devers, Kommandeur der 7. US-Armee, in diesem Sommer 1945 seinen Abschiedsbesuch machte, säumten 2000 algerische Kavalleriesoldaten mit brennenden Fackeln seinen Weg. Baden-Baden, der Sitz der französischen Militärregierung, wurde – im Stil des 20. Jahrhunderts – zu einer Nachahmung von Paris. Und rundum Armut und Hunger, auch im Saargebiet, das am 7. Juli aus der französischen Besatzungszone ausgegliedert und einer eigenen Verwaltung unter französischem Protektorat unterstellt wurde.

108 *Unter der amerikanischen Flagge zur Registrierung in Eschweiler, Rheinland.*

◁ 109 *Hinrichtungen sind an der Tagesordnung: dieser Mann wurde wegen »Spionage« vom Militärgerichtshof der 7. US-Armee zum Tode verurteilt und hingerichtet (siehe Bild Seite 70).*

110 *Die Schüsse sind gerade gefallen . . . Hinrichtung, 1945.*

112 *Heinz Petry aus Alsdorf hatte den Auftrag, sich durch die feindlichen Linien zu schlagen – der Junge wurde entdeckt und hingerichtet. Sein Vater, Parteifunktionär, war bereits von den Nationalsozialisten mit dem Tod bestraft worden. (1. Juni 1945).*

◁ 111 *R. J., der hier hingerichtet wird, gehörte zu einer Volksgrenadierdivision und wurde in Zivilkleidung aufgegriffen. Er soll zu den Amerikanern gegangen und seine Hilfe bei der Militärverwaltung angeboten haben – dann aber seinen Spionageauftrag zugegeben haben.*

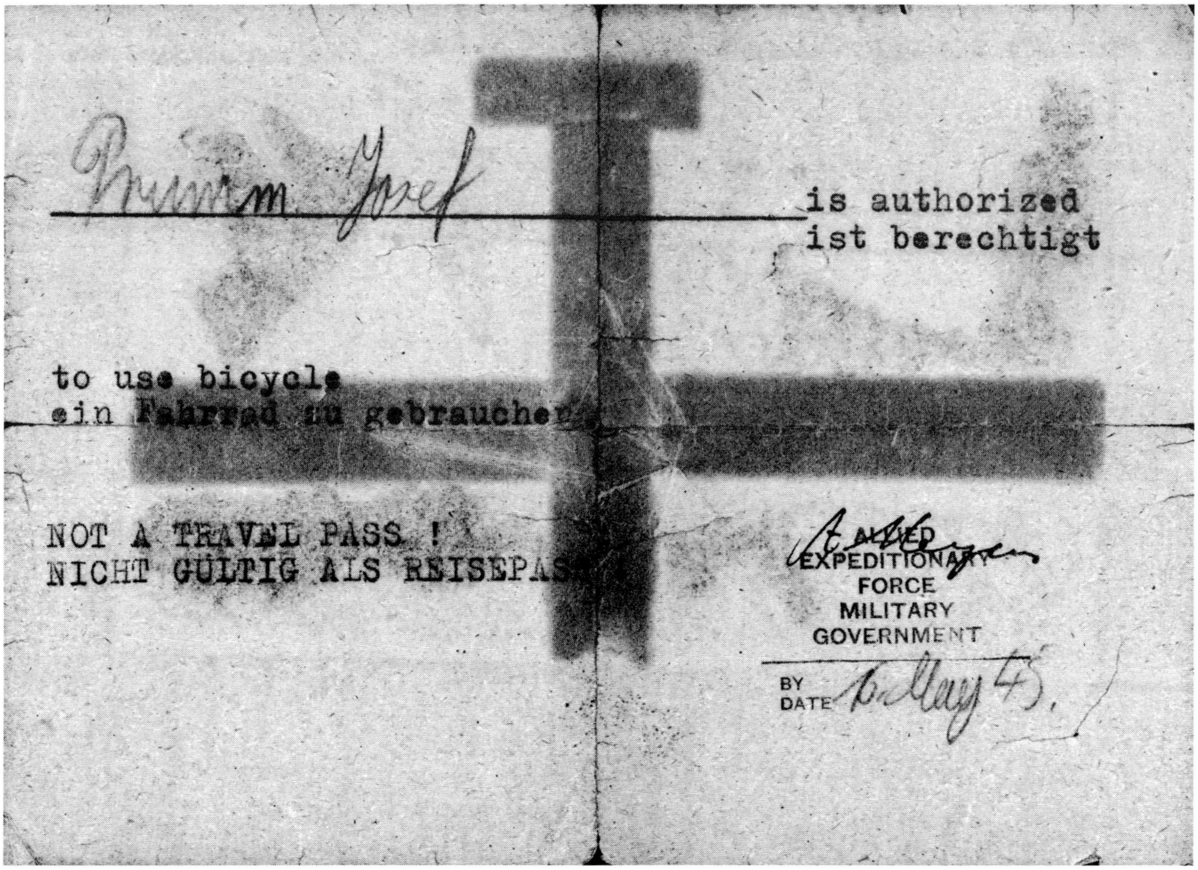
is authorized
ist berechtigt

to use bicycle
ein Fahrrad zu gebrauchen

NOT A TRAVEL PASS !
NICHT GÜLTIG ALS REISEPASS

ALLIED
EXPEDITIONARY
FORCE
MILITARY
GOVERNMENT

BY
DATE

113 *Der »Führerschein« für ein Fahrrad, von den Militärbehörden ausgestellt – »nicht gültig als Reisepaß!«*

Zunächst behandelten die GIs die Deutschen wie ein erobertes Volk – bis sie entdeckten, daß sie fast alles, was sie nur wollten, mit ihren Nylonstrümpfen und Lucky Strike-Zigaretten aus den alliierten PS-Läden kaufen konnten. Es gab auch Plünderungen und vereinzelte Vergewaltigungen. In einem Bericht aus Marburg, zu jener Zeit angefertigt, aber erst Jahre später veröffentlicht, schrieben die deutschen Verfasser: »Sinnlos zerstörten die fremden Truppen Besitz in beschlagnahmten Häusern . . ., sie nahmen Radios mit, sie stahlen Fotoapparate. Sie warfen Porzellan, Gemälde und Möbel auf die Straßen, übergossen diese Dinge ab und zu mit Treibstoff und zündeten sie an. Erstaunt und

114 *»Ausgeh-Ausweis! Frl. Cläre Lamers, Amtsangestellte (in Bedburg/Erft) ist berechtigt, sich im Gelände frei zu bewegen«.*

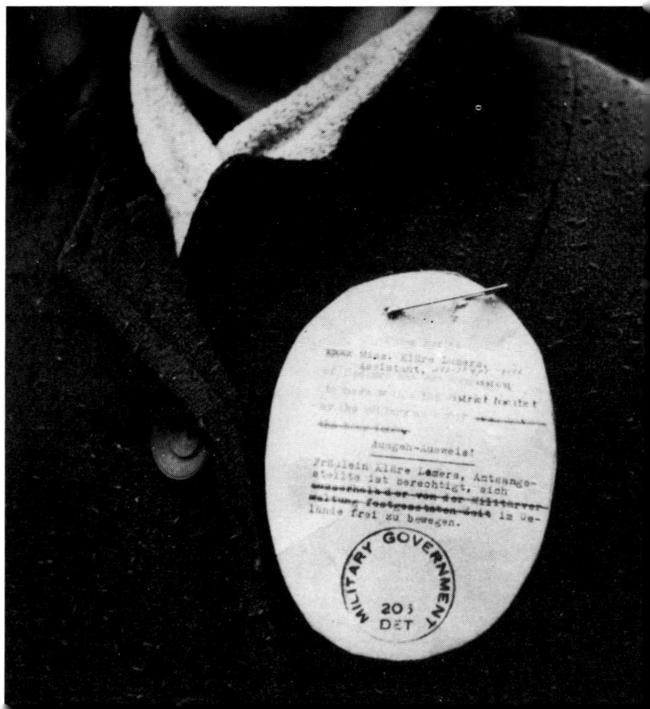

mit bitterem Gefühl standen die Leute von Marburg dabei und sahen, wie ihr letzter kleiner Besitz sinnlos zerstört wurde, lange nachdem die alliierten Waffen den totalen Sieg errungen hatten.«

Die Briten schließlich blieben ihrer 300 Jahre alten kolonialen Tradition treu. Sie sonderten sich völlig von den Deutschen ab, so wie sie es immer taten, wenn sie in ihrem großen Weltreich mit den »Eingeborenen« zusammenleben mußten. Montgomerys Hauptquartier in Bad Oeynhausen war rundum von Stacheldraht umgeben. Überall standen Hinweise, daß der Eintritt für Zivilisten »streng verboten« sei. Diesem Beispiel folgten die britischen Verwaltungen in der gesamten Zone.

Die Besatzungsmacht lebte in einer Welt für sich. Viele nur gering beschädigte Gebäude wurden als Offizierskasinos oder Clubs und Büroräume mit Beschlag belegt. Generäle und hohe Offizielle lebten in großen Villen, so zum Beispiel auch in der Villa Hügel in Essen. Als dann ihre Frauen nachkamen, beschlagnahmten die Besatzungsherren die besten Häuser für sie. Manche Besatzungsfamilien, niemals in ihrem Leben auch nur entfernt diesen Luxus gewöhnt, hatten plötzlich eine Riege von Dienstboten.

Wo immer die Briten deutsche zivile Einrichtungen benutzen mußten, trugen sie Sorge dafür, daß sie dort auch besondere Vorrechte genossen. So gab es eigene Kabinen für ihre Frauen bei den Friseuren, Spezialabteile in den wenigen Zügen, »For British Forces only« reserviert. Ja, sie trennten sogar die Toiletten.

*

Den hungernden Deutschen, die von draußen in die hell erleuchteten Fenster der alliierten Kasinos

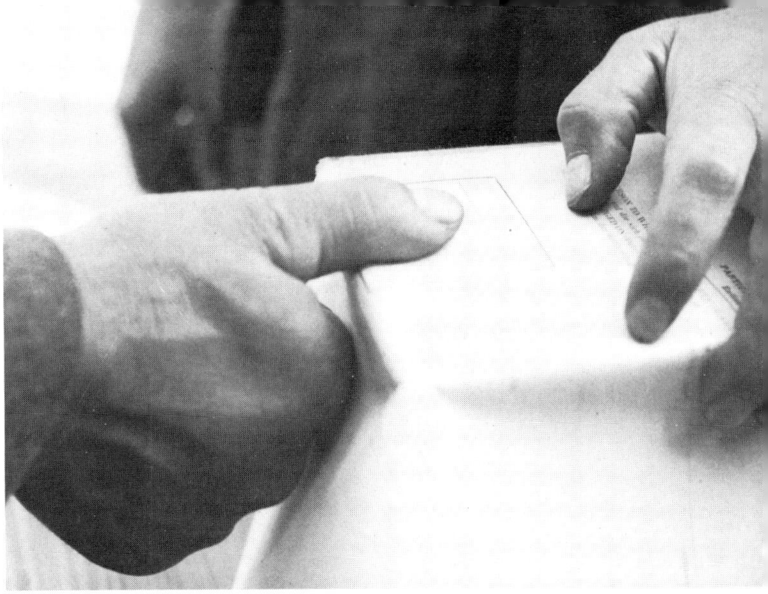

115 *Der Daumendruck als Erkennungszeichen: Soldat bei der Registrierung.*

116 *Herzogenrath: ein neuer »Polizeichef« und Polizisten für den Ort werden vereidigt (April 1945).*

117 *Waffenabgabe in Bad Godesberg, April 1945.*

118 *Der »öffentliche Luftschutzraum« wurde Dienststelle der Militärregierung.*

schauten (in denen Offiziere und Zivilisten Mahlzeiten mit mehreren Gängen zu sich nahmen), mußte ihr eigenes Land als eine Art neuer Kolonialstaat erscheinen. Und sie selbst waren darin das verachtete und in die Ecke gestellte unterworfene Volk. Soweit Engländer mit Deutschen umgehen mußten, bewahrten sie meist kühle, auf Abstand bedachte Korrektheit. Von 21 Uhr bis 6 Uhr, so seit dem 12. Mai in Hamburg, hatten die Deutschen Ausgehverbot.

Wer das Ausgehverbot übertrat, wurde mit strengen Strafen der Militärgerichte belegt. Das »Hamburger Nachrichten-Blatt« der Militärregierung, unentgeltlich an die Bevölkerung verteilt, meldet in seiner Nr. 23 vom Mittwoch, dem 6. Juni 1945, daß im Strafjustizgebäude in einer Sitzung des Militärgerichts allein 17 Fälle wegen Ausgehverbots verhandelt wurden. Die Strafen lauteten auf 21, 56

119 *Von den neuen britischen Herren notdürftig instandgesetzt: die Brücke über die Weser bei Bad Oeynhausen.*

und 14 Tage Gefängnis. Ein Fall wegen »ungesetzlichen Besitzes eines falschen Passierscheins« wurde mit 10 Monaten Gefängnis geahndet. Für »unberechtigten Besitz von Eigentum der alliierten Streitkräfte« wurden mehrere Monate bis zu einem Jahr Gefängnis verhängt.
Die Nachrichtenblätter der Militärregierung waren häufig die einzige offizielle Nachrichtenquelle. Als der Kontrollrat »die Staatsgewalt im Reich« übernahm, befahl die »alliierte Deklaration« unter anderem: »Bis zur Herbeiführung einer Aufsicht über alle Nachrichtenmittel durch die alliierten Vertreter hören alle von Deutschland beherrschten Funk- und Fernnachrichteneinrichtungen und sonstige Draht- und drahtlose Nachrichtenmittel auf dem Lande oder auf dem Wasser zu senden auf. Ausnahmen können nur von den alliierten Vertretern angeordnet werden.« Somit gab es zunächst nur überwiegend fremdsprachige Sendungen und einzelne Anweisungen an bestimmte Berufsgruppen der Deutschen: Nachrichten für Displaced Persons, Anordnungen für Ärzte, Spezialarbeitskräfte und ähnliches.

121 *Die erste deutsche Polizeischule in der britischen Zone, seit Mitte 1945 in Hiltrup eingerichtet.*

120 *Die neue Hilfspolizei der Militärregierung mit Registriernummer (Hannover).*

122 *Ausbilder an der Polizeischule: Gefreiter James McNeill, 53. Division.*

123 *Zugelassen zu der neuen Polizeischule der britischen Zone sind meist ältere Männer – frühere Polizisten. Hier beim Training.*

124 *23. Mai 1945 in der Polizeischule der britischen Zone: So lernt man die Verkehrsregelung . . .*

126 *Instruktion durch einen erfahrenen Polizeioffizier in der Polizeischule in Hiltrup.*

◁ 125 *Der provisorische Ärmelstreifen für die deutschen Hilfspolizisten.*

Ein Nährboden für Gerüchte in nahezu unendlicher Zahl und phantastischsten Inhalts: Ausdruck der Ratlosigkeit, aber auch der Hoffnung.
In jenen Tagen wurden die auf deutschem Boden befindlichen Truppen, teilweise, wie in Schleswig-Holstein, noch in größeren Verbänden zusammengefaßt, Schritt für Schritt endgültig entwaffnet in Gefangenschaft geführt oder teilweise entlassen und, wie etwa Verbände der Kriegsmarine, zum Minenräumen der deutschen Gewässer und gar der Gewässer um England bis in die Themse-Mündung hinein eingesetzt.
Und die Zivilbevölkerung versuchte zu leben. Viele waren von den Ereignissen wie gelähmt. Wieder andere voller Initiative und voll hektischer Betriebsamkeit. Überall begann es sich zu regen, soweit die scharfen alliierten Bestimmungen das überhaupt zuließen. Handel und Wandel geschah allenfalls von Ecke zu Ecke, von Straße zu Straße, von Stadtteil zu Stadtteil. Verbindungen und gar Reisen von Ort zu Ort waren zunächst nahezu unmöglich, in jedem Fall ein Abenteuer mit höchst

127 *Am Plan von Ludwigshafen: Besprechung zwischen dem Zivilvertreter Kurt Schäfer und dem Zuständigen der Militärregierung.*

ungewissem Ausgang. Und so hockten sie dicht an dicht auf den Dächern der wenigen, drangvoll überfüllten Züge, standen auf Puffern und Trittbrettern, hingen aus den Bremserhäuschen. »Räder müssen rollen für den Sieg«, hatte es noch vor wenigen Monaten gelautet. Bis Anfang Juni hatten die Besiegten von alliierter Seite keinerlei Lebensmittel erhalten. Es gab 607 Kalorien täglich. Als eine Hungersnot drohte, wurden erstmals 77 500 Tonnen Getreide freigegeben. Tagesration für Normalverbraucher jetzt: 1200 Kalorien.
»An das deutsche Volk« überschrieb die Alliierte Kontrollbehörde ihre Kontrollrats-Proklamation Nr. 2, ausgefertigt in Berlin, den 20. September

◁ 128 *Eine Frau notiert sich das Gesetz Nr. 2 der Militärregierung über die deutschen Gerichte.*

129 *Bad Oeynhausen: das Hauptquartier von Feldmarschall Montgomery.*

130 *Im Rathaus von Goslar: Montgomery läßt sich eine alte Bibel zeigen (Dezember 1945).*

131 *Führung durch das Rathaus von Goslar. Eine Dolmetscherin (halb verdeckt hinter Montgomerys erhobenem Arm) gibt die Erklärungen.*

132 *Dezember 1945: Generalleutnant Horrocks enthüllt das Denkmal für das 30. britische Corps.*

133 *Montgomery macht die Runde bei den Truppen, um sich aus Deutschland zu verabschieden. Bei dieser Gelegenheit erhielt er ein Buch »Holland und die Kanadier« geschenkt.*

1945. Neben der längst vollzogenen endgültigen Auflösung aller deutschen Streitkräfte und der Organisationen der SS, SA und Gestapo wurden in den 13 Abschnitten die Rückberufung aller deutschen Beamten und Zivilpersonen nach Deutschland befohlen. Sämtliche Konsular-, Handels- und andere Beziehungen des deutschen Staates zu anderen Staaten haben demnach allein die Alliierten zu bestimmen. Deutschen Staatsangehörigen ist es ohne ausdrücklichen Befehl der Alliierten untersagt, deutsches Gebiet zu verlassen. Die deutschen Behörden haben das gesamte deutsche »Binnen-Verbindungssystem (einschließlich aller militärischen und zivilen Post-, Telegraphen- und Fernverbindungssysteme und Einrichtungen . . .)« den alliierten Vertretern zur Verfügung und ihrer vollständigen Kontrolle zu unterstellen. Das bedeutet die vollständige Zensur und Kontrolle. Alle Platin-, Gold- und Silberbestände, soweit es sich um Münzen und Barren handelt, sind abzuliefern. Das gilt für die deutschen Behörden ebenso wie für »alle Personen in Deutschland«. Sämtlichen Handelsschiffen, einschließlich Fischereischiffen, ist es untersagt, »von irgendeinem deutschen Hafen, es sei denn mit der Erlaubnis oder dem Befehl der alliierten Vertreter auszulaufen«. Das gesamte deutsche Binnentransportsystem, Straßen, Eisenbahnen und Luft- und Wasserwege sind einschließlich aller Betriebseinrichtungen und der notwendigen Arbeitskräfte den Alliierten »zur uneingeschränkten Verfügung zu stellen«. »Die Nationalsozialistische Deutsche Arbeiterpartei (NSDAP) ist völlig und vollständig aufgelöst und wird als außerhalb des Gesetzes erklärt.«

Die Menschen in Deutschland versuchten in diesen Wochen und Monaten so zu tun, als könnte und müßte es eines Tages »normal« weitergehen. Und dies in Zeiten, in denen nichts »normal« war; in denen aber keine Bomben mehr fielen, keine Granaten mehr einschlugen, keine Straßenkämpfe stattfanden, keine Widerstandskämpfer, »Deserteure« und »Volksverräter« mehr hingerichtet wurden, keine Verhaftungen durch die Nazis stattfanden, sondern nur noch durch die Alliierten; als es keine Verdunkelung mehr gab und keine Zeitungsseiten voller Anzeigen unter der Rubrik »Für Führer, Volk und Reich gaben ihr Leben«.

In Hamburg, wo es noch kurz vor dem Einmarsch der Engländer ein Amateurfußballspiel gegeben hatte, wurde nach einer Pause von 14 Monaten die

134 *Zu Besuch: J. B. Hynd, Deutschlandbeauftragter der britischen Regierung.*

135 *Sportfest in Lüneburg. Die junge Lady Churchill schaut zu.*

»Farmsener Trabrennbahn« mit Genehmigung der Militärregierung wieder eröffnet. Deutschlands Berufsfahrer bestritten sechs Rennen, ein Rennen war den Offizieren der alliierten Streitkräfte vorbehalten. Der Totalisator war wieder in Betrieb. Am 29. September spielte der HSV gegen Eimsbüttel. Ein angekündigtes Gastspiel mit Werder Bremen mußte »aus organisatorischen Gründen« abgesagt werden. Allenthalben starteten auch die Leichtathleten wieder. In Hamburg belegt ein kriegsversehrter Einbeiniger den 2. Platz im Hochsprung.
Unter schwierigsten äußeren Umständen, aber mit nahezu nie gekanntem Engagement, regten sich die ersten Lebenszeichen der Kultur: »Stunden alter Musik«, Schiller-Lesungen, Studentenkonzerte, erste Theateraufführungen, Varietéschauen. Kinos begannen uralte Filme zu spielen. In diesem September gab es seit längerem wieder Rundfunksendungen. Wenn nicht gerade Stromsperre war, konnte man ab 6.30 Uhr, ab Zeitzeichen und Morgenmelodien über Kinderfunk und »Lernt Englisch im Londoner Rundfunk« auch Tanzmusik von Schallplatten bis zum Sendeschluß um 22.30 Uhr

137 *Die Unteroffiziersmesse: im Gästehaus der Villa Hügel, Essen. Polinnen servieren das Essen.*

136 *Bei der Beschlagnahmung eines deutschen Bergwerkes: Anschlag der Briten, 22. Dezember 1945.*

138 *Von höchstem Genuß: ein Bad in Krupps Badewanne . . .*

hören – wer überhaupt ein Rundfunkgerät oder einen Detektor hatte, höchst begehrte Tauschobjekte.
Getauscht wurde alles gegen jedes. »Bettstelle, eis., gebr., gegen klein. Behelfsküchenschrank.« »Gartenland, 600 qm, geg. mod. Leitspindel-Drehbank, nicht üb. 2 m lang.« »Langschäfter (46) geg. kräftig. Block- od. Leiterwagen abzugeben.« »Prima Hrn.- od. D.-Rad (Ballonreif.) geg. erstklass. Klavier.« »Radio-Detektorapparat u. 6 Kopfhörer geg. 220-Volt-Heizofen.« »Zahnersatz, neu, geg. el. Kochpl. 220 V., und Herrn-Wt.-Mtl. (48).«
Und es regte sich das, was man damals Geschäftsleben nannte und womit man Geschäfte zu machen hoffte. Wer kein Pg, Parteigenosse, gewesen war, hatte gute Chancen, sich an Firmen zu beteiligen. Handwerksunternehmungen, möglichst der nahrhaften Kategorie wie Bäckereien, Brotgeschäfte gingen ab gegen Wohnungen. Wer einen »Landgasthof« oder »Gemischtwarengeschäft mit ca. 30 Morg. Ld. z. verk.« hatte, war ein König. »Karrentransporte führte zuverlässig aus: Martin Sippel, Hamburg, Lohmühlenstr. 23.« Gefragt wurde: »Wer kann Koffer u. 3 Ki. mit nach Köln nehmen?« Es gab Stellenangebote, aber noch mehr Stellengesuche. Wichtig war dabei der Hinweis, kein Pg zu sein. Um künftigen Verwicklungen vorzubeugen, waren dezente Hinweise etwa des Stils angebracht »Reichsbeamt., entl., 54 J., sucht Stell. bei gr. Fa. a. Lagerverw., Pförtn. od. dgl.« Begehrt waren Stellungen als Ladenhilfen im Lebensmittelgeschäft oder in Gemüsegeschäften. Ein »Polizeibeamter, 44 Jahre, nicht im Dienst«, mußte sich um eine Stelle als Bote, Hausmeister, Pförtner oder ähnliches umsehen. Ein ehemaliger Gutsbesitzer suchte eine Stellung als landwirtschaftlicher Berater. Kaufen, soweit Reichsmark überhaupt noch eine Währung war – und für viele, sehr viele, deren Guthaben etwa wie in der Sowjetzone gesperrt waren, war auch die Reichsmark knapp und kostbar –, wollte man von Abfallstreifenblech über alte Adreßbücher bis zu 4–5-t-Lastwagen, evtl. im Tausch »geg. größ. mod. Holzhaus«, fast alles. Schiffsabwrackunternehmungen hatten wie Schrotthändler Hochkonjunktur: »Suche einwandfreie Schweißapparate zu kaufen.« Ein »Selbstabholer« suchte »Heu, Stroh und 2 Zuchtschweine« zu ergattern. Verkauft wurde von »ital. Bronzefiguren« über »Fuchs' Sittengesch., ill., 3 Bde.« über »Speisezimmer, dunkel Eiche mit 3 Klubsesseln« bis zu »Tannensägemehl in großen Mengen« alles, was irgend in der Tauschwährung Wert hatte.
Die Kirchen aller Konfessionen waren voll. Einkehr, Umkehr, Trost, Mitläufertum, Hoffnung auf Caritasspenden, aber insbesondere ein neu belebter Glaube, der Versuch, dieses Leben neu zu begreifen und neu zu gehen.
Und die Engländer, die Besatzungssoldaten? Sie waren in gebührender Distanz, Herren und kühle, manchmal erstaunte Zuschauer dieses Schauspiels, das sich da Tag für Tag vollzog unter den 22 Millionen, von denen schätzungsweise 5 Millionen als Flüchtlinge eingeströmt waren.
Der Schriftsteller Michael Balfour, der damals in Deutschland als Offizier diente, schrieb später: »Es war so einfach, sich selbst in den Zauberteppich einzuwickeln, auf dem die Besatzungstruppen lebten. Man konnte so leicht vergessen, daß rund um uns Menschen in gänzlich anderen Verhältnissen existieren mußten.«
Dem heißen Sommer 1945 folgte ein kühler, grauer Herbst.
Zu dieser Zeit erkannten einige wenige im britischen Lager, daß die 22 Millionen Deutschen innerhalb der britischen Besatzungszone in eine Katastrophe schliddern würden, wenn nicht bald etwas unternommen würde. Der Winter stand vor der Tür.

Augenzeugen

Der Befehlshaber der örtlichen Militärverwaltung war ein älterer Mann mit leicht angegrautem Haar und einem roten Schnurrbart. Er war sehr humorvoll. Eines Tages kam ein deutsches Mädchen zu ihm und gab an, sie erwarte ein Kind von einem britischen Soldaten. Er gab zu, daß er nicht wisse, unter welcher Kategorie der Beschwerdefall einzuordnen sei.
»Was meinen Sie?« scherzte er, »fällt das unter Fraternisation?« Dann schüttelte er den Kopf: »Nein, das wäre nicht zutreffend. Oder vielleicht britisch-deutsche Beziehungen? Nein – das wäre zu allgemein. Was haben wir denn sonst noch?« Und er blätterte die Papiere auf seinem Schreibtisch durch, um etwas zu finden. »Ah, ich hab's!« sagte

139 *Wo gibt es Obdach, wo gibt es etwas zu essen? Überall Flüchtlinge, Ausgebombte, Alte und Junge auf den Straßen.*

140 *Eintragung in die Register der Militärregierung: Vor dem Finanzamt in Erkelenz.*

141 *Fraternisieren verboten – die Eroberer und die deutschen »Frauleins«, von denen bald etliche nach England und Amerika heimgeführt werden.*

er dann und hob ein Blatt Papier in die Höhe. »Wir werden es bei der Rubrik ›Unterhaltung‹ einbringen!«

Ilse McKee

Alles drehte sich um Lebensmittel. Wir sprachen darüber, lasen darüber, dachten daran und träumten davon. Und immer dieses große Loch im Bauch, das mit Kunsthonig und dünner Kohlsuppe nicht zu füllen war!
Die Leute begannen zu stehlen. Jede Nacht gingen sie hinaus zu den Feldern und gruben Rüben und junge Kartoffeln aus der Erde, die sie in ihre Hamster-Rucksäcke steckten. Und in ihrer Verzweiflung begannen einige, sich selbst und ihren Körper als Waren anzubieten.

Deutsche Hausfrau

»Also?« fragten wir.
Er blinzelte.
»Was hast du ihr dafür gegeben?« fragten wir nochmals.
»Dosenfleisch, wie meistens . . . Für einen Appel und ein Ei hätte ich alles von ihr haben können«, sagte er.

Feldwebel aus einem britischen Panzerregiment

Letzten Monat starben 22 Menschen als Opfer des Hungers in den Straßen unserer Stadt. Zur gleichen Zeit fanden in Groß-Hamburg 15 Morde und etwa 11000 Einbrüche und Diebstähle statt.

»*Hamburger Echo*«, August 1945

Der Stadtteil Billstedt (260000 Einwohner) gab die Liste seiner Bezugsscheine für den Juli bekannt. Genehmigt wurden 56 Pullover, 49 Kleider, 4 Windeln, 3 Gummi-Bettücher, 7 Kilogramm Strickwolle und 21 kleine Handtücher. Im gleichen Zeitraum gab es 183 Geburten.

»*Deutscher Pressedienst*«, August 1945

Die britische Besatzungsmacht möchte in den nächsten Monaten im Zentrum der Stadt einen großen Club errichten. Dieser »Victory Club« (Sieges-Club), wie er heißen wird, soll 13 Millionen Mark kosten, die aus Reparationen kommen. Der Club wird Speisesäle, Läden, Ballsäle, Leseräume, Bade- und Spielzimmer haben.

»*Hamburger Echo*«, August 1945

142 *Heimatlos, ängstlich, auf der Flucht und hungrig: die Kinder der geschlagenen Deutschen.*

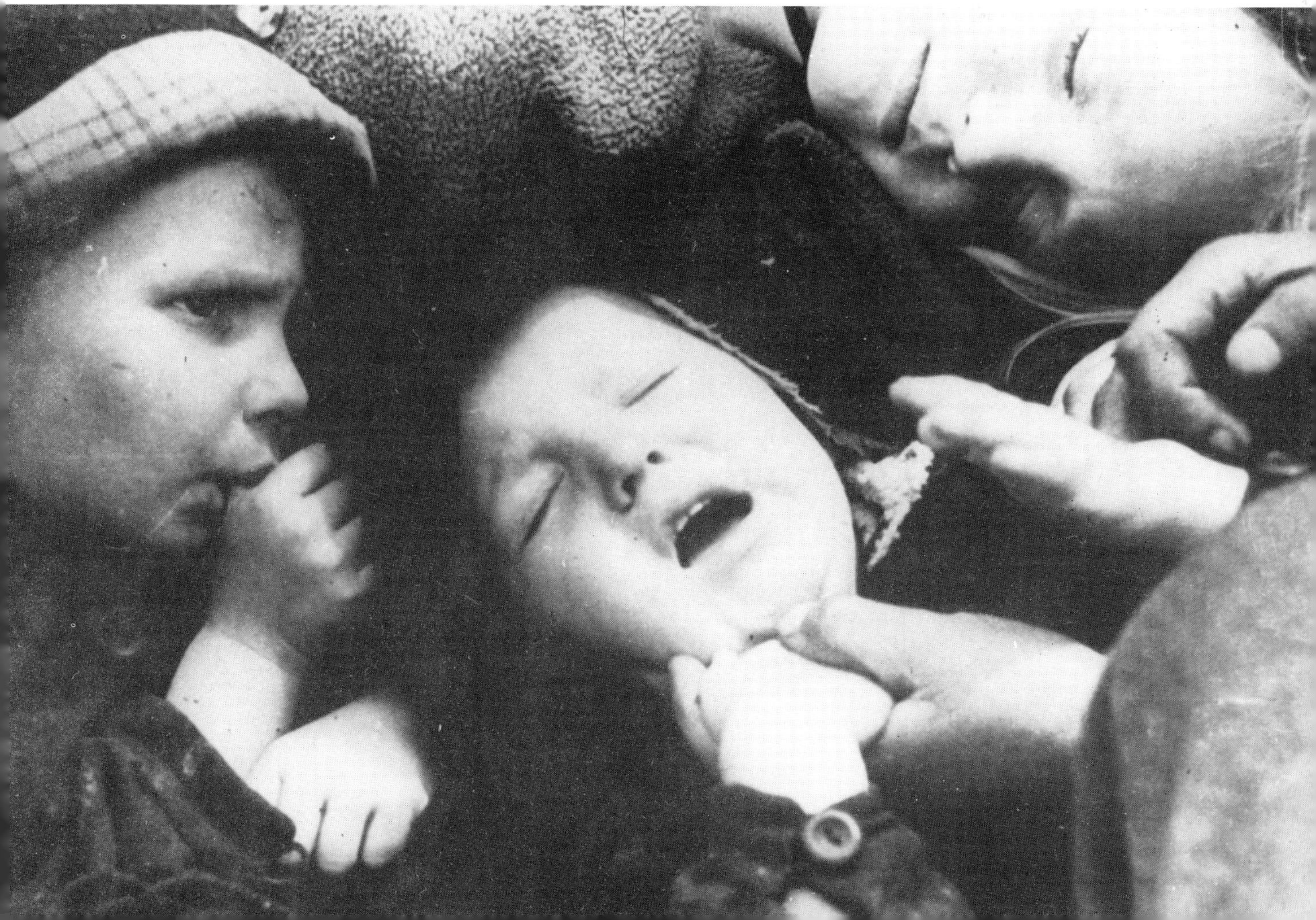

5. Der alte Mann und das MG

Nomen est omen. Sein Name war Templar, bald darauf Ritter Templar. Ein Ritter Templar, der gute Taten vollbrachte.
»Wir fanden die Deutschen völlig geschlagen und apathisch vor. Und irgend jemand mußte sie doch aufrütteln, sich selbst zu retten«, sagte er viel später über diese Situation.
Es war im Sommer 1945. General Gerald Templar, ein schmächtiger Mann mit einem kurzen Schnurrbart, hatte direkten Zugriff sowohl auf die zivile als auch auf die militärische Verwaltung der britischen Besatzungszone. Und er benutzte seine Autorität dazu, den Deutschen wieder etwas auf die Beine zu helfen.
Bis zu seiner Ankunft waren die britischen Behörden damit beschäftigt gewesen (und hin und wieder auch dadurch in ihrer Handlungsfähigkeit völlig behindert), Nachschub für die Besatzer zu besorgen und ihre Logistik in Gang zu halten. Wie bei den deutschen Bewohnern der britischen Zone war auch der Hauptgedanke der Besatzer nur darauf gerichtet, die nächsten 24 Stunden zu überstehen. Wenn nicht sofort etwas geschähe, fürchtete Templar, dann würden Millionen Deutsche noch vor Jahresende sterben müssen. Dies hätte aber nicht nur für Deutschland verheerende Folgen, sondern für ganz Europa. Deshalb schaltete er die britische Armee ein, um »das Gefecht gegen den nahenden Winter« einzuleiten. Die Deutschen mußten zum Handeln gebracht werden. Allein in der Nordrhein-Provinz – den Regierungsbezirken Düsseldorf, Köln und Aachen – schnellten die Zahlen der Lebensmittelkartenempfänger, also der Bevölkerung, von 3,979 Millionen am 1. Juli 1945 bis zum September um weit mehr als ein Drittel auf 5,473 Millionen herauf.
Templar wußte, daß Kohle und Transportmöglichkeiten die Schlüssel zu allem und jedem waren. Die britische Regierung mußte erkennen, daß die darniederliegende Wirtschaft Westeuropas ohne ausreichende Kohle nicht in Gang zu bringen war. Ohne deutsche Kohle aber und deren Export waren die Briten bald nahezu ganz auf ihre begrenzten, schwindenden Devisenmittel angewiesen, wenigstens ein Minimum an Getreide einführen zu können, um Chaos, Zusammenbruch und Aufruhr unter der Bevölkerung zu verhindern.
Was die Amerikaner bald als notwendig ansahen und wonach sie spätestens nach Potsdam handelten, war den Engländern dennoch immer noch eine unbequeme, nur zögernd gewonnene Einsicht: Nur mit – wenn auch drastisch reduzierten und streng kontrollierten – deutschen Aktivitäten in Wirtschaft und Verwaltung, nur mit deutscher Produktion konnten die Millionen im Herzen des Kontinents am Leben erhalten, regiert und für den Wiederaufbau Europas in der Weltwirtschaft eingesetzt werden. Nur so ließen sich auch die gigantischen Reparationsforderungen erfüllen. Ohne dies konnte nichts funktionieren, konnte nichts produziert werden.
Zwar war der absolute Tiefstand mit nur 310000 Tonnen an der Ruhr und im Aachener Revier, das Fördererergebnis vom April, überwunden. Aber immer noch lag ein Drittel der Bergwerke des Ruhrgebietes in Schutt und Trümmern und waren Tausende von Bergarbeitern in den Kriegsgefangenenlagern. Im Juli 1945 betrug die Kohleförderung im Ruhrgebiet 40000 Tonnen täglich, ein Zehntel der Normalförderung. Die Monatsproduktion in der gesamten britischen Zone belief sich auf 1,76 Millionen Tonnen. Etwa 10 Millionen Tonnen waren es in Friedenszeiten. Auf den Halden lagerten 3 Millionen Tonnen Kohle.
Templar begann damit, daß er der britischen Armee befahl, Holzstützen herbeizuschaffen, um die beschädigten Gruben wieder herzurichten. Dazu mußten Bäume gefällt werden. Die Deutschen jedoch, die ihre Bäume lieben, protestierten. Templar schob die Proteste rigoros zur Seite: »Die wichtigsten Dinge müssen eben Vorrang haben!« Dann hielt er Ausschau nach Arbeitskräften.
Im August wird für die britische Zone das »Unternehmen Kohlenpott« ausgearbeitet, wonach die

143 *»Schippen, schippen ist jetzt Trumpf! Wer sich drückt, der ist recht plump! Drück dich nicht und sei kein Lump!« Köln, 1947. Plakat im Auftrag des Werbeamtes der Stadt Köln.*

144 *Anpacken beim Wiederaufbau: deutsche Arbeiter reparieren eine Straße nahe Prüm in der Eifel, März 1945.*

145 *Ausgebombt! Die Trümmer in Hürth bei Köln.*

Besatzungsbehörden monatlich 25000 junge deutsche Kriegsgefangene entlassen wollen, die bisher noch nicht im Bergbau tätig waren, aber dort angelernt werden sollen.
Als der Herbst kam, waren zwei Drittel der Minimalbesetzung der Bergwerksbelegschaften an Ort und Stelle, etwa 200000. Ein schwieriges Unterfangen. Die Amerikaner überführten im Oktober 1750000 Kriegsgefangene aus ihren Lagern zur Arbeit nach Frankreich; 30000 mußten in belgischen Kohlengruben arbeiten.
Aber Templar wußte natürlich genau, daß Kohle allein nichts nützte. Sie mußte auch transportiert

werden. Von den nicht weniger als 2800 zerstörten Brücken in der britischen Zone waren 1300 Eisenbahnbrücken. Im Ruhrgebiet blockierten sie Kanäle und behinderten so den Schiffstransport. Auch die Schiffahrt auf dem Rhein war durch die sieben eingestürzten Brücken unmöglich gemacht.
Templar schaltete die Pioniere der Armee ein. Innerhalb von sechs Monaten machten sie den Rhein für Lastkähne passierbar und richteten ebenso die meisten Kanäle her, die zum Rhein führten.
Dann wandte sich Templar den Eisenbahnen zu. Im Juni 1945 gab es nur 650 Kilometer Schienen. Innerhalb von vier Monaten, bis zum Oktober, war der größte Teil der rund 10000 Kilometer Eisenbahnschienen in der britischen Zone wieder in Ordnung.
So schienen wenigstens die Kohle und ihre Transportmöglichkeiten gesichert.
Templar machte sich natürlich auch Sorgen über die Unterbringung der 22 Millionen Deutschen und der vielen Hunderte und Tausende, die tagtäglich aus den östlichen Teilen Deutschlands mit oder ohne Zuzugsgenehmigung in das von den Briten besetzte Gebiet einsickerten. Wer als Familie zu viert in einem 18-Quadratmeter-Zimmer lebte und nicht in Baracken, Nissenhütten, in Notunterkünften und Bunkern mit vielen anderen zusammengepfercht war oder in Kellern zerbombter Häuser hauste, konnte sich glücklich schätzen.
Das Problem war gewaltig. Alles in allem waren zwei Fünftel aller Häuser der britischen Zone so zerstört, daß sie nicht wieder repariert werden konnten. Wo sollte Templar die Unterkünfte herholen, die er für den nächsten Winter so dringend brauchte?
Diesmal, so wußte er, konnte die Armee das Problem nicht lösen. Das mußten die Deutschen selbst tun. Männer von 14 bis 65 und Frauen von 15 bis 50 Jahren unterlagen der von den Alliierten erlassenen Arbeitspflicht. Ob früher Nazi oder nicht – jedermann wurde eingespannt, um den Trümmerschutt beiseite zu räumen. Jeder gesunde Mann mußte mit Hand anlegen, wenn er seine Essensrationen erhalten wollte. Kleine Schulungszentren wurden in aller Eile aufgebaut, um Frauen notdürftig darauf vorzubereiten, wie man als Zimmermann, Klempner, Anstreicher oder Elektriker arbeitet.
Die Hauptlast der gesamten Arbeit aber trugen die

146 *Der Oberbürgermeister der Stadt Köln an seinem Schreibtisch: Dr. Konrad Adenauer 1945.*

147 *Zweimal pro Woche Konferenz: Adenauer mit den städtischen Dezernenten Kölns.*

148 *Der Kölner Dom blieb relativ unzerstört. Adenauer »dienstlich« . . .*

149 *. . . und privat: mit Frau, Tochter und Sohn in Rhöndorf, zu Hause.*

inzwischen legendär gewordenen Trümmerfrauen. Millionen von Ziegelsteinen säuberten sie Stück für Stück mit der Hand von Mörtel und Zement und bereiteten sie damit für die erneute Verwendung vor. Millionen neue Steine wurden auch maschinell hergestellt – mit Hilfe einer Maschine, die ein Deutscher erfand. Eine andere Baufirma erfand ein Fertighaus, das aus dem vorhandenen Material erstellt und von einem gelernten Arbeiter und ein paar Gehilfen innerhalb von 8 Tagen errichtet werden konnte. Die Dinge kamen in Bewegung.
Einer der wichtigsten deutschen Bürger jedoch, auf den sich die Wiederaufbauarbeit stützen konnte, wurde gerade zu jener Zeit in den Augen eines britischen Generals zur untragbaren Person.
Der Mann war schon ziemlich alt für die vor ihm liegende anstrengende Aufgabe. Und doch sollte er erst später den Spitznamen »der Alte« bekommen. Er war 1876 geboren, während des Kaiserreiches, als in England Königin Victoria erst die Hälfte ihrer Regierungszeit hinter sich gebracht hatte.

Aber trotz seines Alters sah er nicht danach aus. Denn die Haut spannte sich straff über seine ausgeprägten Backenknochen unterhalb der leicht chinesisch anmutenden Augen. Einige Leute glaubten, er habe sein Gesicht in einer chirurgischen Operation liften lassen, um trotz seines Alters jugendlicher aussehen zu können. Tatsächlich aber waren die gespannte Haut und die schräg gezogenen Augen die Folge einer Operation nach einem schweren Autounfall.
Templar war beeindruckt von dem jugendlichen Erscheinungsbild des Bürgermeisters von Köln. Aber dieser Dr. Konrad Adenauer, schon von 1917 bis 1933 Oberbürgermeister von Köln, von den Nazis amtsenthoben und von den Amerikanern am 4. Mai 1945 wieder als Oberbürgermeister eingesetzt, tat Templars Meinung nach längst nicht genug, um der Stadt wieder auf die Beine zu helfen. Am 2. März waren die letzten Bomben auf Köln gefallen. Der Wehrmachtsbericht vom 6. März hatte gemeldet: »Der Trümmerhaufen Köln wurde dem Feind überlassen.« Nicht einmal ein Zehntel der früheren Einwohner hatte dort ausgeharrt. 40000 waren umgekommen oder gefallen. Am 21. Juni rückten die Engländer ein. Seit Monatsanfang fuhren die ersten Straßenbahnen und Müllwagen wieder. Im Juli/August begann der Schulunter-

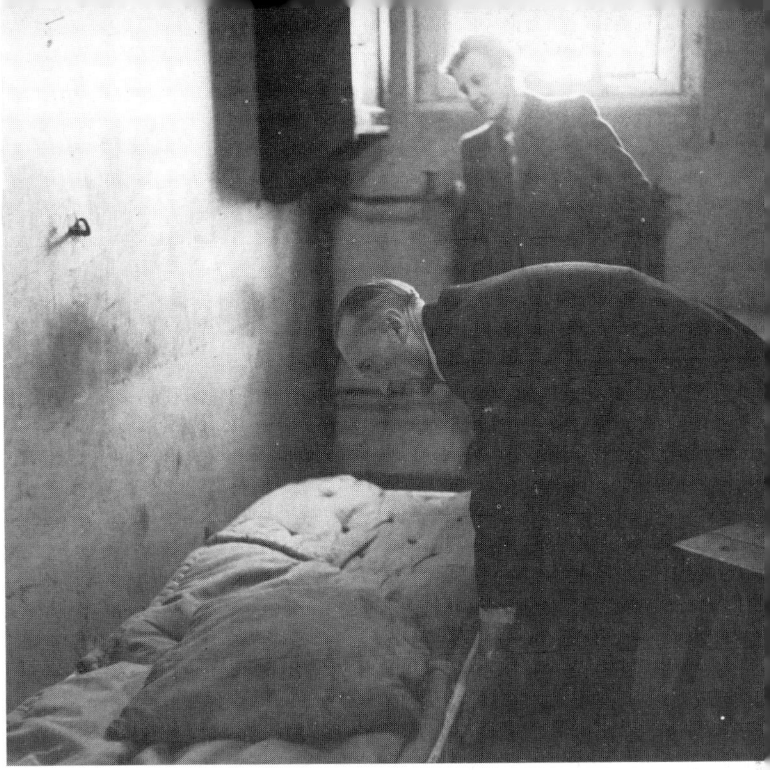

150 *20. September 1945: Adenauer beim Besuch einer Dachziegelfabrik.*

151 *Adenauer vor der Pritsche, auf der er im Gefängnis von Brauweiler gelegen hatte.*

152 *Generalleutnant Sir Brian Robertson bei der Eröffnung des Landtages von Hannover am 23. August 1946.*

153 *Der Rhein ist wieder überquerbar: die »Freeman-Brücke« in Düsseldorf am 20. Oktober 1945. Sie war im 20-km-Tempo zu befahren.*

richt. Schon im August gab es das erste Konzert und die erste Theateraufführung.
Dennoch schrieb bei einem seiner Besuche in Köln im September 1945 Templar in sein Notizbuch, daß in dieser Stadt weniger als in anderen Städten unternommen worden sei, die Versorgungseinrichtungen wieder instand zu setzen, den Trümmerschutt zu beseitigen und die Gebäude wieder herzurichten. Auch hatte Adenauer nichts unternommen, um die übriggebliebenen Bäume in den Grünanlagen und Ringstraßen der Stadt zu fällen, wie man ihm aufgetragen hatte.
Templar sagte zu Brigadegeneral J. A. Barraclough, dem Chef der Militärverwaltung im Nordrhein-Gebiet, der sein Hauptquartier im Düsseldorfer Stahlhof hatte: »Adenauer macht die Sache falsch. Sie müssen ihn feuern!«
Als Barraclough nach Düsseldorf zurückkehrte,

erkundigte er sich zunächst bei seinen Beratern. Sie meinten, daß Templar unrecht habe. Barraclough beschloß daraufhin, Adenauer noch eine Chance zu geben. Er ließ den Oberbürgermeister noch einmal wissen, er müsse die Bäume fällen lassen und größere Anstrengungen zum Wiederaufbau unternehmen.
Adenauer reagierte nicht. Statt dessen gab er just zu jener Zeit, am 5. Oktober, einem Vertreter der Zeitung »London News Chronicle« (eine den Deutschen gewogene Zeitung) und Miss Barbara Page von der Associated Press ein Interview. Darin beschwerte Adenauer sich nicht nur darüber, daß die Briten »keine Anstalten machen, den Deutschen Hausbrandkohle für den kommenden Winter zu geben«. »Ich habe«, wie Adenauer später in seinen Erinnerungen schrieb, »auf die sehr verwerflichen Folgen, Tod ungezählter Tausender, Schwächung der übrigen, Krankheiten, Epidemien hingewiesen.« Adenauer lobte auch General de Gaulle für eine Rede, die dieser gerade in Saarbrücken gehalten hatte. Charles de Gaulle, der zu jener Zeit plante, das Saargebiet zu annektieren, hatte davon gesprochen, Franzosen und Deutsche müßten »einen Strich unter die Vergangenheit machen«. Als die Journalisten Adenauer wissen ließen, de Gaulle habe in jener Rede sogar gesagt, Franzosen und Deutsche müßten eingedenk sein, daß sie Europäer seien, meinte Adenauer: »Ich wollte, daß einmal ein englischer Staatsmann von uns als Westeuropäern gesprochen hätte.«

Militärgouverneur Barraclough war wütend. Einen Tag nach dem Interview ließ er Adenauer zu sich in sein Hauptquartier rufen.
Es gibt zwei einander widersprechende Darstellungen über das wohl wichtigste Gespräch, das je zwischen einem Besatzungsoffizier der britischen Zone und einem deutschen Vertreter geführt wurde. Adenauer berichtete über dieses Gespräch am wolkenverhangenen 6. Oktober 1945, daß ihm kein Stuhl angeboten worden sei, nachdem er den Raum betreten hatte. Als er jedoch Anstalten gemacht habe, Platz zu nehmen, habe Barraclough ihm über den Dolmetscher »in ziemlich knappem Ton« gesagt: »Bleiben Sie stehen!«
Barraclough behauptet genau das Gegenteil. Seine ersten Worte seien gewesen: »Wollen Sie sich nicht setzen?« Als der alte Mann aber keinerlei Anstalten dazu gemacht habe, sei er der Meinung gewe-

154 *Vor dem Hauptquartier der britischen Militärregierung im Nordrheingebiet in Düsseldorf: Deutschlandbeauftragter Hynd (rechts) und Brigadier Barraclough.*

155 *Mittwoch, 4. Juli 1945: Brigadier Barraclough und sein Stab setzen die neue Verfassung für die Provinz »Nordrhein« in Kraft. Oberpräsident Fuchs wird eingesetzt.*

156 *Das ist sie: die neue Brücke über den Rhein in Düsseldorf. Die britischen Initiatoren sind mächtig stolz auf sie.*

157 *Deutschlandbeauftragter J. B. Hynd eröffnet die Brücke.*

157A *Der »feste« und der »schwimmende« Teil der Düsseldorfer Rheinbrücke ist durch den Querstreifen deutlich unterscheidbar.*

sen, daß der Oberbürgermeister es vorziehe, stehen zu bleiben.
Dann las Barraclough einen langen Brief vor, mit dem er Adenauer von seinem Posten als Oberbürgermeister von Köln entließ, weil er seine Pflichten gegenüber der Bevölkerung der Stadt nicht erfüllt habe. Er habe das Amt seinem Stellvertreter und Schwager, Willi Suth, zu übergeben und Köln sobald wie möglich, spätestens bis zum 14. Oktober, zu verlassen. Und: er dürfe am öffentlichen oder politischen Leben in der Nordrhein-Provinz nicht mehr teilnehmen; andernfalls drohe ein Militärgerichtsverfahren.
Adenauer unterschrieb den Brief als eine Art Empfangsbestätigung. Gefragt, ob er noch eine Bemerkung zu machen habe, sagte er »Nein!« und verließ den Raum. Das Gefecht zwischen dem alten Mann und dem Military Government war beendet.
Vier Tage vorher, am 2. Oktober, hatte Brigadier Barraclough völlig unerwartet und nicht minder brüsk einen anderen verdienten Mann seines Amtes enthoben: Dr. Hans Fuchs, den Oberpräsidenten der Nordrhein-Provinz. Der Verwaltungsfachmann von hohen Graden war, 71 Jahre alt, schon Ende April von den Amerikanern mit dem Wiederaufbau einer deutschen Verwaltung im Rheinland betraut worden.
In diesen Tagen wurde auch eine dritte Persönlichkeit aus dem bürgerlich-katholischen Lager entlassen: der Düsseldorfer Oberbürgermeister Füllenbach.
Aber es sollte weitergehen mit dem Aufbau, getreu den Worten, die Adenauer erst fünf Tage zuvor am 1. Oktober vor der Kölner Stadtverordnetenversammlung gesagt hatte: »So wollen wir gemeinsam ans Werk gehen, gebeugt, tief gebeugt, aber – meine Damen und Herren – nicht gebrochen!«

6. Die Freiheit in Ihrem Vaterland

»Ich versuche, sie fair zu behandeln, aber irgendwie hasse ich sie.« Das waren die Worte jenes Mannes, dem viele Jahre später Bundeskanzler Helmut Schmidt den Wohlstand und die Stabilität seines Landes zuschrieb. Es handelt sich um Ernest Bevin, den britischen Außenminister unter Premier Attlee und mächtigsten Mann der seit dem 26. Juli 1945 regierenden Labour-Regierung – damals vielleicht sogar der mächtigste Mann Westeuropas. Der vierschrötige Brillenträger war als unehelicher Sohn eines Knechtes aufgewachsen. Schon mit elf Jahren hatte er zu arbeiten begonnen. Dann war er nacheinander Tellerwäscher, Fahrer eines Lieferwagens, Hafenarbeiter, Gewerkschaftsfunktionär und Versammlungsredner. Und schließlich diente er die letzten vier Jahre als Kabinettsminister in Churchills Koalitionsregierung während des Krieges.

Bevin war ein Mann starker Zu- und Abneigungen. Juden, zum Beispiel, konnte er nicht leiden, Araber nicht und Kommunisten auch nicht. Er konnte die Deutschen nicht ausstehen und ebensowenig die Intellektuellen. Teilweise mochte er auch nicht die britischen Kriegsverbündeten, die Amerikaner, die er häufig als »Geldverleiher« verächtlich machte. Von dem amerikanischen Präsidenten behauptete er, daß er mehr am Ausgang der regionalen New Yorker Wahlen als am Schicksal des gesamten Mittleren Ostens interessiert sei.

Mit 65 Jahren wurde Bevin erster britischer Labour-Außenminister nach dem Kriege. Er glaubte damals noch immer, daß »links sich immer mit links versteht«. Jetzt aber, nur Monate später, im Herbst 1945, begann der Mann aus dem Volk zu glauben, daß diese Aussage doch nicht so ganz stimmen könne.

Bevin wußte, daß Deutschland das Herz Europas war. Und gerade in diesem geschlagenen Land sollte im kleinen die Zusammenarbeit zwischen den vier Mächten durchgeführt werden. In Zusammenhang mit dem Schicksal Deutschlands lernte Bevin auch den russischen Außenminister Molotow kennen, der zwischen 1945 und 1947 sein Gesprächspartner war. Aber es fehlte Bevin an Unterstützung von seinem linken Parteiflügel und von seiten der Amerikaner. Die träumten noch immer Roosevelts Traum vom Verständnis zwischen den beiden neuen Supermächten Rußland und Amerika. Bevin war jedoch Realist. Und als solcher kämpfte er um eine einheitliche Haltung in der Frage, was man mit dem besiegten Deutschland nun anfangen solle.

Außenminister Bevin steuerte im wesentlichen drei Ziele an:

1. So schnell wie möglich eine gemeinsame Viermächte-Kontrollbehörde zu installieren, so daß Deutschland von einer einheitlichen Verwaltung geführt werden könne.
2. Die Russen, die zu großen Teilen das Agrargebiet Deutschlands kontrollierten, davon zu überzeugen, daß sie Nahrungsmittel in die mehr von der Industrie her bestimmte britische Zone schicken müßten.
3. Eine Sowjet-Vorherrschaft in Deutschland zu verhindern.

Denn schon begannen die kommunistischen Parteien, besonders in Großbritannien, die westlichen Alliierten anzuklagen. Die Kommunisten behaupteten von ihnen, sie wollten Deutschland auf Dauer teilen, und die einzige Hoffnung Deutschlands liege jetzt bei den Russen. Am 10. Juni, als Berlin noch ganz unter russischer Verwaltung stand, hatten diese mit Befehl Nr. 2 der Militäradministration in ihrer Zone antifaschistische Parteien und Gewerkschaften zugelassen. Ihre Tätigkeit sollte »unter Kontrolle der sowjetischen Militärverwaltung und entsprechend der von ihr gegebenen Instruktionen vor sich gehen«. Nach dem Gründungsaufruf der KPD am 11. Juni folgten wenige Tage später die Sozialdemokratische Partei, die Christlich-Demokratische Union und bald danach die LDP, die Liberal-Demokratische Partei. Im September entstanden in der sowjetischen Zone 11 Zentralverwaltungen.

159 *Im Hof der provisorischen Militärregierung in Gangelt: Bewohner, die evakuiert werden, mit ihrer Habe auf Lastwagen. Am 22. November 1944 findet hier der erste Prozeß statt – es geht gegen elf Deutsche, »die Vieh und Zivilisten« über die (niederländische) Grenze brachten.*

◁ Foto umseitig:

158 *Was jedes deutsche Kind damals weiß: die »Amis« haben Schokolade, Kaugummi und andere Köstlichkeiten . . .*

Die Amerikaner etablierten am 28. Mai das Land Bayern, setzten den CSU-Mitbegründer Fritz Schäffer, später als Bundesfinanzminister mit seinem »Juliusturm« das deutsche Muster an Sparsamkeit, als bayerischen Ministerpräsidenten ein, im September wieder ab und machten den SPD-Politiker Wilhelm Hoegner zu seinem Nachfolger. Nach der Abtrennung des französischen Besatzungsgebietes entstanden in der US-Zone zwei weitere Länder: Württemberg-Baden und Groß-Hessen. Im Oktober wurde der »Länderrat« der amerikanischen Zone gebildet, zu dem neben den drei süddeutschen Ministerpräsidenten auch der Senatspräsident von Bremen gehörte.
Jetzt wirkte Bevin auf Templar und die britische Militärregierung ein. Er wollte beide ermutigen, den Kern einer gemeinsamen Zivilverwaltung für die sieben Provinzen der britischen Besatzungszone zu etablieren, in Oldenburg, Hannover, Braunschweig, Lippe-Detmold, Westfalen, Nordrhein und dem Stadtstaat Hamburg. Templar hatte Gewerkschaftsgruppen, örtliche und regionale politische Parteienbildungen schon vorher gestattet oder doch mindestens toleriert.

160 *Warten auf die Evakuierung: Obdachlose in Jüchen.*

*

Als am 11. Mai 1945 Hamburger Sozialdemokraten und Kommunisten an den englischen Stadtkommandanten herangetreten waren, Parteigründungen zu genehmigen, hatte es noch »Ablehnung und Zukunftsvertröstungen« gegeben. Aber am gleichen Tag durften dort die »Sozialistischen Freien Gewerkschaften« gegründet werden: von ehemaligen Gewerkschaftlern, Sozialdemokraten und Kommunisten. »Wenn auch zur Zeit eine uneingeschränkte politische Betätigung nicht zulässig ist«, heißt es in dem Brief ehemaliger Angehöriger der Zentrumspartei und christlicher Gewerkschaftler am 29. Mai 1945 an Oberst Wilson, den englischen Stadtkommandanten von Dortmund, erbaten und erhielten sie doch die Genehmigung, Büros für die Wiedergründung einzurichten. Am 17. Juni entschieden sich im Kölner Kolping-Haus 18 frühere Zentrumsmitglieder, darunter 2 Frauen, aus Köln und Umgebung dafür, statt der Wiederbegründung eine Christlich-Demokratische Partei zu schaffen. Was sie an jenem Tag und bald darauf im Dominikanerkloster Walberberg bei Köln gemeinsam mit

161 *Vor der Drogerie Knops in Kohlscheid (bei Aachen): Evakuierte kehren heim.*

162 *Das politische Leben beginnt sich zu regen: Versammlung in einer Gastwirtschaft.*

einer Gruppe protestantischer Vertreter taten, verstieß gegen alliierte Bestimmungen: Öffentlich diskutierten mehr als 6 Personen über politische Themen, und dies ohne vorherige Anmeldung. Die Christlich-Demokratische Partei für Köln Stadt und Land wurde am 10. August vom britischen Stadtkommandanten genehmigt. »Bezüglich der Veranstaltung öffentlicher Versammlungen muß die ... nachgesuchte Erlaubnis des Generals Montgomery abgewartet werden ... Die Vorstandsmitglieder sind genehmigt, bis auf einige, deren Fragebogen noch nicht eingereicht sind.«

Fast gleichzeitig wurde, zunächst noch nicht unter dem bald einheitlichen Namen, die »Christlich-Demokratische Union Deutschlands« im Sommer 1945 gegründet: in Berlin als überregionale »Reichsgründung« von Männern um Andreas Hermes, Jakob Kaiser, Ernst Lemmer und Walther Schreiber, in Köln von einem Kreis um Peter Joseph Schaeven und L. Schwering und vom Düsseldorfer Kreis um Robert Lehr und Karl Arnold. Die leidvollen Erfahrungen der Weimarer Republik, das Erlebnis des gemeinsamen Widerstandes katholischer und evangelischer Christen trugen die Idee einer großen christlichen Volkspartei als politische Union aller sozialen Schichten. Im Sommer und Herbst bildeten sich allenthalben in Deutschland spontane Zusammenschlüsse Gleichgesinnter, in der britischen Zone, in der Nordrhein-Provinz und Westfalen, in Schleswig-Holstein, in Hamburg, Braunschweig, Hannover und Oldenburg.

Längst bevor die USA und England nach dem Potsdamer Abkommen, die Briten für ihre Zone am 15. September, Verordnungen für die Bildung von politischen Parteien erließen, war auch die Sozialdemokratische Partei im Sommer und Herbst auf zunächst lokaler und regionaler Ebene wiedererstanden: zwölf Jahre nach der Flucht der besonders gefährdeten Parteiführer vor dem Zugriff der Nazis, zwölf Jahre nach dem im Juni 1933 ergangenen Verbot der Partei, nach Jahren des Exils und des Widerstandes in Deutschland. Nachdem er 1936 unter dem Terror der Gestapo weitgehend gebrochen schien, hatte er sich im Verlauf des Krieges erneut verstärkt. Und es war erst Monate her, daß Sozialdemokraten wie Wilhelm Leuschner, Theodor Haubach und Julius Leber, die sich den Widerstandskreisen um Goerdeler, den Grafen Moltke und Stauffenberg angeschlossen hatten, nach dem 20. Juli 1944, der gescheiterten Verschwörung gegen Hitler, in Berlin-Plötzensee hingerichtet worden waren. Prosozialistische Mitglieder der Kontrollkommission kamen jetzt in die britische Zone, um ihren Brüdern von der neugegründeten Sozialdemokratischen Partei zu helfen. Emigrierte Mitglieder der alten SPD wie Erich Ollenhauer, bis 1933 Vorsitzender der sozialistischen Arbeiterjugend Deutschlands, in der Emigration Mitglied des SPD-Parteivorstandes, erhielten die Erlaubnis, in ihre Heimat zurückzukehren. Sie gesellten sich zu den Männern der ersten Stunde wie Kurt Schumacher, der seit der Kapitulation den Wiederaufbau der SPD von Hannover aus organisierte, und Wilhelm Kaisen, bald Senator für Volkswohlfahrt und Bürgermeister von Bremen.

Seit der ersten Funktionärskonferenz der SPD Anfang Oktober 1945 in Wenningsen bei Hannover

stand unverrückbar fest, von Kurt Schumacher in einer großen Rede dargelegt: die SPD lehnte die in der Sowjetzone und in Berlin propagierte Vereinigung mit der Kommunistischen Partei ab.
Im August hatten sich führende westfälische Sozialdemokraten im Dortmunder Rathaus getroffen. Im September wurde in Duisburg die SPD der Nordrhein-Provinz gegründet. Am 22. Dezember 1945 bildete sich im Rathaus von Oelde ein gemeinsamer Landesvorstand für die Provinz Westfalen und die Länder Lippe-Detmold und Schaumburg-Lippe: mit Carl Severing, ehemals preußischer Innenminister und von 1928 bis 1930 Reichsinnenminister, und dem Oberbürgermeister von Dortmund Fritz Henßler, später Fraktionsführer im Landtag.
Auch die Kommunistische Partei hatte bereits in den ersten Tagen und Wochen ihre Arbeit wieder aufgenommen und wurde, wie die anderen Parteien, in den Westzonen von den Besatzungsmächten zunächst für die Kreise, dann für die Provinzen und schließlich für die ganze britische Besatzungszone lizenziert. Unter dem NS-Regime hatten besonders auch ihre Anhänger einen hohen Blutzoll entrichten müssen.
Die Neuanfänge der Liberalen geschahen unter verschiedenen Namen wie: »Deutsche Aufbau-Partei«, »Sozialliberale Partei«, »Deutsche Demokratische Partei«, »Liberal-Demokraten«. Delegierte aus allen Provinzen der britischen Besatzungszone waren dabei, als am 20. November 1945 in Dortmund eine Tagung stattfand, die als offizielle Gründungsversammlung der »Liberal-Demokratischen Partei Deutschlands« gelten konnte.
Nicht alle Anhänger des traditionsreichen Zentrums, der Partei des deutschen politischen Katholizismus, hatten sich für die CDU als neue Heimat einer überkonfessionellen christlichen Politik entschlossen. Sie gründeten nach intensiven Anfängen, insbesondere im katholischen Rheinland und Westfalen, am 14. Oktober in Soest die neue »Deutsche Zentrumspartei«. Bis sie 1958 an der 5 %-Klausel scheiterte, war sie in Nordrhein-Westfalen an allen Regierungskoalitionen beteiligt und im Landtag vertreten.

*

Auf einer der letzten Zusammenkünfte während des Krieges hatten die Teilnehmer der deutschen

163 *Umzug mit der gesamten Habe: alles paßt auf einen Leiterwagen.*

164 *Ihre Wohnung ist zerstört: Obdachlose Menschen warten bei Kerpen auf den Transport zu Notunterkünften.*

165 *Spielen im Sand in Aachen-Brand: Auf dem Freigelände des Internierungslagers steht außerdem schöner Grünkohl . . .*

Bischofskonferenz beschlossen: »Der Hirte bleibt bei seiner Herde!« Die Bischöfe sollten sich von der Front überrollen lassen. So handelte auch Johannes Joseph van der Velden, Bischof von Aachen. Er wurde von den Amerikanern beim Fall der Stadt in einem Keller in Aachens Innenstadt entdeckt. Die Parole war: »Behandelt ihn wie einen General!« Er wurde in sein Amt eingesetzt und konnte sich frei bewegen. Bald erreichten auch die ersten Hirtenbriefe nach Kriegsende die Öffentlichkeit. Am 23. August 1945 beschloß die deutsche Bischofskonferenz in Fulda die Verlesung eines Hirtenbriefes. Darin wurde »inniger Dank für die unerschütterliche Treue zur Kirche in schweren Zeiten« ausgedrückt und gleichzeitig festgestellt: »Schwere Verantwortung trifft jene, die aufgrund ihrer Stellung wissen konnten, was bei uns vorging, die durch ihren Einfluß solche Verbrechen ermöglicht und sich dadurch mit den Verbrechern solidarisch erklärt haben.«

Fünf Tage später fand in Treysa (Hessen) die erste Nachkriegskonferenz der evangelischen Kirchenführer statt. Sie beschließt, einen Rat der Evangelischen Kirchen in Deutschland (EKiD) zu berufen, der sich aus sechs lutherischen, vier unierten und zwei reformierten Mitgliedern zusammensetzt.

166 *29 000 Flüchtlingspferde aus dem Osten Deutschlands, die in Schleswig-Holstein Zuflucht fanden, werden von Viehhändlern angekauft und in das Ruhrgebiet verschickt, wo Pferde knapp sind und dringend für die Ernte gebraucht werden. In Pinneberg (Bild) werden 400 Tiere angekauft.*

167 *Jedes Fahrzeug wird überprüft – deutscher Hilfspolizist im Dienst, Sommer 1945.*

168 *Ein Brite und drei Berliner: Studium des Stadtplans.*

Dem als Vertreter gewählten Pastor Martin Niemöller war kurz vorher – am 4. August – von den US-Besatzungsbehörden mitgeteilt worden, daß der Entscheid über ihn hinausgeschoben worden sei. Er habe seinen Ruf als erster deutscher Anti-Nationalsozialist nicht aufrechterhalten, denn er habe gegenüber amerikanischen Offizieren gesagt: »Der Deutsche in Kriegszeiten hat nicht zu fragen, ob der Krieg gerecht oder falsch ist, er hat mit den übrigen Deutschen zu sterben.« Damit habe er sagen wollen, die Alliierten dürften den jungen Deutschen nicht sagen, sie seien Kriegsverbrecher, sie müßten ihnen vielmehr sagen, sie hätten falsche Weisungen bekommen. Nichtamtliche Abkommen zwischen Niemöller und den Alliierten, zu US-Truppen zu predigen, werden deshalb als »unpassend« und »verfrüht« bezeichnet. Am 18. und 19. Oktober 1945 tritt der Rat der EKiD in Stuttgart zusammen. Vertreter des ökonomischen Rates der Kirchen werden mit dem Schuldbekenntnis begrüßt: »Wir sind für diesen Besuch um so dankbarer, als wir uns mit unserem Volk nicht nur in einer großen Gemeinschaft der Leiden wissen, sondern auch in einer Solidarität der Schuld. Mit großem Schmerz sagen wir: Durch uns ist unendliches Leid über viele Völker und Länder gebracht worden. Was wir unseren Gemeinden oft bezeugt haben, das sprechen wir jetzt im Namen der ganzen Kirche aus: Wohl haben wir lange Jahre hindurch im Namen Jesu Christi gegen den Geist gekämpft, der im nationalsozialistischen Gewaltregiment seinen furchtbaren Ausdruck gefunden hat, aber wir klagen uns an, daß wir nicht mutiger bekannt, nicht treuer gebetet, nicht fröhlicher geglaubt und nicht brennender geliebt haben. Nun soll in unseren Kirchen ein neuer Anfang gemacht werden . . . Veni creator spiritus!« Unter den Unterzeichnern: Dr. Lilje, Dr. Heinemann, Martin Niemöller. Rasch beginnt sich danach das kirchliche Leben wieder zu entwickeln. Zwar dauert es noch bis zum September 1948, bis zum erstenmal nach 1932 wieder ein deutscher Katholikentag stattfindet – dieser wählt Dr. Herder-Dornreich zum Präsidenten und Fürst Aloys zu Löwenstein zum Ehrenpräsidenten –, doch gewinnen Botschaften und Hirtenbriefe der Kirchen an Einfluß. Als die ersten Bundestagswahlen anstehen, geben die deutschen Bischöfe am 14. August 1949 einen Hirtenbrief heraus. Als dringendste Einzelprobleme werden genannt: die Not der Flüchtlinge, Ausgebombten und Kriegsbeschä-

170 *Grausiger Fund in Braunschweig: als die alliierten* ▷ *Truppen kommen, finden sie diese Frau. Tot: sich selbst vergiftet und die Kinder.*

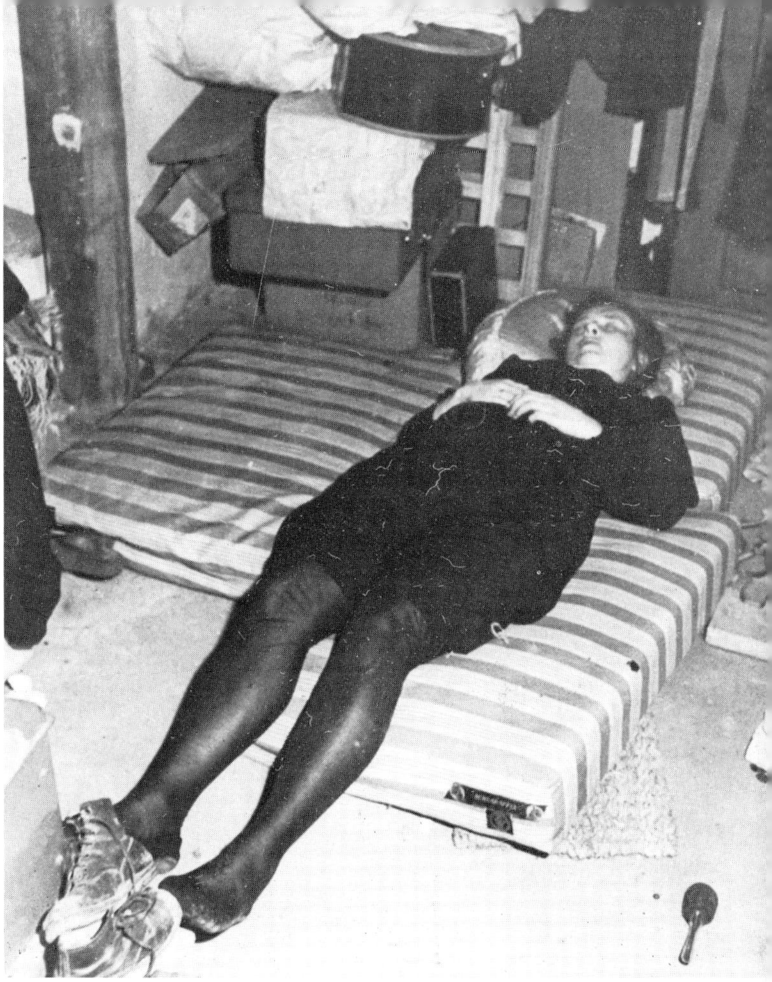

169 *Leben wie die Kellerkinder: im Bunker in Hamburg, 30. September 1945.*

digten, der Wohnungsbau, eine Ehegesetzgebung, die den Einbruch heidnischer Auffassungen verhindert, Hilfe für die Unverheirateten und verwitweten Frauen, Schutz der Jugend vor Schmutz und Schund, religiöse Erziehung der Kinder in den Schulen, Regelung des Verhältnisses zwischen Staat und Kirche.

*

Britische Gewerkschaftler halfen mit, die neuen deutschen Gewerkschaften zu gründen. Am 2. Mai 1933, dem Tag nach der ersten nationalsozialistischen Maifeier, hatte Hitler die Gewerkschaftshäuser besetzen und die freien Gewerkschaften auflösen lassen. Künftig gab es nur noch die NS-Massenorganisation »Deutsche Arbeitsfront«. Ins Ausland geflohen oder als Widerstandskämpfer, erkauft mit Verfolgung, Haft oder Tod: bei den Gewerkschaftlern hatte der Gedanke an eine freiheitliche demokratische Gewerkschaftsbewegung überdauert. Neben Wilhelm Leuschner hatten auch Männer wie Joseph Wirmer, Rechtsberater der christlichen Gewerkschaften, und Bernhard Letterhaus, Vorstandsmitglied des christlichen Textilarbeiterverbandes, die Vorbereitungen des 20. Juli 1944 mit getragen. Noch als in Deutschland die Kämpfe tobten, war in Aachen »gemäß von General Eisenhower festgelegten Grundsätzen« bereits eine Gewerkschaft ins Leben gerufen worden, der Freie Deutsche Gewerkschaftsbund. Wie in Hamburg bildeten sich auch in Hannover und anderen Orten schon in den ersten Maitagen Gewerkschaftsgruppen, aber noch weitgehend ohne Genehmigung der Militärregierung.
Damals, direkt nach dem Kriege jedoch, erwies sich Bevins Behauptung, daß »links sich mit links

171 *Ein »Fraulein« geht einkaufen in Berlin. Unterwegs Studium der neuesten Anzeigen: Bauarbeiter werden gesucht und Maßatelier Rudi Dansel fertigt nicht nur Anzüge und Kostüme, Kleider und Blusen, sondern auch »Kostüme für Bühne und Film«. Baum auf dem Kurfürstendamm.*

versteht«, als eine leere Floskel. Denn im selben Augenblick, als er die ersten ernsthaften Schwierigkeiten mit den Russen durchzustehen hatte, entdeckte er, daß der Mann, der jetzt an der Spitze der neuen SPD im Westen Deutschlands stand, offenbar nicht bereit war, mit der britischen Besatzungsmacht zusammenzuarbeiten – nicht einmal mit einer sozialistischen.

Dieser Mann, Dr. rer. pol. Kurt Schumacher, seit 1930 Mitglied des Reichstages, als kämpferischer Gegner der NSDAP hervorgetreten, war von den Nazis im Juli 1933 verhaftet und in ein Konzentrationslager gebracht worden, wo die Aufseher die Anweisung erhalten hatten, »diesen Mann fertigzumachen«. Nachdem er kurz nach Einweisung in das Lager zum erstenmal zusammengeschlagen worden war, gab ihm einer der Wärter den Rat, er solle sich lieber erhängen. Denn er glaubte nicht, daß Schumacher ertragen könne, was ihm bevorstand. Denn der Kriegsfreiwillige war im Ersten Weltkrieg schwer verwundet worden und hatte einen Arm verloren.

Aber Schumacher überlebte viele Jahre in Gefängnissen und in Konzentrationslagern und wurde schließlich, schwerkrank, vor Kriegsende aus dem Konzentrationslager Neuengamme entlassen. Seine Gesundheit war zwar gebrochen, und er war von Schmerzen gepeinigt. Aber er war fest entschlos-

172 *Kellerleben, 1945: auf dem Tisch »junge Erbsen« und ein paar Einmachgläser mit unter anderem Stachelbeeren. Hinter dem Kreuz ein handgemaltes Schild: »Wenn Not am Mann, bitte hier die . . .« (Rest unleserlich).*

sen, die SPD zu der Partei zu machen, die das neue Deutschland regieren solle. Niemals wäre es ihm in den Sinn gekommen, irgendeine andere Partei, sei sie kommunistisch oder kapitalistisch, könne eine auch nur geringe Chance gegen die SPD haben.
Das neue Deutschland sollte nach seinen Vorstellungen auf den drei Säulen »Frieden, Freiheit und Sozialismus« ruhen. Darüber hinaus war Schumacher besessen von der Furcht, die Sozialdemokraten könnten die Fehler wiederholen, die sie nach dem Ersten Weltkrieg begangen hatten. Damals wurden sie als die »November-Verräter« bezeichnet, die den Frieden mit den siegreichen Alliierten geschlossen hatten.
Von der neuen SPD würde man nicht behaupten können, sie sei ein Werkzeug der Briten! Während

173 *Ferienerholung in der Schweiz: deutsche Kinder werden verschickt, 4. Juli 1946.*

der nächsten drei Jahre sollte Schumacher sich als ein ständiger Gegner der britischen Politik in Deutschland erweisen, obwohl diese Politik von seinen sozialistischen Genossen geführt wurde.

Das Resultat jedenfalls war, daß Ernest Bevin zu glauben begann, er habe es wieder mit einem jener deutschen Sozialisten zu tun, die man von 1914 her kannte. Damals hatten sie versprochen, den internationalen sozialistischen Prinzipien treu zu bleiben und gegen den Krieg zu stimmen. Dann aber rief ihr Kaiser nach den »vaterlandslosen Gesellen«, und diese erwiesen sich zuerst als Nationalisten und dann erst als Sozialisten.

Interessanterweise fühlten sich beide künftigen Führer der westdeutschen Politik von der britischen Labour-Partei bald verraten. Schumacher, weil seine SPD von den Briten nicht den eindeutigen Vorrang gegenüber den anderen deutschen Parteien erhielt. Adenauer, weil er zu bemerken glaubte, daß die Briten ihre sozialistischen Brüder in Deutschland bevorzugten. So sah Adenauer schon seine Entlassung als Oberbürgermeister von Köln als einen sozialistischen Trick, mit dem er ausgebootet werden sollte.

Was konnten, was mußten jetzt die Aufgaben deutscher Politiker und Parteien sein?

»Vor allen Dingen«, so Oberstleutnant Aunau im Winter 1945 in einer Verhandlung mit Vertretern deutscher Parteien, »muß die Teilnahmslosigkeit des Volkes überwunden werden. Dies ist die besondere Aufgabe der Parteien.«

Als die Christlichen Demokraten einige Wochen später, am 22. Januar 1946, in Berlin ihre erste Zonenkonferenz abhielten, ließen sie sich von Oberst Domer vom alliierten Kontrollrat sagen:

»Sie haben dem deutschen Volk zu beweisen, daß die augenblickliche Lage seiner politischen Apathie der Vergangenheit zu verdanken ist. Sie haben ihm klarzumachen, daß es notwendigerweise ein unglückliches Ende nehmen muß, wenn man jemandem blindlings vertraut.«

Und er fügte hinzu: »Die Militärregierung wird Ihnen ihre volle Unterstützung gewähren, wenn beider Ziele identisch sind, nämlich die Wiedererrichtung von Selbstachtung, Gesetz und Ordnung und vor allem die Freiheit in Ihrem Vaterland.«

7. Die Krise ist im Anmarsch

Seit längerem merkten innerhalb der britischen Besatzungszone Templar und sein Chef Montgomery, daß die Dinge sich schlecht entwickelten. Beide Militärs erkannten die Gefahr früher als ihre politischen Vorgesetzten zu Hause in London. Anders als Bevin hatten beide Generäle, die auch physisch unter den Auseinandersetzungen mit den Deutschen gelitten hatten (Montgomery im Ersten und Templar im Zweiten Weltkrieg), keine Ressentiments oder bitteren Gefühle gegenüber ihren früheren Feinden.

Sie wußten genau um die Gefahr, daß die Deutschen dem Kommunismus in die Hände fallen würden, wenn innerhalb ihrer Besatzungszone nicht etwas unternommen würde.

Ende 1945 berichtete Montgomery dem Kabinett in London, daß für das kommende Jahr »weitverbreitete Seuchen und Hunger« in Aussicht stün-

174 *Gebt mir fünf Jahre Zeit, und ihr werdet Deutschland nicht wiedererkennen (Hitler): Köln, 1945.*

175 *Alles, was sie hat, ist im Puppenwagen: Sommer 1945.*

176 *Die hungrigen Kumpels: vor der Grube Ewaldfortsetzung, 20. Mai 1946.*

177 *Auf Stroh und dünnen Decken: aus dem Ruhrgebiet evakuiert.*

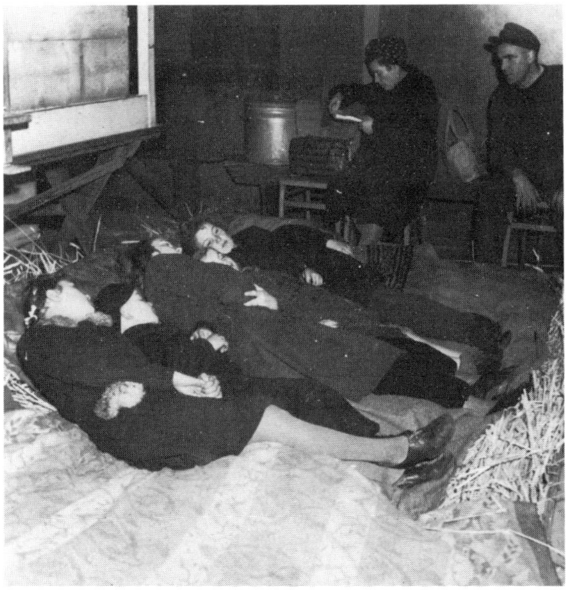

178 *Polizeikontrolle: woher sind die nagelneuen Stiefel und zwei Flaschen Schnaps? (bei Münster, 24. Januar 1946).*

179 *Vor dem Einmarsch der britischen Truppen in Berlin, 6. Juli 1945: britischer Militärpolizist, deutsche Polizei.*

180 *Interniert in Lövenich bei Erkelenz: junge Leute 1945.*

181 *Eschweiler bei Aachen: aus unzerstörten und verlassenen Häusern sind Vorräte gesammelt worden.*

182 *Geilenkirchen in der Hochstraße (früher Bahnhofstraße).*

184 *Sie kamen alle umsonst ... Die Schlange der Hoffnungslosen vor dem Zentralwohnungsamt in Hamburg. Aber die überfüllte Stadt kann niemanden mehr aufnehmen.* ▷

183 *»Kölsche Männer, kölsche Fraue! Jung un Mädcher, groß un klein: Om uns Kölle opzobaue, bruche mer vill Ziggelstein.« Plakat des Werbeamtes Köln.*

den, wenn man nicht etwas unternehme. Weiter berichtete er den versammelten Ministern, daß die größte Gefahrenquelle eines neu erwachenden Nationalismus bei den Universitäten liege. Sechs Universitäten waren innerhalb der britischen Zone eröffnet worden. Jede von ihnen zählte 4000 Studenten. Das war eine riesige Zahl, und viele Studenten waren frühere Mitglieder der deutschen Wehrmacht.

In einem vertraulichen Bericht an Premier Attlee drängte Montgomery auf eine schnelle Lösung der Probleme, wenn Deutschland nicht in ein wirtschaftliches Chaos stürzen solle.

»Dies kann einzig und allein dadurch vermieden werden, daß wichtige Beschlüsse zur Währungspolitik, den Steuern, der Kreditpolitik und anderen Dingen schnell getroffen werden. Zu diesem Zweck muß entweder eine zentrale Finanzverwaltung oder eine Zonenverwaltung aufgebaut werden. Die Entscheidung muß jedoch bald fallen. Ist ein Entschluß gefaßt, dann kann er so leicht nicht wieder rückgängig gemacht werden.«

Es war die erste Erwähnung von Dingen, die entfernt an die später so gefeierte Währungsreform des Jahres 1948 erinnerten. Aber im großen und ganzen stießen Montgomerys Warnungen auf taube Ohren. Der linke Flügel in der Labour-Regierung verdächtigte ihn, er wolle Großbritannien auf eine antistalinistische Haltung in Europa einschwören. Das Modell dazu habe ihm sein früherer Chef Churchill geliefert. Außerdem waren die Briten in diesem Herbst des Jahres 1945 viel zu sehr mit der eigenen Wirtschaftslage beschäftigt. Sie war alles andere als rosig. Der bekannteste britische Wirtschaftsfachmann, Keynes, hatte Attlees Regierung schon davor gewarnt, das Land gehe einem »wirtschaftlichen Dünkirchen« entgegen. Großbritannien als Nation hatte die höchsten Schulden der ganzen Welt. Der Export erreichte nur 40 % der Vorkriegszahlen, die Ausgaben waren fünfmal so hoch wie vor dem Kriege.

Ohne ein hohes amerikanisches Darlehen war Großbritannien hilflos. Gerade in diesem Herbst aber warteten die Briten gespannt auf den Ausgang der alles entscheidenden Verhandlungen von Keynes in Washington, bei denen die Kredite losgeeist werden sollten. So kehrte also Montgomery nach Deutschland zurück, ohne irgend etwas erreicht zu haben. Er fand bei den aktuellen englischen Sorgen

kein Verständnis für die Nöte in der britischen Zone.

*

Deutschland sah inzwischen seinem ersten Weihnachtsfest nach dem Kriege entgegen. In Hamburg feierten die Stabsoffiziere des britischen Hauptquartiers ihre Cocktailpartys in dem unzerstörten Hotel »Vierjahreszeiten« oder im »Hotel Atlantik«.
Außerhalb der Stadt, bei den großen Depots in Glinde und Reinbek, bedienten die Offiziere und Unteroffiziere nach britischer Armeetradition ihre Soldaten während des feierlichen Weihnachtsessens. Es gab Hühnchen, Röstkartoffeln, Rosenkohl, Bier, Wein, Schnaps und schließlich Plumpudding – alles zusammen das Vielfache einer durchschnittlichen Tagesration an Kalorien, die damals einem Deutschen zur Verfügung stand.
Weiter südlich, in Hannover, warteten schäbige alte Reichsbahnzüge mit hölzernen Bänken und vernagelten Fenstern darauf, die 24 Stunden dauernde Reise nach Hoek van Holland anzutreten. Mit dem Zug sollten Hunderte britische Soldaten nach England zur Demobilisierung gebracht werden. Glücklich, hier und da angetrunken, gaben die Veteranen ihre Brotpakete den vor Kälte zitternden deutschen Kindern, die sie überall anbettelten.
In den Dörfern und Kleinstädten von Ostwestfalen, in Gütersloh, Wiedenbrück, Freckenhorst, Warendorf und all den anderen marschierten die

185 *Ein Geschenk des Himmels: Nahrungsmittel, in einem Warenhaus in Viersen entdeckt. Unter alliierter Kontrolle werden die Säcke verladen, um an die Bevölkerung verteilt zu werden.*

186 *Frauen in Viersen: Kartoffelschäl-Kommando . . . Die begehrten Erdäpfel gehören der 9. US-Armee, die auch über ihre Verteilung bestimmt . . .*

Soldaten der dort stationierten schottischen Division unter Begleitung ihrer Dudelsackmusik über das Kopfsteinpflaster.
Noch weiter südlich, im Rheinland, feierte der Rest der stolzen Gardedivisionen mit wilder, verbissener Energie den Abschied. Denn schon bald würden sie in Palästina einen anderen, noch schwereren Kampf zu bestehen haben. An der Grenze zwischen der britischen Zone und Belgien patrouillierten gemischte Streifen von deutschen Hilfspolizisten und frustrierten britischen Soldaten durch die schneebedeckten Wälder und Hügel am Dreiländereck. Sie mußten deutschen und belgischen Kaffee- und Zigarettenschmugglern das Handwerk legen, die jetzt mit ihrer Konterbande auf dem deutschen Schwarzmarkt ein Vermögen verdienten.
In seiner viel zu großen Villa in Bad Oeynhausen schließlich starrte Feldmarschall Montgomery

187 *Kinderspeisung. Die britischen Soldaten bedienen.*

nachdenklich durch das Fenster auf die ersten fallenden Schneeflocken. Er dachte nicht nur an das zurückliegende Jahr, sondern vor allem an die zwölf Monate, die vor ihm lagen. Die Sache sah nicht gut aus. Er ahnte »stürmisches Wetter« . . .

Augenzeugen

Ihr habt Euch oft gewundert, warum unsere Soldaten Euch gar nicht beachten, wenn Ihr ihnen zuwinkt oder auf der Straße guten Morgen wünscht und warum sie nicht mit Euren Kindern spielen. Unsere Soldaten handeln gemäß ihren Befehlen. Ihr habt dieses Verhalten nicht gerne. Auch unsere Soldaten nicht, da wir von Natur aus ein freundliches und entgegenkommendes Volk sind. Aber der Befehl war notwendig, und ich will Euch erklären, warum. Im Weltkrieg von 1914, der durch Eure Führer begonnen wurde, wurden Eure Armeen im Felde geschlagen. Eure Generäle ergaben sich, und Eure Führer gestanden im Vertrag von Versailles zu, daß Deutschland für den Krieg verantwortlich war. Die Kapitulation fand jedoch in Frankreich statt. Es kam zu keinen Kampfhandlungen auf deutschem Boden. Dies veranlaßte Eure Führer, das Märchen zu verbreiten, daß Eure Wehrmacht niemals geschlagen wurde; in der Folge lehnten Eure Führer auch den Paragraphen über die Kriegsschuld des Vertrages von Versailles ab. Sie versicherten Euch, daß Deutschland weder für den Krieg verantwortlich war, noch besiegt wurde. Dies glaubten viele von Euch, weil Ihr niemals Kriegshandlungen in Eurem Lande erlebt hattet. Als Eure Führer abermals diesen Krieg mutwillig auslösten, habt Ihr ihnen Beifall gezollt. Abermals wurden Eure Armeen nach Jahren von Zerstörung und Elend geschlagen. Dieses Mal sind die Alliierten entschlossen, daß Ihr Eure Lektion lernen sollt, und zwar nicht nur, daß Ihr geschlagen wurdet, was Ihr jetzt wohl wissen müßt, sondern auch, daß Ihr als Nation schuld am Beginn des Krieges wart. Denn wenn dies Euch und Euren Kindern nicht klargemacht wird, mögt Ihr Euch noch einmal durch Eure Beherrscher dazu verleiten lassen, einen neuen Krieg zu führen. Während des Krieges wollten Eure Beherrscher es Euch nicht wissen

188 *Beim Brotverteilen: ein Priester und eine Nonne. Sie dürfen sich unbeschränkt und frei bewegen.*

lassen, was die Welt über Euch dachte. Viele von Euch schienen zu denken, daß Ihr, sobald unsere Soldaten eintrafen, mit diesen gleich freund sein könntet, als ob nichts geschehen wäre. Aber dazu ist zuviel geschehen. Unsere Soldaten haben ihre Kameraden erschossen gesehen, ihre Wohnstätten in Ruinen, ihre Frauen und Kinder hungrig. Unsere Soldaten haben schreckliche Dinge in vielen Ländern gesehen, wo Eure Beherrscher Krieg führten. Ihr denkt, daß nicht Ihr, sondern Eure Führer für diese Dinge verantwortlich sind. Aber diese Führer sind aus dem deutschen Volke gewachsen. Die Nation ist verantwortlich für ihre Führer. Solange sie erfolgeich waren, habt Ihr frohlockt, gefeiert und gelacht. Das ist der Grund, weshalb unsere Soldaten sich Euch gegenüber nicht freundlich verhalten. Wir haben dies befohlen, um Euch, Eure Kinder und die ganze Welt vor einem neuen Krieg zu bewahren. Dies wird nicht stets so bleiben, denn wir sind ein christliches Volk, das gerne vergibt. Wir schätzen es, zu lachen und freundlich zu sein. Aber es ist unser Ziel, das Übel des nationalsozialistischen Systems zu zerstören. Es ist noch zu früh, um gewiß zu sein, daß wir dieses Ziel erreicht haben. Ihr sollt dies Euren Kindern vorlesen, wenn sie alt genug sind, und dazu sehen, daß sie es verstehen.

Aus der Rede *Feldmarschall Montgomerys* an die Bewohner der britischen Zone zum Fraternisierungsverbot (10. Juni 1945)

Den Richter zu spielen, aus Willfährigkeit gegen den unermeßlichen Haß, den sein Volk zu erregen gewußt hat, es zu verfluchen und zu verdammen und sich selbst als das »gute Deutschland« zu empfehlen, ganz im Gegensatz zum bösen, schuldigen dort drüben, mit dem man gar nichts zu tun hat, das scheint mir einem auch nicht sonderlich zu Gesicht zu stehen. Man *hat* zu tun mit deutschem Schicksal, wenn man als Deutscher geboren ist.

Thomas Mann, Rede »Deutschland und die Deutschen«. Library of Congress in Washington. Mai 1945

Am 5. August 1945, ich war gerade acht Tage im Amt, kam aus Düsseldorf der Oberpräsident Lehr mit dem britischen Hochkommissar Barraclough, der ja später Adenauer abgesetzt hat, zu mir in das Landratsamt. Ich selbst hatte in meinem Zimmer einen Stuhl, einen Tisch, einen Besucherstuhl und

189 *5. August 1945: der britische Hochkommissar Barraclough (Mitte, Uniform) besucht Jülich. Links die Journalistin Renate Rockhoff, rechts mit Hut Robert Lehr, früherer OB von Düsseldorf und Stellvertreter von Oberpräsident Hans Fuchs.*

einen Schrank, den man nicht abschließen konnte – sonst nichts. Und neben dem Schrank lagen haufenweise geschichtet, ganz elegant, die Verordnungen des Herrn Oberpräsidenten. Auf seine erstaunte Frage erklärte ich ihm, die würde ich demnächst mal lesen, wenn ich viel Zeit hätte. Und dann habe ich den Herren klargemacht, daß hier mit Verordnungen nichts zu machen sei. Hier gehe es vielmehr darum, Licht, Wasser, Toiletten zu schaffen, um entstehende Krankheiten zu verhindern.

Barraclough stimmte mir sofort zu. Und dann gingen wir durch die Stadt. Barraclough, ein kleiner, energischer Mann, hielt an der Rurbrücke ein paar Schulmädchen an und inspizierte sie genau: Die hatten Läuse! Also, das war ja was für die Engländer! Er hat sofort angeordnet: Alle Jülicher Kinder müssen entlaust werden. Lastwagenweise sind hier Entlausungsmittel angekommen! Da war gar nichts zu machen.

Ich versuchte ihm zu erklären, das sei Zufall und eine Ausnahme – nichts! Es wurde der stellvertretende Kreisarzt geholt, der stammelte eine Entschuldigung auf Englisch, aber Barraclough schnauzte ihn einfach an: »Verdammt noch mal, sprechen Sie doch Deutsch! Die Hauptsache ist, daß der Landrat Sie versteht und nicht ich!« Der wurde abgesetzt – sofort.

NRW-Landtagspräsident a. D. *Wilhelm Johnen*,
damals von den Engländern eingesetzter Landrat von Jülich

Mit den maßgebenden britischen Offizieren geriet ich bald in Konflikt. Die Bevölkerung wurde nach meiner Meinung von den Engländern schlecht behandelt. Mir gegenüber nahm man eine sehr ablehnende Haltung ein.

Konrad Adenauer
(Aus: Erinnerungen 1946–53)

Adenauer mochte mich, und das beruht auf Gegenseitigkeit. Wir hatten wohl etwas Gemeinsames im Wesen, etwas Patriotisches, Preußisches, Sparsames, Abneigung gegen Gequassel.

SPD-Politiker Wilhelm Kaisen,
1945 von den Alliierten als Bürgermeister von Bremen eingesetzt

In Bremen und anderen Teilen Nordwestdeutschlands greift die Verbrecherplage immer mehr um sich. Die Täter rekrutieren sich fast ausschließlich aus den Reihen ehemaliger Zwangsarbeiter, die sich zu Banden vereinigen und alles deutsche Eigentum und Leben als gerechte Beute zu betrachten scheinen. Truppen sind von der alliierten Militärregierung aufgeboten worden, um die Verbrecherplage mit schärfsten Mitteln zu unterdrücken. Überfälle auf Bauernhöfe und Angriffe auf die Zivilpolizei sind so häufig geworden, daß die deutsche Ernährungssituation bereits in vielen Bezirken beeinträchtigt wurde. Viele Feldarbeiter fürchten sich, auf den Feldern zu arbeiten. In der Tat laufen sie fortwährend Gefahr, von Wegelagerern angegriffen zu werden. Auch die Fälle von Vergewaltigungen sind zahlreich.

Aus einem *Lagebericht der britischen Besatzungsbehörden,* August 1945

Am Jahresende dachte ich über die Fortschritte nach, die wir in der englischen Zone gemacht hatten und was noch fehlte . . . Es schien alles gut vorwärts zu gehen. Zum mindesten hatten wir einen guten Anfang gemacht. Die Gefahr war jetzt, daß wir uns auf unseren Lorbeeren ausruhten, denn es gab viel zu tun. Ich sah stürmisches Wetter voraus.

Feldmarschall Bernard Montgomery
(Aus: Memoiren)

8. Der »Kohlwinter«

Er war nicht so hart wie der letzte Kriegswinter. Er war sicherlich auch nicht so schlimm wie der schreckliche Winter 1946/47 werden sollte. Aber der Winter 1946 war schlimm genug.
Haushaltskohle gab es nicht. Jedes Kilogramm Kohle, das zur Verfügung stand, wurde für die spärliche Stromversorgung außerhalb der täglichen »Stromsperren« benötigt, für die Wirtschaft und für den Betrieb der Züge. Für private Zwecke blieb nichts übrig.
Überall in den Rangierbahnhöfen der Reichsbahn sah man Männer und junge Leute auf abenteuerliche Art und Weise an den Brücken hängen. Mit allen möglichen Hilfsmitteln versuchten sie, Kohle

190 *. . .Schieber aber schlemmen auf unsere Kosten: Anti-Schwarzmarkt-Plakat.*

191 *»Klau was du kriegen kannst«: verlassener Lastwagen bei Gießen.*

192 *Um zu überleben: Sturm auf die Lebensmitteltransporte.* ▷

193 *Sogar aus Schüsseln trinken sie: Zivilisten in einer Brennerei in Lippstadt, April 1945.*

aus den offenen Waggons nach oben zu ziehen, während die Züge da unten vorbeiratterten.
Im Fachjargon hieß das »fringsen«, nach dem Erzbischof von Köln, Kardinal Frings. In seiner Silvesterpredigt 1946 in der St.-Engelbert-Kirche in Köln-Riehl hatte er diese Art von »Selbstbedienung« verständnisvoll entschuldigt.
Die alten Männer verbrachten ganze Tage damit, die Stümpfe von zersprengten Bäumen auszugraben und zu Brennholz zu zerhacken. In den mehr abgelegenen Gegenden, weit weg von den Patrouillen der Tommys, sprengten junge Leute die Baumstämme mit Hilfe von Handgranaten und Munitionspäckchen aus Wehrmachtsbeständen aus der gefrorenen Erde. In Städten wie Aachen, Köln, Düsseldorf und Hamburg wurden zum Teil jahrhundertealte Alleen, bis dahin der Stolz der Bürger, der Nachfrage nach Brennmaterial geopfert. Ängstliche Männer und Frauen sägten im Dunkel der Nacht Äste ab und schafften sie mit alten Kinder- und Bollerwagen davon. Kinder buddelten in den Trümmern zerborstener und ausgebrannter Häuser nach Holzresten für die oft abenteuerlich zusammengebauten Öfen, Herde und winzigen Brennhexen, deren Rohre, knappste Artikel von höchstem Wert, allenthalben aus Fensterlöchern oder sogar Außenmauern ragten. Wer nicht tauschte, klaute, buddelte oder sonstwie »organisierte«, der fror.
Aber während die Brennstoffsituation schlecht war, konnte man die Lage bei der Lebensmittelversorgung nur noch katastrophal nennen. Im Januar 1946 sahen die britischen Behörden sich gezwungen, die Tagesration für die deutschen Zivilisten auf 1046 Kalorien zu reduzieren. Die englische Presse berichtete im Februar, so z. B. der Korrespondent des liberalen »Manchester Guardian«, was diese Kalorienzahl als Tagesration für einen Deutschen im Ruhrgebiet bedeutete: »Zwei Scheiben Brot, vielleicht mit einem dünnen Häutchen Margarine darüber, einen Löffel voll Milchsuppe und zwei kleinere Kartoffeln.«
Und selbst diese Ration konnte in vielen Fällen nicht einmal verteilt werden. Die Leute standen

einen ganzen Tag lang in der Schlange an, um dann zu erfahren, daß es nichts mehr gab. In Wuppertal gab es zehn Tage lang kein Brot. In der ersten Märzhälfte hatte Hamburg seinen ganzen Brotvorrat für den Monat aufgegessen – für die zweite Monatshälfte gab es nichts mehr!
Dann folgten im Frühling 1946 im Ruhrgebiet und in Hamburg Reaktionen aus der Bevölkerung. Die Leute überfielen Kohlenzüge und Nahrungsmittellager. Sie schleppten soviel weg, wie sie nur tragen konnten. Die britische Militärverwaltung spielte diese Zwischenfälle herunter und bezeichnete sie als »Unregelmäßigkeiten«. Aber immerhin wurden einige hundert Leute verhaftet. Montgomery machte sich große Sorgen über diese Entwicklung. Er schickte einen Hilferuf um mehr Getreide an die Regierung in London. In einer seiner letzten Reden als Militärgouverneur erklärte er in Hastings seinen Zuhörern, die Briten seien keineswegs »zu weich« in der Behandlung der Deutschen. Auch könne man die Durchschnittsration in der britischen Zone keineswegs als übermäßig bezeichnen. Denn die Menge sei die gleiche, wie man sie den Insassen im Konzentrationslager Bergen-Belsen verabreicht habe, die ja bekanntlich verhungert seien.
Schließlich bekam Montgomery sein Getreide. Aber ein ganzes Jahr lang, seit 1945, gab es für die Deutschen Nahrungszuteilungen von teilweise noch weniger als die tägliche Minimalration von 1150 Kalorien.
Auch ein anderer ungewöhnlicher Mann versuchte, die britische Regierung zu mehr Leistungen zu bringen und das britische Volk aufzurütteln, sich um das Schicksal der verhungernden Deutschen mehr zu kümmern. Er hieß Victor Gollancz und war Jude. Im Frühling 1946 reiste der englische Verleger und Schriftsteller verschiedentlich durch die britische Zone und veröffentlichte danach eine Flugschrift mit dem Titel »Wie man die Leute ihrem Schicksal überläßt«.
Darin beschreibt Victor Gollancz die verheerenden Zustände in der britischen Besatzungszone. So wies er beispielsweise nach, daß die britischen Regierungsmitglieder, die Erklärungen zur Politik in Deutschland abgaben, ihre Äußerungen auf falsche Informationen stützten. So gab zum Beispiel die Kontrollkommission im Juli bekannt, es gebe in Hamburg 1189 Fälle von Hungerödemen. Gollancz wies nach, daß es bei diesen Zahlen lediglich um die Kranken ging, die in Krankenhäusern aufgenommen waren. In Wirklichkeit, so ließ sich mit den Zahlen aus Köln und aus Aachen beweisen, kamen auf jeden Krankenhauspatienten mit Hun-

194 *Beinahe mehr Gepäck als Züge – ein Bild aus dem Hungerjahr 1947.*

195 *Der Zigarettenhandel blüht an Aachens Kaiserplatz: Belgischer Soldat (links), Aachener.*

197 *Polizeirazzia auf dem Hamburger Schwarzmarkt: ▷ 30. August 1945.*

196 *Mit Kennzeichen aus »British Rhine«: umgestürzter Schmugglerwagen nach Verfolgungsjagd in der Eifel bei Monschau.*

gerödem rund 50 Fälle, die zu Hause untergebracht waren.
Die Zeitschrift »The British Zone Review«, eine halbamtliche Publikation, sprach von vielleicht 10000 Fällen von Hungerödemen in der britischen Zone. Deutsche Stellen hingegen nannten die Zahl von 130000 Fällen. Gollancz blieb mit seiner Schätzung dazwischen und nannte 100000 Fälle.
Als der britische Kabinettsbeauftragte für Deutschland, John Hynd, im Unterhaus erklärte, daß die Tagesrationen in der britischen Besatzungszone »abgesehen von örtlichen Pannen« auf ihrem Stand gehalten werden konnten, widersprach Gollancz ihm öffentlich. Mit Hilfe des verantwortlichen Offiziers für die Lebensmittelbe-

schaffung bei General Barracloughs Stab in Düsseldorf konnte er nachweisen, daß in Düsseldorf selbst während der letzten drei Wochen nur die Hälfte des notwendigen Mehls geliefert worden war und daß in verschiedenen anderen Städten im Ruhrgebiet nur zwei Drittel der benötigten Menge angekommen waren. Die Situation im Hinblick auf andere Nahrungsmittel, wie zum Beispiel Kartoffeln, sei sogar noch schlimmer.
Aber sowohl in Deutschland wie auch zu Hause in London gab es viel zuviele Leute bei den Briten,

die diese verzweifelte Lage entweder nicht verstehen wollten oder nicht verstehen konnten. So kehrte Gollancz während einem seiner Besuche in diesem Winter 1946 nach einer schrecklichen Fahrt durch die Ruinen zurück zum Gebäude der britischen Kontrollbehörde in Hamburg. Er war wegen der Dinge, die er gesehen hatte, sehr deprimiert, und sein britischer Gastgeber bemerkte es. Er fragte ihn, was er habe. Gollancz berichtete es ihm, und der Engländer antwortete: »Davon weiß ich überhaupt nichts. Ich komme morgens zu meinem Büro und habe den ganzen Tag lang viel Arbeit. Wenn ich abends heimkehre, entspanne ich mich. Um etwas über Hamburg zu erfahren, könnte ich genausogut in Whitehall leben.«

In London war es genau das gleiche. Die Regierung und die öffentliche Meinung waren erregt durch die Berichte über das Grauen und die unmenschliche Brutalität in den Konzentrationslagern und den Vernichtungslagern wie Auschwitz, Majdanek und Treblinka, die jetzt in ihrem vollen Ausmaß bekannt wurden und bei den Nürnberger Prozessen gegen die »Hauptkriegsverbrecher« und die »verbrecherischen Organisationen« zur Sprache kamen. Deshalb widersprach die Regierung auch den Appellen, mehr Nahrungsmittel für die hungernde Zivilbevölkerung in Deutschland zu schicken. Und die öffentliche Meinung Englands dachte auch so. Zwar hungerten die Engländer nicht, doch war Brot gerade rationiert worden, was während des ganzen Krieges nicht vorgekommen war. Die Briten hatten genug gelitten. Sie würden es nicht verstehen, wenn Nahrungsmittel zu den Deutschen geschickt würden.

So mußten die deutschen Hausfrauen mühsam alte Rezepte aus dem Ersten Weltkrieg wiederentdekken. Brot wurde auf umständliche und langwierige Weise aus Kartoffelmehl gemacht, das man mit Sägemehl vermischte. Wenn es keine Margarine gab, von Butter erst gar nicht zu reden, half man sich – wenn man ihn überhaupt einmal bekam – mit einem bitter riechenden Sirup, der aus Zuckerrüben hergestellt wurde. Das Zeug wurde dann mit einer Art Eichelkaffee oder sogar mit Löwenzahntee runtergespült. In kleinster Dosierung ließ sich auch Rizinusöl als »Bratfett«, oder auch Kaffeeersatz verwenden. Der Hamburger Oberstudienrat, Deutsch und Geschichte, der täglich aus einem immer wieder benutzten Butterbrotpapier besserer

198 *Gerichtsverhandlung in Aachen-Kornelimünster: der Mann links war ohne Papiere unterwegs, Tochter und Mutter hatten ihm geholfen . . . Daneben (mit Brille) der Verteidiger, ein deutscher Dolmetscher und ein amerikanischer Leutnant als Ankläger.*

199 *Ein Güterwagen mit Kleidung: die Jungen reichen es den Alten an.*

Zeiten zwei Steckrübenscheiben wickelte und sie in feinster Haltung in der Pause verzehrte, brachte seine Schüler damit keineswegs zum Lachen. Er imponierte ihnen. Und er hungerte wie sie.
An guten Tagen, Glückstagen fast, gab es sogar Kartoffeln. Die schrumpeligen Dinger wurden so behandelt, als wären sie ein Stück Fleisch, wie man es aus der Vorkriegszeit kannte. Gekocht und in Scheiben geschnitten machte man daraus die berühmt-berüchtigte »braune Soße«, eine Mischung aus Salz, Pfeffer, Zwiebeln und ein wenig Kartoffelmehl. Nach Stunden der Vorbereitung (Gas und Strom gab es nur zu bestimmten Tageszeiten) schmeckte das Essen dann mit etwas Glück nach Fleisch und Kartoffeln.
An weniger guten Tagen gab es den Kohl, und wie der Teufel es wollte: sogar an Tagen, an denen es überhaupt nichts gab, war immer noch Kohl vorhanden. Kohl, im letzten Restchen Fett gebraten, Kohl gekocht zum Mittagessen, Kohl aufgewärmt für das Abendessen . . . Ganz Deutschland roch nach Kohl. Wer die damalige Zeit mitgemacht hat, wird seinen durchdringenden Geruch, der alles erfüllte, niemals mehr vergessen. Kohl, Kohl und nochmals Kohl! Der Winter 1946 war der »Kohlwinter«. Konkurrenz bekam er allenfalls durch das andere Grundnahrungsmittel: Steckrüben. Als für ein todkrankes Kind von den Engländern Bananen eingeflogen wurden, ging dies durch die Zeitungen und beschäftigte die Phantasie von jung und alt mehr als das schönste Märchen.
Eine kleine Linderung verschafften in dieser Zeit Spenden und andere Hilfsmaßnahmen aus dem Ausland. Fahrbare Trupps des schwedischen Roten Kreuzes begannen im Winter 45/46 in der Nordrhein-Provinz mit der Verteilung von Nahrungsmitteln, Kleidern und Schuhen. Irische Spenden wurden für die Versorgung von Frauen und Kindern in Köln, Mülheim, Bonn und anderen Städten verwendet. Die Rot-Kreuz-Gesellschaften aus England, Australien und den USA nahmen sich besonders der Kinderheime an. Quäker, Mennoniten, Methodisten gründeten Hilfskomitees, eine junge Engländerin die Organisation »Rettet das Kind«. Studentinnen der Columbia Universität übernahmen Patenschaften über deutsche Waisenhäuser. Last not least trugen die Pakete der Care-Organisation ihren Teil zur Linderung der größten Not bei.
Natürlich blühte der Schwarzmarkt wie nie zuvor. Jeder britische Soldat in der Zone erhielt pro Woche 200 Zigaretten, jeder erwachsene Deutsche 7. Dazu kam für die Briten ein Stück Seife und einige Schokoladerippen. Zusätzlich aber konnte der Soldat in seinem Besatzungsladen soviel Kuchen, Wurst und andere Leckerbissen kaufen, wie er nur wollte.
Offiziere und Unteroffiziere erhielten außerdem noch jeden Monat gratis einige Flaschen Whisky und Cognac. Sie konnten zusätzlich Wein und Sekt zu äußerst niedrigen Preisen einkaufen. Jeder Soldat oder Offizier konnte sich mehr Geld zum Leben verschaffen als er brauchte, indem er einfach auf dem Schwarzmarkt 20 Zigaretten etwa zum Preise von 100 Mark verkaufte.
Das Pfund Sterling war mit dem Gegenwert von 40 Mark lächerlich hoch überbewertet. Kein Wunder, daß beinahe alle Dienstgrade am Handel auf dem schwarzen Markt beteiligt waren, ob in Hamburg am Bahnhof Dammtor, in Bremen, in Düsseldorf auf der Kö oder in Aachen am Elisenbrunnen: Militärische und zivile Schwarzmarkthändler betrieben ihre Geschäfte. Der alliierte Überschuß an Seife, Kaffee (für jeden Soldaten ein Pfund pro Woche), Tee, Zigaretten, Nylonstrümpfen, Fetten und Nahrungsmitteln wurde in Mark umgesetzt und diese wiederum, da sie in England wertlos war, in britische Pfund eingetauscht und nach England geschickt, um sie dort »für schlechte Zeiten« auf die hohe Kante zu legen. Andererseits konnte man dafür auch in Deutschland etwas kaufen: Kameras, Feldstecher, Schmuck und Gold, Schreibmaschinen oder sogar »Leistungen« sexueller Art.
Viele Deutsche gaben es auf, für einige wertlose Mark zu arbeiten. Sie gingen über Land auf Hamstertouren, um ihren kümmerlichen Besitz gegen Kartoffeln und alles andere einzutauschen, was geschäftstüchtige Bauern ihnen zu geben bereit waren. Es gab üble Gerüchte über Bauern. Ihre Kühe stünden jetzt in den Ställen auf Perserteppichen, hieß es, und die Tiere würden aus Porzellanschüsseln und feinen Kristallschalen trinken.
In den Städten wurde auf der Straße alles eingetauscht oder verkauft, was eßbar oder nicht eßbar war. Jeder Ort, an dem viele Menschen zusammenkamen, wie Schulen, Krankenhäuser oder dergleichen, wurde zum Markt. Offizielle, halboffizielle oder »schwarze Tauschzentralen« wurden eingerichtet. Sogar etliche Schulkinder wurden geübte Schwarzmarkthändler. Sie verbrachten ihre Nach-

200 *Am Brandenburger Tor in Berlin: Razzia mit Panzern gegen Schwarzmarkthändler und -schieber. Die Zugangsstraßen zum Tiergartenviertel waren abgesperrt worden, bevor englische Militärpolizei und deutsche Polizisten rund 400 Leute verhafteten.*

201 *Kampf dem Handel auf dem Schwarzmarkt: Taschenkontrolle durch deutsche Polizisten.*

202 *Bei Düsseldorf: Kinder haben deutsche Lastwagen geplündert, die von US-Truppen zerschossen waren. Der Junge ▷ trägt eine weiße Flagge. Hintergrund: US-Soldat (rechts) und Jeeps.*

203 *Zurück bleiben nur die leeren Kartons: von deutschen Zivilisten geleerter Güterwaggon mit Textilien.*

mittage damit, vorbeikommende britische Soldaten um Kaugummi anzubetteln oder aber Zigarettenkippen und Schrott zu sammeln. Höhepunkt der Schulstunden war für die meist unterernährten Kinder, daß sie in ihre zerbeulten Heereskochgeschirre oder alten Konservendosen mit Drahthenkel ein, zwei Schlag der Schulspeisung erhielten, die von den britischen Behörden – auch mit Hilfe der Quäker – einmal am Tage in der Zone ausgegeben wurde. Als höchstes Privileg galt, die leeren Kübel auskratzen zu dürfen.

Wer Arbeit hatte, war nicht so sehr am Lohn interessiert, denn das Geld hatte – wenigstens für die, die noch genug davon besaßen – kaum einen Wert. Die für die britischen Militärs arbeiteten, taten dies wegen der dort verabreichten Mahlzeiten. Es gab einen Liter Suppe pro Tag und Arbeiter. Die deutschen Geschäftsleute und Fabrikbesitzer waren durch Gesetz verpflichtet, ihren Arbeitern den Lohn in Geld zu bezahlen. Wenn sie aber wirklich

204 *Berühmt und berüchtigt: die »Flitspritze« zur Entlausung.*

gute Arbeitsresultate erzielen wollten, dann mußten sie dieses Gehalt durch Naturalien ergänzen. Also mußten sie auch auf den Schwarzmarkt gehen und sich dort die Dinge besorgen, die sie benötigten. Man ging zum »Makler« oder »Vermittler«, der auch Dinge in größeren Mengen besorgen konnte. So hatte man für einen drei Pfund schweren Laib Brot 100 Mark hinzublättern. Offiziell kostete der aber nur 40 Pfennige. Oder man zahlte 600 Mark für ein Pfund Butter. Der Schwarzmarkt und alle, die an ihm verdienten, sorgten auf ihre eigene paradoxe Weise dafür, daß die deutsche Industrie recht und schlecht wieder in Gang kam und daß so viele Hunderte oder gar Tausende von Menschenleben gerettet werden konnten.

Die britische Zone war in diesem Winter 1946 »heruntergekommen bis zur letzten Kartoffel«, wie Englands Premierminister Attlee zugab. Und es wurde jetzt für die Westalliierten offenkundig, daß Deutschland als industrielles und wirtschaftliches Notstandsgebiet »ein starkes Argument zugunsten des Kommunismus« sei. Allan Dulles, Europa- und Deutschlandexperte, nachmaliger Leiter der CIA, erläuterte dies auf der 33. National Foreign Trade Convention im November in New York mit dem unmißverständlichen Hinweis: Politik in Deutschland hänge weitgehend vom Zustand des Magens ab. Die Bevölkerung werde sich unvermeidlich denjenigen zuwenden, die ihnen Brot und Arbeit geben.

Neues Leben kündigte sich an – in der Welt der Publizistik und der Politik.

Die »Männer der ersten Stunde« waren auf der Szene erschienen.

9. Schlaglichter zwischen Tragödie und Hoffnung

Der grausam kalte Winter war durchstanden. Aber stand nicht Schlimmeres bevor?
»Äußerste Anstrengungen zur Versorgung Deutschlands«, so am 2. März 1946 die Hauptüberschrift der ersten Ausgabe der »Rheinischen Post«, Düsseldorf, Zeitung für Christliche Kultur und Politik, veröffentlicht unter Zulassung Nr. 12 der Militärregierung. »Feldmarschall Montgomery erstattet der englischen Regierung Bericht und weist auf den Ernst der Ernährungslage hin.« Die Alliierten haben in Berlin Besprechungen aufgenommen, um innerhalb Deutschlands für die besonders notleidenden Gebiete Lebensmittel bereitzustellen. Wie aus Hamburg am 27. Februar gemeldet wird, ist »nach sorgfältiger Prüfung der Versorgungslage und nach Ermittlung der für Deutschland verfügbaren Nahrungsmittelmengen . . . eine Kürzung der Rationen in der britischen Zone unvermeidlich«. Von der 86. Versorgungsperiode an muß die deutsche Brotration gekürzt werden, ab 4. März wird die Brotzuteilung für den Normalverbraucher von 10000 auf 5000 Gramm und die Nährmittelzuteilung von 2000 Gramm auf 1000 Gramm in der Versorgungsperiode herabgesetzt. Die Brot- und Nährmittelrationen für alle Arbeiter, für werdende und stillende Mütter, werden um die gleichen Mengen wie die Rationen des »Normalverbrauchers« herabgesetzt. Nach den »Kürzungen« beträgt der tägliche Kalorienwert der Lebensmittelzuteilungen dann:
Normalverbraucher 1014, werdende und stillende Mütter 2139, Kinder bis 3 Jahre 1041, Kinder von 3–6 Jahren 1182, Kinder von 6–10 Jahren 1348, Kinder von 10–18 Jahren 1148, Schwerarbeiter 1714, Schwerstarbeiter 2264, Bergarbeiter 2864 Kalorien. Für Düsseldorf wird bekanntgegeben, daß die Abgabe von Kindermilchnahrung nur für Kinder bis 12 Monate und unter Beibringung eines

205 *Sie schöpfen wieder etwas Hoffnung: Bunkerbewohner stehen bei der Gemüsefrau in Krefeld an.*

206 *Mit der Matratze durch die zertrümmerte Stadt: altes Ehepaar auf der Basilikastraße in Kevelaer.*

ärztlichen Attestes zugelassen ist. An Kinder bis zu 10 Jahren werden gegen Berechtigungsschein 250 Gramm Lebertranemulsion ausgegeben.
2. März 1946, kein besonderer Tag für die Deutschen, vielleicht für die Katholiken: Papst Pius XII. wird 70 Jahre alt.
In Bayern, so der Bericht, werden die Getreidevorräte bis Ende März/Mitte April erschöpft sein. In der britischen Zone wird jetzt die Paketbeförderung zugelassen. Auf Befehl der Militärregierung vom 22. Februar 1946 müssen »alle Personen, die im Besitz von Werkzeugmaschinen sind oder über sie verfügen« eine Meldung darüber abgeben: Formblätter 5fach ausgefertigt, 4 davon bis zum 7. April dem örtlichen Wirtschaftsamt vorzulegen.
In Nürnberg gibt Lord-Richter Lawrence die für die Verteidigung im Nürnberger Prozeß gegen die Hauptkriegsverbrecher und die verbrecherischen Organisationen zugelassenen Entlastungszeugen bekannt, unter anderem acht deutsche Generäle und Feldmarschälle sowie eine Anzahl deutscher Diplomaten und Beamten. Von den britischen Staatsmännern Lord Halifax, Lord Beaverbrook, Lord Londonderry und Lord Vansittard werden vom Gerichtshof schriftliche Aussagen für den Angeklagten Ribbentrop angenommen werden. Ab-

207 *Zerbombte Schiffsruinen in den ebenfalls zerstörten Docks: Blick auf den Hamburger Hafen kurz nach der »Stunde Null«.*

gelehnt sind unter anderem die von der Verteidigung beantragten Vernehmungen von Winston Churchill, Edouard Daladier und Georges Bonnet. Für die russische Anklage erklärt General Rodinko: Er hielte es im übrigen für wichtig, der deutschen Öffentlichkeit bekanntzugeben, daß ein Schuldspruch des Gerichts noch nicht automatisch die Bestrafung aller Mitglieder der angeklagten Verbände nach sich ziehe, sondern daß eigens zu diesem Zweck ins Leben gerufene Gerichte in jedem Fall ein Urteil sprechen würden. Für die Verteidigung machte Dr. Kubuscheck geltend, die von der Anklage geforderten Schuldsprüche würden einen erheblichen Teil der erwachsenen deutschen Bevölkerung treffen und für Millionen den Ehrverlust vor der Weltöffentlichkeit bedeuten.

Diese Millionen verharren in Hoffnung, banger Erwartung, Phlegma, innerem Aufbegehren und Angst. Im Leitartikel dieser ersten Ausgabe der »Rheinischen Post« heißt es: »Schrecken erfüllt uns alle. Das drohende Gespenst des Hungers ist nicht vor unserer Tür stehengeblieben, es ist eingetreten. Niemand, am wenigsten wohl die Besatzungsmächte selbst, ist sich darüber im unklaren, daß man mit 1014 Kalorien am Tage nicht leben, geschweige denn hart arbeiten kann, wie wir es müssen, um unser Land aufzubauen.« Aber dieser Leitartikel macht auch deutlich, wie gänzlich unberechtigt es ist, etwa hinter vorgehaltener Hand zu sagen, »da hatten wir es unter den Nazis besser«. »Habt ihr den totalen Krieg vergessen, der in barbarischem Hochmut verkündet wurde? Sind die

Folgen einer sechsjährigen totalen Vernichtung und Aussaugung in wenigen Monaten wiedergutzumachen? Wir brauchen gar nicht zu fragen, ob dieses Schicksal uns verdient trifft – es ist die notwendige Konsequenz der Dinge, die sich seit 1933 ereignet haben.« Gibt es ihn, den neuen Anfang, die neue Aufgabe für Deutschland? Vermögen Appelle, gute Worte, Proklamationen und Predigten etwas zu bewirken? Können Zeitungen, Redakteure, Schriftsteller, Politiker etwas dazu tun? Dr. Anton Betz, gemeinsam mit Karl Arnold, Dr. Erich Wenderoth und Dr. Friedrich Vogel Lizenzträger der »Rheinischen Post«, deren Auflage von 235 000 Exemplaren zweimal wöchentlich über die Maschinen der Droste Verlag und Druckerei KG im halb zerstörten Düsseldorfer Pressehaus läuft, glaubt: »Die Zeitung kann weder Brot noch Wohnungen schaffen, aber sie kann helfen, die Bereitschaft herbeizuführen, die für jede aufbauende Arbeit unerläßlich ist. Diese Bereitschaft muß sich auf das ganze deutsche Volk erstrecken. Mit Sorge verfolgen wir die Entwicklung der deutschen Jugend. Eine kleine Schar stellt sich tapfer in die Wirklichkeit, ein großer Teil steht jedoch noch teilnahmslos oder verbittert abseits . . . In welcher seelischen Verfassung sind heute die Hunderttausende junger deutscher Soldaten, die nach Hause gekommen sind und keinen Anfang finden. Sie sind belogen und betrogen worden vom ersten Tag ihres Dienstes ab . . . Diese Soldaten, die sechs Jahre ihres Lebens und den Glauben an die politische Wahrheit verloren haben . . . bedürfen nur des richtigen Einflusses, um zu uns zu stoßen.«
Aktivitäten, auch politische Aktivitäten seit die Waffen schweigen. Wie die »Rheinische Post« vom 2. März 1946 meldet, »hat sich eine Deligiertenkonferenz der Sozialdemokratischen Partei der amerikanischen und französischen Zone am Mittwoch in Offenbach gegen den Zusammenschluß mit der Kommunistischen Partei gewandt«. Wer entgegen der Resolution dem in der russischen Zone geplanten ›Reichsparteitag‹ beiwohne, begehe einen Verstoß gegen die Parteidisziplin und scheide automatisch aus der SPD aus.
Karl Arnold, Mitglied des Landesvorstandes der CDU in der Nordrhein-Provinz, ist davon überzeugt und schreibt es in dieser Zeitung, die ein Abbild der Kargheit und des bescheidenen Beginns ist: »Wir sind Demokraten, wir sind geradezu verbissene Demokraten, unversöhnlich in dieser Haltung . . ., weil allein die Demokratie uns jene menschliche Würde und Freiheit garantieren und jene soziale Gerechtigkeit verwirklichen kann, deren Herbeiführung und Verteidigung uns aufgetragen ist. Das heißt, wir sind Demokraten aus abendländisch-christlichem Geist . . .«

208 *Von einem Geschoß tödlich getroffen: 12 Jahre altes Mädchen.*

Es gibt wieder ein geistiges Leben. In Düsseldorf und Wuppertal wird Lessings »Nathan der Weise« aufgeführt. Die Universitätsbuchhandlung H.

Bouvier & Co., Bonn, stellt vom 5.–23. März etwa 60 Aquarelle und Pastelle aus dem Nachlaß des Malers Christian Rohlfs aus. Vor dem Museums- und Kunstverein Wuppertal Vorträge über den aus Duisburg stammenden Bildhauer Wilhelm Lehmbruck. Die Militärregierung und der Oberpräsident der Nordrhein-Provinz haben ihre Bereitschaft zur Unterstützung einer Bauausstellung im Frühjahr 1947 in Düsseldorf erklärt: Sie soll »Erfahrungen auf dem Gebiet des Wiederaufbaus . . . vermitteln und die verschiedenartigen Methoden und Lösungen dieses dringlichsten Problems unserer Zeit« sichtbar machen.

Die Berufsschulen haben den Unterrichtsbetrieb wieder voll aufgenommen. Die Berufsfeuerwehr sucht Brandräte und Feuerwehrmänner. Bedingung: keine Mitglieder der ehemaligen NSDAP oder ihrer Gliederungen.

Verlobungen, Vermählungen, Geburten . . . Kirchliche Veranstaltungen, neue Theaterchöre, biblische Vorträge, »Hab mich lieb« mit Marika Rökk, Viktor Staal, Mady Rahl, Hans Brausewetter, Paul Henckels in den Kinos, oder »Der Arzt am Scheideweg«, »Wiener Blut« und »Der Tiger von Eschnapur«. »Unser Theater ist angenehm geheizt!« Die Städtischen Bühnen machen darauf aufmerksam, daß es nach Schluß der Abendvorstellung noch Straßenbahnverbindungen nach allen Richtungen gibt.

Da die Kölner infolge Verkehrsschwierigkeiten ausblieben, konnte die erwartete Schwimmkampf-Begegnung zwischen Düsseldorf und Köln im ausverkauften Stadtbad nicht stattfinden. Die Reichsbahndirektion Wuppertal meldet ab 1. März 1946 erweiterten Reisezugverkehr. Der Hafenverkehr in Duisburg-Ruhrort nimmt wieder größeren Umfang an. Der Umschlag beträgt im Januar 315 000 t,

209 *»Kohle« ist ein Zauberwort in den Nachkriegswintern: Grube und Koksanlage »Anna« in Alsdorf bei Aachen . . .*

210 *. . . die Grube in Merkstein bei Aachen . . .*

211 *. . . und die in Übach-Palenberg vor Geilenkirchen.*

212 *20. Februar 1946: 498 deutsche Bergleute und drei englische Offiziere werden auf »Monopol Grimberg« bei Unna von einem Unglück überrascht: geborgener toter Bergmann.*

213 *Die Rettungsarbeiten können nicht mehr viel helfen: 418 deutsche Bergleute und die drei Briten bleiben für immer unten im Bergwerk. Das Unglück war in 912 Meter Tiefe passiert.*

214 *Der Bergmann wurde umsorgt, auch mit mehr Kleidung, Brennstoff und Kalorien als üblich . . .*

215 *. . . und die britische Militärverwaltung dokumentierte das: Hynd besucht Bergarbeiterwohnungen (Essen).*

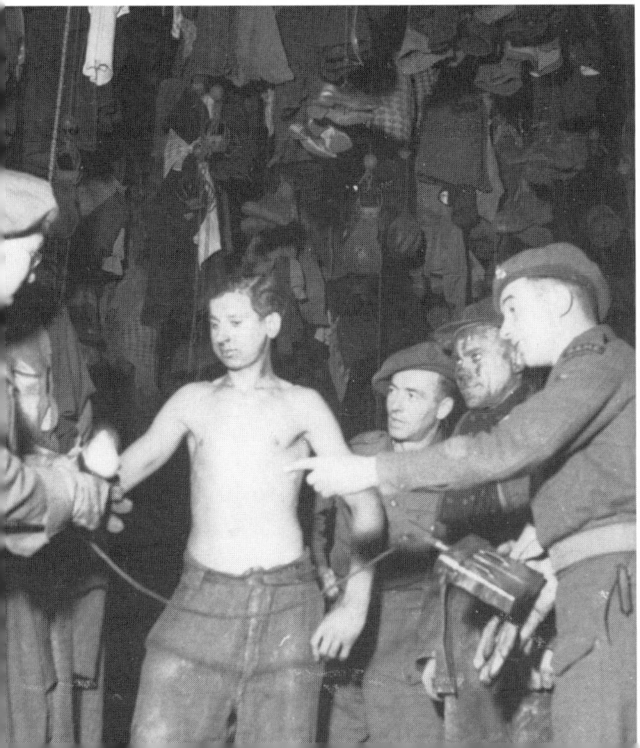

216 *Zwei Briten (links) und ein Deutscher führen die Grube »Augusta Viktoria«.*

217 *Britische Inspektion: Das Essen für die Kumpels. Aufnahme vom 31. Mai 1946, Ruhrgebiet.*

218 *Britische Grubenkommission in Gelsenkirchen, 12. April 1946.*

davon in Kohlen abgehend 261 000 t. In Düsseldorf sind von rund 30 000 Bäumen in Alleen und Straßen etwa 20 000 den Kampfhandlungen zum Opfer gefallen. Auf der Kö haben viele Kastanien auf der Häuserseite so sehr unter der Feuersglut gelitten, daß sie entfernt werden müssen. Entfernt werden auch auf den Friedhöfen Symbole des Hitler-Reiches.

Und immer noch Ungewißheit über das Schicksal von Millionen! Aus Hamburg kommt am 27. Februar die Meldung, daß der erste Transport mit Deutschen, die aus Polen ausgewiesen wurden, am Tag zuvor in Alversdorf in der britischen Zone eingetroffen ist, mit 1330 Personen. »Nach diesem ersten Transport werden jetzt täglich etwa 5500 aus Polen ausgewiesene Deutsche an der russisch/britischen Zonengrenze erwartet.«

Für den Postverkehr zwischen den von den Alliierten in großen Sammellagern inhaftierten Zivilinternierten – politisch Belastete – und ihren Familien wird bekanntgegeben, daß »die einzige für Privatpersonen erlaubte Mitteilungsart an Internierte . . . die Absendung der Antwortkarte der offiziellen Postkarte mit Rückantwort« ist, die ein In-

ternierter an seine Verwandten senden darf. »Jede andere Art schriftlicher Korrespondenz ist verboten und wird aus diesem Grunde vernichtet.«
Mangel überall. Allein in Düsseldorf haben 38 000 Schulkinder keine Schuhe, 14 000 Kleinstkinder im Alter bis zu 3 Jahren nichts anzuziehen. Groß, heißt es im Bericht der »Düsseldorfer Nothilfe«, sei auch die Not der Alten und Schwachen in den Kellern und in den Bunkern, wo sie oft weder Betten noch Decken haben.

*

Die »Geordies«, so ihr Spitzname, der 9th Durham Light Infantry waren sehr kleine Männer, Söhne aus einer stets ärmlichen, schwer betroffenen Grafschaft. Sechs harte Kriegsjahre kamen hinzu. Sie hatten in Frankreich, Afrika, Sizilien und Italien gekämpft. Beim Gefecht um die Prima-Sole-Brücke in Sizilien hatten sie gegen die verteidigenden deutschen Fallschirmjäger soviel Ausfälle zu beklagen, daß ihr Kommandeur Oberst Clarke dem gefangenen deutschen Bataillonskommandeur als Zeichen seines Respektes vor der Tapferkeit der deutschen Verteidiger spontan die Hand reichte.
Das war 1943 gewesen. Jetzt, drei Jahre später, machten die Überlebenden des Regimentes ihren Routinedienst im Ruhrgebiet. Das Gebiet mit den vielen Fabriken und Bergwerken ähnelte ihrer eigenen Heimat. Man schrieb Mittwoch, den 20. Februar 1946. In Berlin forderte der französische Vertreter bei der Kontrollbehörde, General König, die »Internationalisierung« der Ruhr.
Man müsse ihre Industrieproduktion auf dem derzeitigen Stand halten. Da erschütterte eine gewaltige Explosion eines der größten Bergwerke im

219 *Wiedereinstellung von Arbeitern in der Grube in Alsdorf.*

220 *Auf dem Grubengelände hatte es Kämpfe gegeben: Kumpels bei »Anna« in Alsdorf.*

Ruhrgebiet. Das Unglück in 912 Meter Tiefe war von solchem Ausmaß, daß der Hauptschacht der Grube Monopol Grimberg bei Unna völlig zerstört wurde. Mit aschfahlen Gesichtern gaben die Wachhabenden am Telefon Alarm. 498 deutsche Bergleute und drei britische Offiziere waren dort unten von dem Unglück überrascht worden, eingeschlossen!
Sofort wurde das 9. Durham Regiment (leichte Infanterie) zu Hilfe gerufen, um die Ordnung wiederherzustellen. Denn viele der Regimentsangehörigen waren im Zivilleben selbst von Beruf Bergleute. Sie meldeten sich freiwillig, um mit den Rettungsmannschaften in die Tiefe zu steigen und dabei zu helfen, die früheren Gegner aus ihrer mißlichen Lage zu befreien. Die deutschen Behörden lehnten jedoch das Angebot ab. Sie erklärten, sie hätten genügend Rettungsmannschaften. Außerdem seien die britischen Soldaten nicht mit den Schachtverhältnissen vertraut. Die weitere technische und materielle Unterstützung von seiten der Engländer jedoch sei sehr willkommen.
Während dieses Material anrollte, stiegen trotzdem britische Offiziere von der norddeutschen Kohlenkontrollbehörde mit hinab in die Tiefe, um persönlich an dem gefährlichen Rettungswerk teilzunehmen. Nach und nach gelang es, 58 Bergleute aufzuspüren. Alle lebten! Dann fand man 14 Tote.

221 *Nach der Schicht: Kumpels im Ruhrgebiet. Kriegsgefangene Bergleute wurden mit als erste entlassen, weil man ihre Arbeit brauchte.*

222 *In den »drei Jahren nach Null« ein alltägliches Bild: der Gartenzaun als Anzeigenbörse.*

Als es dunkel wurde, rollten die ersten britischen Dreitonner mit dem Wappen des 1. Korps an. Sie waren mit Schaufeln und Rettungsgerät, mit Nahrungsmitteln, Wolldecken und Medikamenten beladen. Die Arbeit ging die ganze Nacht hindurch unter Kunstlicht weiter.

Am Morgen des 21. wurden 11 Überlebende auf den unteren Sohlen des Bergwerkes geortet, aber nicht ein einziger von ihnen konnte von den sich hektisch heranarbeitenden Rettern befreit werden. Drei quälend lange Tage arbeiteten die Rettungsmannschaften sich weiter vor, bis sie diese 11 Bergleute erreicht hatten. In den frühen Morgenstunden des 24. Februar konnten sie endlich 8 von ihnen lebend herausholen. Danach schaffte es nur noch ein einziger überlebender Bergmann, sich selbst seinen Weg an die Oberfläche zu bahnen.

Dann war die gemeinsame deutsch-britische Rettungsaktion beendet. 418 deutsche Bergleute und drei britische Offiziere lagen für immer unter den Trümmern in der Zeche begraben – Opfer einer (wie deutsche Zeitungen damals schrieben) »für das eigene Volk wie für den Wiederaufbau Europas so lebenswichtigen Arbeit«.

Aber das Bergwerksunglück von der Zeche Grimberg (das größte im Nachkriegsdeutschland) zeigte nicht nur, daß britische Soldaten und deutsche Zivilisten im Notfall gut zusammenarbeiten konnten (und dies war ein hoffnungsvoller Ausblick für die Zukunft) – das Unglück legt auch die schlimmsten Auswirkungen der Besatzungspolitik bloß.

Im Januar 1946 betrug die Produktion von Kohle aus den Ruhrbergwerken nur zwölf Prozent der Produktion des Jahres 1943.

Im Februar waren die britischen Besatzungsbehörden wegen Getreidemangels gezwungen, die besonderen Zuteilungen für die Bergleute von 3400 Kalorien täglich auf 2864 Kalorien herabzusetzen. Die Folgen waren beinahe sofort spürbar. Nicht nur, daß die Produktionszahlen auf zehn Prozent herabsanken – nein, die Bergleute wurden auch apathisch und nachlässiger. Und als ob das noch nicht genug gewesen wäre, wurden die meisten der früheren Bergwerksexperten aus dem Amt gedrängt, weil sie Parteimitglieder gewesen waren. Das Ergebnis war, daß der Sicherheitsgrad in den Bergwerken rapide sank. Monopol Grimberg war da keine Ausnahme. Als dieses Unglück geschah, das in der deutschen Bergwerksgeschichte ohne Parallele war, gab es nur noch einen einzigen deutschen Fachmann, der direkt greifbar war und die Technik der Rettung beherrschte. Er aber war so nervös und unsicher, daß er versagte. Er war nämlich in der Woche davor von kommunistischen Bergleuten als Nazi angeschwärzt und daraufhin vom britischen Geheimdienst verhaftet worden. Nach und nach erst entdeckte man, daß die Anschuldigungen falsch waren. Er wurde wieder entlassen. Als er aber dann sofort einen Rettungsplan machen sollte, war er so entnervt, daß er völlig versagte.

223 *Licht und Energie für Wesel: im Elektrizitätswerk bewegen sich wieder die Zeiger.*

Die größte Ironie des Ganzen war jedoch, daß der beste Fachmann Deutschlands zur Bekämpfung von Grubenbränden zu jener Zeit im Gefängnis saß. Auch er war als Nazi verhaftet worden. Jetzt wurde er von den britischen Behörden entlassen und in Windeseile in einem Stabsfahrzeug direkt vom Gefängnis zum Bergwerk gefahren, um dort mit seiner Rettungsarbeit zu beginnen.

Augenzeugen

Nichts verursacht so viele Angst- und Wahnvorstellungen wie eine Reise durch ein Land, das in Trümmern liegt. In Hannover bestieg ich die Straßenbahn vor dem Hauptbahnhof und fuhr fast eine

224 *Anstehen für die Tagesration Suppe: Deutsche in einem Internierungslager.*

Stunde lang Kilometer für Kilometer an ausgebombten Häusern, Ruinen und verbrannten Gebäuden vorbei. In Bremen war es das gleiche. In Köln und Hamburg dann wieder dieselbe Erfahrung . . .
Die Tagesrationen, von denen diese Menschen lebten, waren absurd. In Essen war ich bei einer Familie, deren junge Tochter frühmorgens zur Arbeit ging. Sie nahm eine einzige Scheibe Brot und eine Tomate als Essen für den ganzen Tag mit. Die ganze Sache kam mir wie ein expressionistischer Film vor, den man nach 1918 in Deutschland gedreht hatte – in einer feindlich-grausamen und irrealen Atmosphäre.

Französischer Journalist,
der 1946 die britische Zone bereiste.

Buddha, echte Arbeit, gegen Butter . . . Neuwertiger Herrenüberzieher, Größe 52, gebe Mastgans . . . Verkaufe transportable gepolsterte Telefonzelle . . . Biete Kartoffeln gegen Schnaps . . . Golfbälle werden von britischer Militärbehörde dringend gesucht . . .

Aus Tauschanzeigen 1946

Zwei britische Soldaten in Bünde und Köln ermordet!

Schlagzeile im Januar 1946

Während des Winters haben sich die Lebensbedingungen der Deutschen wegen Mangel an Lebensmitteln und Brennstoff verschlechtert. Es ist vorstellbar, daß unsere Unterkünfte von einer Menge von Leuten angegriffen werden. Die Unterkünfte und Hauptquartiere werden aber nur von wenigen, isolierten Leuten besetzt sein, die in diesem Fall wohl versuchen werden, auf die Menge zu schießen oder selbst hergestellte Bomben durch die Fenster hinauszuwerfen.

Stellungnahme der Militärregierung
im Februar 1946

Die Soldaten halfen, wo sie nur konnten, oft lange nach ihrem Dienstschluß. Sie gaben den wartenden Familien der Bergleute zu essen, halfen mit, Tragbahren zu transportieren, gaben den verletzten Bergleuten Zigaretten und beruhigten sie in ihrem eigenen Dialekt, der sich sehr vom durchschnittlichen Englisch unterscheidet. Dann, als man die toten Bergleute ans Tageslicht brachte, hatten auch die englischen Soldaten Tränen in den Augen.

Britischer Offizier bei der norddeutschen
Kohlenkontrollbehörde, Februar 1946

Wir müssen uns entscheiden, was es heißt, ein neues Deutschland aufzubauen. Seine Ostgrenze wurde in Potsdam vereinbart. Die Festlegung seiner Westgrenze steht jedoch noch aus; dieses Problem läßt sich kurz mit den Namen Saar-, Ruhrgebiet und Rheinland umreißen. Wir müssen aber dem deutschen Volk endlich sagen, was zu seinem Lande gehören soll und was nicht.
Den Menschen, die in diesem Deutschland wohnen, müssen wir einen erträglichen Lebensstandard geben und die Hoffnung auf eine lebenswerte Zukunft. Ein solcher Lebensstandard läßt sich auch mit der vereinbarten Industrieleistung erreichen, aber nur unter bestimmten Bedingungen. Die wichtigste ist, daß Deutschland als wirtschaftliches Ganzes behandelt wird. Das geschieht zur Zeit nicht, einmal weil die Franzosen dagegen sind und zweitens wegen der Haltung der Russen. Ich bin nicht sicher, ob die Russen überhaupt jemals Deutschland als wirtschaftliches Ganzes behandeln werden, so wie wir das verstehen. Ja, ich bin sogar überzeugt, daß sie es nicht tun werden, es sei denn, wir setzen sie zusammen mit den anderen Alliierten unter Druck. Das ganze Land liegt so im argen, daß es nur in Ordnung kommen kann, wenn wir die Deutschen selbst darauf ansetzen.

Feldmarschall Bernard Montgomery
Denkschrift vom 2. Mai 1946

10. Der Kampf um die Macht

»Conradus ante portas!« So kennzeichnete ein Professor aus Bad Godesberg die Situation des jetzt arbeitslosen früheren Oberbürgermeisters von Köln, seit dem 8. Januar 1946 Sprecher der fünf Delegierten des Rheinlandes im 26köpfigen CDU-Zonenausschuß. In Köln, dem ehemaligen Mittelpunkt der alten Zentrumspartei, hatten sich spätere Parteifreunde im Sommer 1945 wochenlang um Adenauers Beitritt bemüht. Drei Tage Mitglied, wurde Adenauer dann am 2. September bereits in den nordrheinischen Vorstand gewählt. Ende 1945 gab es in 21 von 39 rheinischen Kreisen fest organisierte Unionsgruppen. Erst am 4. Dezember war das Adenauer auferlegte Verbot jeder politischen Tätigkeit von den Engländern aufgehoben worden. Seit der Tagung vom 15./16. Dezem-

225 *Zerbombt und zerschossen: das ist der Haupteingang zum Kölner Hauptbahnhof. Rechts: ein amerikanischer Panzer.*

226 *»Umerziehung« (reeducation) mit dem Lautsprecherwagen. Dieser Wagen der US-Nachrichtentruppe fährt durch Viersen.*

ber in Bad Godesberg, dem ersten »Reichstreffen« mit Vertretern aus Berlin und anderen Teilen Deutschlands, trug die Partei endgültig den Namen »Christlich-Demokratische Union«. Adenauer war klar, daß derjenige, der an der Spitze der CDU in der britischen Zone stünde, die Macht über die gesamte Partei in allen westlichen Zonen Deutschlands erobern würde. Denn zur britischen Zone gehörten das Ruhrgebiet und alle Häfen Westdeutschlands mit Ausnahme von Bremen, das als »Enklave Bremen« in amerikanischer Hand war. Das aber war die Basis des Landes.
Herford, 22./23. Januar 1946. Unter den fast vollständig versammelten 26 Delegierten aus dem Rheinland, Westfalen, Hannover, Schleswig-Holstein, Hamburg, Bremen, Oldenburg, Braunschweig und Lippe waren etliche Männer, die den Anspruch darauf erheben konnten, der künftige Führer der neugebildeten Partei zu sein. Zum Beispiel der erste Nachkriegs-Oberbürgermeister von Herford und Zweiter Vorsitzender der CDU in Westfalen, Dr. Friedrich Holzapfel, der die Versammlung einberufen hatte. Oder Andreas Hermes, Weimarer Reichsminister, 1930–1933 Präsident des Raiffeisenverbandes, am 20. Juli 1944 verhaftet, Mitbegründer und Vorsitzender der Partei in Berlin und der sowjetischen Zone, bis er wegen Auseinandersetzungen mit den Russen um die Bodenreform noch 1945 hatte zurücktreten müssen. Oder vor allem Dr. Hans Schlange-Schöningen, 1931–32 im Kabinett von Reichskanzler Brüning, ein konservativ geprägter Politiker, jetzt

227 *Robert Lehr von der Christlich Demokratischen Union ist stellvertretender Oberpräsident im Bezirk Nordrhein.*

228 *Kinder aus dem Ruhrgebiet werden von einer Rotkreuzhelferin gefüttert. Die Kleinen sind evakuiert worden.*

ein Mittelpunkt von Parteiinitiativen im protestantischen Norddeutschland für eine Sammlungsbewegung aller Kräfte rechts von der SPD und erklärtermaßen bereit, das Amt des Zonenvorsitzenden zu übernehmen.
Noch hatte die Sitzung nicht begonnen. Da erschien Adenauer auf dem Podium im Saal des alten Herforder Rathauses, setzte sich auf den noch leeren Stuhl des Versammlungsleiters, sagte mit entwaffnendem Lächeln, er sei ja 1876 geboren, also wohl der Älteste, wenn niemand widerspreche, dürfe er sich als Alterspräsident betrachten, eröffnete die Tagung »und leitete sie dann auf allgemeinen Wunsch weiter«, so Adenauer. Bei ihrer Beendigung war er einstimmig zum Ersten Vorsitzenden des CDU-Zonenausschusses gewählt.
Wenige Wochen später, Ende Februar 1946. Schäbig gekleidete, hager aussehende Männer und Frauen kamen aus allen Teilen des Landes, teils in überfüllten Zügen und einige auf offenen Waggons, teils mit dem Fahrrad oder sogar zu Fuß. Und wie sie im Nonnenkloster Neheim-Hüsten im westfälischen Sauerland eintrafen, berichtet Parteisekretär Dr. Löns, »verschmutzt von der Reise, erschöpft und halb verhungert, boten sie wirklich ein Bild des deutschen Elends«. Sie kamen, um ein Parteiprogramm zu schaffen. »Ich halte«, erinnerte sich Adenauer später, »die Tagung der CDU in Neheim-Hüsten für eine der entscheidendsten Tagungen der CDU. In ihr überwanden wir die Kräfte, die eine zu starke Sozialisierung befürworteten, und verhinderten dadurch ein Auseinanderfallen der Partei.« Am Ende der Beratungen im Klosterrefektorium wurde Adenauer zum Ersten Vorsitzenden der CDU für die britische Zone gewählt. Es war der 1. März 1946.
Innerhalb von wenigen Monaten war Conradus ante portas von einem Ausgestoßenen zum Führer der neuen, ständig wachsenden Partei avanciert. Und diese Partei beanspruchte besonders gegenüber den Sozialdemokraten ihren »Mitführungsanspruch«. Nicht wenige Christdemokraten und auch Adenauer selbst waren der Auffassung, daß sowohl die Labour-Regierung wie auch die britische Besatzungsmacht in ihrer Politik die Sozialdemokraten »vielfach augenfällig« bevorzugten.
Adenauer zeigte erstaunliche Stärke und ein nicht minder erstaunliches Selbstvertrauen für einen Mann seines Alters, der 12 Jahre unter so schwierigen Umständen hatte leben müssen. Langjähriger

229 *Zum Transport war jedes Mittel recht: diese Kutsche braucht nur eine Pferdestärke. Bild aus Münster.*

Oberbürgermeister von Köln in der Weimarer Republik, Präsident des rheinischen Städtetages, Mitglied im Reichsvorstand der Deutschen Zentrumspartei, Präsident des Preußischen Staatsrates von 1921–1933, zweimal beinahe Reichskanzler: Bis Gauleiter Grohe Oberbürgermeister Dr. Adenauer im März 1933 vom Balkon des Rathauses für abgesetzt erklärt hatte, war der Kölner bereits eine der großen deutschen politischen Persönlichkeiten seiner Zeit gewesen. Und nun, mit genau 70 Jahren, begann wieder der Weg nach oben . . .

*

Den schier unlösbaren Aufgaben im zerstörten Deutschland waren die Besatzungsmächte mit ihrem Verwaltungsapparat allein nicht gewachsen. Am 15. Februar 1946 erließ die britische Militärregierung eine Verordnung zur Gründung eines deutschen Konsultativrates, des Zonenbeirates, wie er bald genannt wurde. Mit seinen 32 Mitgliedern hatte er nur beratende, keinerlei beschließende oder gar gesetzgebende Funktion. Fortan versammelten sich die Oberpräsidenten der Provinzen, Hamburgs Bürgermeister, ein gemeinsamer Vertreter für Bremen, Braunschweig, Oldenburg, den beiden Lippe und Vertreter der im Herbst

230 *Dr. Hans Fuchs, der Oberpräsident der Provinz Nordrhein.*

231 *An der deutsch-belgischen Grenze bei Aachen: Ministerpräsident Dr. Arnold.*

eingesetzten Zentralbehörden, je zwei Vertreter der Gewerkschaften und der Konsumgenossenschaften sowie acht Vertreter der politischen Parteien zu regelmäßigen Sitzungen in Hamburg.
Für die CDU waren Otto Schmidt aus Wuppertal und Adenauer berufen worden.
Als am 6. März 1946 die Eröffnungssitzung stattfand, fuhr der britische Oberbefehlshaber Luftmarschall Sir Sholto Douglas »unter Trommelwirbel und Trompetengeschmetter« vor dem Gebäude des alten Hamburger Generalkommandos vor und ließ sich dann die Deutschen vorstellen. Als ersten Dr. Kurt Schumacher. Er wurde von Douglas herzlich und lange – 15 Minuten – begrüßt. Bei Adenauer dauerte die Prozedur eine Minute und fünfundvierzig Sekunden.
Wenngleich in der Folgezeit der Zonenbeirat bis zu seiner Auflösung am 29. Juni 1948 nicht selbständig Entscheidungen fällen konnte, boten die Zusammenkünfte Möglichkeiten für entscheidende Kontakte »hinter den Kulissen«, nicht nur in der Zusammenarbeit der Deutschen mit der britischen Besatzungsmacht, sondern auch unter den Deutschen selbst. So auch am Tage der Eröffnungssitzung, an dem Adenauer und Schumacher ihre erste quasiparlamentarische Begegnung hatten. Eingefädelt wurde sie von Heinrich Wilhelm Kopf, einem namhaften SPD-Politiker aus Niedersachsen und Oberpräsident der Provinz Hannover, und Dr. Paul Otto, CDU-Industrieller aus Osnabrück. Während einer Pause nahm Kopf Otto zur Seite und schlug ihm vor, Adenauer und Schumacher zusammenzubringen, um eine gemeinsame politische Linie im Zonenbeirat einzuschlagen. Beide stimmten zu.
Schumacher hatte zu der Zeit bereits seinen Entschluß gefaßt, daß er gegen jegliche Form von »Kollaboration« mit den Briten sei. Nicht, als ob er die Eroberer nicht gemocht hätte. Im Gegenteil, er konnte auch entspannt und manchmal sogar lustig mit ihnen verkehren. So erinnert sich ein britischer Verbindungsoffizier, wie Schumacher im Mai 1946 bei einem Bierfest in Hannover plötzlich auf den Tisch stieg und das englische Lied »Ein Wohl auf ihre Majestät« anstimmte. Aber trotzdem wollte er nicht, daß die SPD die Partei werde, die in dem Ruf stehe, mit den Briten zusammenzuarbeiten.
So erklärte er gegenüber einem Amerikaner (und die Amerikaner verachtete er): »Niemals wieder

232 *Ein gestelltes Bild: »Kontrolle eines deutschen Zivilisten in der britischen Zone«. Es wurde am 10. Dezember 1946 aufgenommen.*

werden die Sozialdemokraten weniger national sein als die Parteien rechts von ihnen.«
So war die Lage, als die beiden wichtigsten Politiker auf deutscher Seite sich an jenem Abend zum erstenmal trafen. Sie saßen an einem Tisch in der Ecke des Konferenzraumes. Der SPD-Politiker Schumacher sprach lebhaft und mit lauter Stimme, so daß alle ihn hören konnten, über sein Lieblingsthema, nämlich »die totale Verantwortung der Alliierten gegenüber dem Schicksal von Deutschland«.

Trocken legte Adenauer dar, daß seine eigene Partei gleiche Ansprüche erhebe. Schumacher nickte zustimmend und fuhr fort, er sei bereit zur Zusammenarbeit mit der CDU, jedoch unter einer einzigen Bedingung. Adenauer und seine »junge Partei« müßten den Führungsanspruch der SPD anerkennen, da die Sozialisten ja die größte Partei bildeten und die besten Zukunftsaussichten hätten.
Kühl entgegnete ihm Adenauer, daß er Schumachers Meinung nicht teile und es für richtiger halte, die Entscheidungen über den Führungsanspruch

nach der Wahl zu treffen, die die Briten für den Herbst angekündigt hatten. Damit war ihr erstes Treffen zu Ende. Aber wenigstens war die Situation klar, soweit es Adenauer betraf. Es würde keine Einheitsfront zwischen der SPD und der CDU gegen die Briten geben. Adenauer sah außerdem, daß Schumacher keinerlei Pläne hatte, mit der Besatzungsmacht in irgendeiner Weise zusammenzuarbeiten.

Schuhmacher seinerseits dachte, die Sozialdemokraten hätten von den Briten keine Lektionen darüber nötig, wie man Demokrat werde. Was ihn betraf, so müßten die Briten ihm sofort die Kontrolle übergeben. Er würde den Rest dann schon machen.

Adenauer war ebenfalls nicht angetan von den britischen Anstrengungen, vor allen Dingen von der pathetischen Art und Weise, mit der die Amerikaner die sogenannte »Umerziehung« betrieben. Aber trotzdem erkannte er, daß es viel leichter sein würde, die eigenen Ziele mit Hilfe der Alliierten als ohne sie zu erreichen. Deshalb beschloß er, weiterhin Mitglied im Beirat der britischen Zone zu bleiben und den Briten so mit Rat und Tat zur Seite zu stehen. Schumacher hingegen hielt wenig von diesem Gremium. Er nahm seltener an den Sitzungen teil. In seinen Reden und Schriften stellte er die Briten als Narren oder als Leute dar, die den Deutschen nichts Gutes wollten.

So kam es, daß Adenauer und Schumacher beide einen entgegengesetzten Standpunkt einnahmen. Und sie fanden auch später kaum jemals einen Kompromiß – bis zu Schumachers Tod. Im Juli, drei Monate nach ihrem ersten Treffen, beschlossen die Briten, ein neues Land innerhalb der britischen Zone zu schaffen. Es sollte den Namen Nordrhein-Westfalen tragen. Adenauer und Schumacher wurden nach Berlin geflogen, wo man ihnen die neue Situation erklären wollte. Ein britischer Flügeladjutant zeichnete die Grenzen des neuen Landes auf einer Karte von Westdeutschland ein und fragte die beiden Politiker, was sie von der neuen britischen Schöpfung hielten. Waren sie einverstanden? Adenauer sagte: »Ja«, Schumacher: »Nein«. Die Verordnung Nr. 46 der britischen Militärregierung trägt das Datum vom 23. August 1946. Der nördliche Teil der Rheinprovinz und der Provinz Westfalen wurden zu Nordrhein-Westfalen. Am 21. Januar des nächsten Jahres wurde auch das Land Lippe-Detmold eingegliedert.

Zum erstenmal war die Bezeichnung »Nordrhein-Westfalen« in einem amtlichen Schriftstück am 4. Juli 1946 aufgetaucht – mit größter Wahrscheinlichkeit war schon einige Zeit früher die Bildung eben dieses Landes für die Engländer beschlossene Sache. Da sie dies auf der 5. Sitzung des Zonenbeirates am 10./11. Juli vorgebracht hatten, war die offizielle Bekanntgabe über die Bildung eines Landes Nordrhein-Westfalen am 17. Juli durch Sir Douglas kaum noch eine Sensation. Mit der Verordnung Nr. 46 wurde auch aus der Provinz Hannover das Land Hannover und aus der Provinz Schleswig-Holstein das Land Schleswig-Holstein, ohne daß damit über deren künftigen Fortbestand oder ihre Abgrenzung eine endgültige Entscheidung getroffen wurde. Eine Woche nach der Pressekonferenz von Sir Douglas in Berlin ließ der Regional Commissioner William Asbury beim Oberpräsidenten von Westfalen, Dr. Rudolf Amelunxen, seinen Besuch ankündigen. Bei seinem Gang nach Münster hatte Asbury den damaligen Gebietsbeauftragten für Westfalen, Sir Henry Vaugham Berry, dabei, der später die gleiche Funktion in Hamburg übernehmen sollte. Die beiden Engländer eröffneten dem ahnungslosen Dr. Amelunxen, daß er zum Ministerpräsidenten des Landes Nordrhein-Westfalen ernannt worden war und ein politisches Kabinett bilden sollte. Am 30. August stellte der Ministerpräsident seine Regierung vor, der außer ihm zehn Minister angehörten, drei SPD-, zwei Zentrums-, zwei KPD-Mitglieder, zwei Parteilose sowie ein FDP-Mitglied. Der Landtag – von der britischen Militärregierung ernannt – tritt erstmals am 2. Oktober 1946 im halbzerschossenen Opernhaus der Landeshauptstadt Düsseldorf zusammen. Er besteht aus 200 ernannten Mitgliedern – je 100 für die früheren Provinzen Westfalen und Nordrhein. Die Sitzverteilung: SPD 71, CDU 66, KPD 34, Zentrum 18, FDP 9, Unabhängige 2.

233 *Ergattert. Ein kleines Vermögen. Die Familie wird sich freuen.* ▷

Lange bevor nach den ersten Gemeindewahlen in der britischen Zone im September/Oktober 1946 die Landtagssitze neu verteilt wurden – in Nordrhein-Westfalen stark zugunsten der CDU und zuungunsten der SPD und vor allem der KPD – und sich eine Wende in dem Einfluß der Parteien abzeichnete, war der britische Plan zur Gründung Nordrhein-Westfalens von den Parteien sehr unterschiedlich aufgenommen worden. Hätte ein neues Land nur die industriellen Bezirke an der Ruhr – von jeher die Domäne der SPD und KPD – umfaßt, wäre der Einfluß der CDU geschmälert worden, die durch die Einbeziehung des Rheinlandes mit seiner überwiegend konservativ wählenden Bevölkerung hoffte, die Vorherrschaft von SPD und KPD im Industrierevier zu brechen. Deswegen Adenauers »Ja« und Schumachers »Nein«.

*

Inzwischen war die Zeit gekommen, daß der Mann seinen Abschied nehmen mußte, der die britische Zone auf englischer Seite verantwortlich geführt hatte. Feldmarschall Montgomery war keineswegs zufrieden mit der Situation in Deutschland. Er hatte im Dezember 1945 Anweisung erteilt, die Übergabe der britischen Zone an die deutsche Zivilverwaltung vorzubereiten. Jetzt, im März 1946, waren diese Pläne voll in der Durchführung. Montgomery ließ bei seinen Untergebenen ein Gutachten zirkulieren, in dem er darlegte, daß der »Kampf im Winter«, wie er es nannte, gewonnen worden war. Es hatte keine größeren Epidemien gegeben und der allgemeine Gesundheitszustand des deutschen Volkes hatte einigermaßen aufrechterhalten werden können. Trotzdem sei die Aussicht für die Zukunft schlechter als jemals zuvor, hieß es in dem Papier.

Denn in Montgomerys Augen überschattete die Nahrungsmittelsituation alles andere. Und sie würde nach seiner Einschätzung nicht besser werden. Die britische Regierung müßte zwar noch überzeugt werden, durch Nahrungsmittelsendungen zu helfen. Aber die Aufgabe, Deutschland durch den nächsten Winter zu bringen, müßte von den Deutschen selbst gelöst werden – im Zonenbeirat. »Alle zivilen inländischen Dinge müssen ihm vorgelegt werden«, meinte er über den Beirat, »und wir sollten seine Entscheidung akzeptieren, wann immer das möglich ist.«

An seinem letzten Tag im eroberten Deutschland, dem 1. Mai 1946, schrieb Feldmarschall Montgomery eine Denkschrift, die er mit nach London nehmen wollte, um sie dort dem Premierminister zu überreichen. In ihr notierte er: »Morgen verlasse ich Deutschland. Ich habe einen Lagebericht aus meiner Sicht beigefügt. Ich bin nicht zufrieden. Ich glaube, das Gesamtbild ist eher trüb, wenn nicht sogar schwarz. Wir müssen jetzt die Entscheidung darüber treffen, ob wir die Deutschen ernähren wollen oder sie verhungern lassen sollen. Grundsätzlich dürfen wir das letztere nicht tun. Wenn wir so dächten, dann hätten alle unsere übrigen Anstrengungen keinen Sinn mehr.«

Sein Schreiben endete mit den Sätzen: »Wir müssen mit dem Wiederaufbau beginnen. Und vor allen Dingen müssen wir dem deutschen Volk erklären, was mit ihm und seinem Land geschehen soll. Wenn wir das nicht tun, dann gehen wir möglicherweise einem Scheitern entgegen. Es wird dadurch gekennzeichnet sein, daß eine feindliche Haltung in der Bevölkerung heranwächst, die sich dann vielleicht nach Osten wendet. Solch ein Deutschland wäre eine Bedrohung für die Sicherheit des britischen Empire. Andererseits könnte ein zufriedenes Deutschland mit einer gesunden politischen Basis ein großer Vorteil für die Sicherheit des Empire und für den Frieden der Welt darstellen.«

Viele Jahre später, schon fast vergessen, würde der Lord Montgomery of Alamein sehen müssen, daß das von ihm so geliebte britische Reich abbröckelte und sein eigenes Land in die Rolle einer drittklassigen Macht zurückgedrängt worden war. Was immer aber seine Beweggründe gewesen sein mögen, der widerspenstige alte Soldat hatte einen maßgeblichen Anstoß zur Wiederherstellung Deutschlands gegeben – gegen den Willen seiner politischen Vorgesetzten. Das hätte der »Sieger von El-Alamein« sich damals nicht träumen lassen . . .

234 *Noch mit den bretterverschalten Säulen, um Splitterschäden zu vermeiden: Chor des Aachener Domes, alliierte Soldaten.* ▷

A

RHEINISCHE POST

VERÖFFENTLICHT UNTER ZULASSUNG NR. 12 DER MILITÄRREGIERUNG | ZEITUNG FÜR CHRISTLICHE KULTUR UND POLITIK | ERSCHEINT JEDEN MITTWOCH UND SAMSTAG

JAHRGANG 1 NR. 1 | SAMSTAG, 2. MÄRZ 1946 | PREIS 20 PFENNIG

Äußerste Anstrengungen zur Versorgung Deutschlands

Feldmarschall Montgomery erstattet der englischen Regierung Bericht und weist auf den Ernst der Ernährungslage hin

Hamburg, 28. Februar. **Besprechungen sind zwischen den Alliierten in Berlin aufgenommen worden, um innerhalb Deutschlands Lebensmittel für die notleidenden Gebiete bereitzustellen. Äußerste Anstrengungen werden dabei unternommen. Diese Mitteilung machte am Mittwochabend ein hoher Stabsoffizier der Kontrollkommission im Hauptquartier der britischen Besatzungszone. Feldmarschall Montgomery selbst hielt Beratungen in seinem Hauptquartier ab und erstattete der britischen Regierung einen Bericht, in dem er auf den Ernst der Lage hinwies, die mit der Kürzung der Rationen in der britischen Zone entstanden ist. Der Stabsoffizier erklärte, daß in den letzten sechs Monaten die Hälfte der Brotversorgung in der britischen Zone mit eingeführtem Getreide bestritten wurde. Wenig oder nichts konnte aus den andern deutschen Zonen beschafft werden. Für die Zuspitzung in der jüngsten Zeit ist die Welternährungskrise verantwortlich.**

Es ist der Versuch gemacht worden, gewisse Reserven aus de. landwirtschaftlichen Bezirken herauszuholen. Große Lager, das betonte der englische Offizier ausdrücklich, gibt es auch in diesen Gebieten nicht, aber es wur-

Der britische Ernährungsminister Sir Ben Smith (links) begrüßt Abgesandte der indischen Regierung, die über die kritische Lebensmittellage Indiens verhandeln

den Notmaßnahmen in jeder Gemeinde durchgeführt, und man hofft, daß dies helfen werde. Etwas mehr als 200 000 Tonnen Getreide wurden monatlich in der britischen Zone aufgebracht. In England schenkt man der Lage in der britischen Besatzungszone Deutschlands, die jetzt eine Bevölkerung von 21,25 Millionen hat, größte Aufmerksamkeit.

Lage in der amerikanischen Zone

Über die Verhältnisse in der amerikanischen Besatzungszone sprach am Mittwoch in Frankfurt a. M. Generalmajor William Draper, der Leiter der Wirtschaftsabteilung in der amerikanischen Militärregierung. Auch er sagte, es sei schwer, die Einfuhr von Getreide aus Amerika und England aufrechtzuerhalten. In Deutschland müsse vor allem der Schwarze Markt verschwinden. Die deutsche Produktion solle gerecht verteilt werden. Von England und Amerika werde auch darauf gedrängt, die Einschränkungen im Wirtschaftsverkehr zwischen den Zonen abzubauen. Der britische Sektor von Berlin wird im übrigen von der Kürzung der Rationen in der britischen Besatzungszone nicht betroffen. Nach den Bestimmungen eines Abkommens zwischen England, Amerika, Rußland und Frankreich müssen die Lebensmittelzuteilungen in allen vier Besatzungsabschnitten Berlins gleich sein. In Bayern werden die Getreidevorräte bis Ende März oder Mitte April erschöpft sein, erklärte der bayrische Ernährungsminister Dr. Josef Baumgärtner. Die bisherigen Getreidelieferungen betragen nur 80% der erwarteten Menge. Falls keine neue Getreidelieferungen bald zustandekommen, muß ein Antrag auf Kürzung der bayrischen Brotrationen bei dem zentralen Ernährungsausschuß in Stuttgart gestellt werden.

Die ersten Deutschen aus Polen

Hamburg, 27. Februar. Der erste Transport mit Deutschen, die aus Polen ausgewiesen wurden, ist gestern in Alversdorf in der britischen Zone eingetroffen. Er bestand aus 1330 Personen, meist alten Leuten und Kindern, überwiegend Frauen. In Alversdorf wurden die Angekommenen ärztlich untersucht, einer Desinfektion unterzogen und registriert. Nach einer warmen Mahlzeit wurden sie dann mit der Eisenbahn oder mit Autobussen an die Bestimmungsorte gebracht, die ihnen von den britischen Behörden angewiesen sind. Nach diesem ersten Transport werden jetzt täglich etwa 5500 aus Polen ausgewiesene Deutsche an der russisch-britischen Zonengrenze erwartet.

Französisch-spanische Grenze gesperrt

Paris, 26. Februar. **Die völlige Schließung der französisch-spanischen Grenze ab 1. März ist vom französischen Kabinett beschlossen worden. In einer amtlichen Verlautbarung hierüber wird hinzugefügt, daß Frankreich gleichzeitig an die englische und nordamerikanische Regierung herantreten wird, um die spanische Situation aufs neue zu erörtern, „da diese die internationale Sicherheit gefährdet".**

Aus Washington wird bekannt, daß die Regierung der USA. in einem an die englische und französische Regierung gerichteten Memorandum den Vorschlag gemacht habe, die Errichtung einer spanischen Interims-Regierung zu begünstigen. Diese Regierung solle zur gegebenen Zeit die Regierung General Francos ablösen. Eine gewaltsame Intervention von außen her wird jedoch zu Gunsten eines freien Beschlusses des spanischen Volkes in dem Memorandum abgelehnt.

Ein französischer Appell an den Sicherheitsrat der UNO wird als nächster Schritt Frankreichs erwartet.

Spanische Interims-Regierung?

Washington, 28. Februar (DPD). Frankreich hat den Vorschlag der amerikanischen Regierung für eine Drei-Mächte-Erklärung, in der die Ablehnung des Franco-Regimes in Spanien ausgesprochen werden soll, im Prinzip angenommen, wie das amerikanische Außenministerium bekanntgab. Über die Antwort der britischen Regierung liegen bisher noch keine Nachrichten vor, doch wird in Washington erwartet, daß Großbritannien eine ähnliche Haltung einnehmen wird, wie die französische Regierung.

In Washington wird festgestellt, daß die Anerkennung einer Interims-Regierung einen diplomatischen Schritt darstellen würde, der den gemeinsamen Abbruch der diplomatischen Beziehungen zwischen den drei Mächten und der Franco-Regierung vorwegnehmen würde. Die amerikanische Regierung wünscht, wie aus Washington berichtet wird, daß die Drei-Mächte-Erklärung gleichzeitig und in der gleichen Form in London, Paris und Washington veröffentlicht werden soll.

Der Ministerpräsident der spanischen republikanischen Regierung, Giral, der zur Zeit in Frankreich im Exil lebt, erklärte am Donnerstag in Paris, die Republikaner seien bereit, die Macht in Spanien sofort zu übernehmen und den Regierungswechsel ohne die geringste Störung im Leben des Landes durchzuführen.

Wie aus London berichtet wird, haben die englischen Gewerkschaften der Entschließung der Weltgewerkschaftsorganisation zugestimmt, die alle Regierungen zum Abbruch der diplomatischen Beziehungen mit Franco-Spanien aufgefordert hatte.

Kürzung der Lebensmittelrationen

Die Versorgungslage in der britischen Zone

Hamburg, 27. Februar. Nach sorgfältiger Überprüfung der Versorgungslage und nach Ermittlung der für Deutschland verfügbaren Nahrungsmittelmengen mußte festgestellt werden, daß eine Kürzung der Rationen in der britischen Zone unvermeidlich ist. Die Maßnahmen sind auf eine unerwartete und ungünstige Entwicklung der Getreidezufuhren und ihrer Verteilung zurückzuführen. Eine Ernährungskrise hat die Welt erfaßt, die sich auf alle Länder, auch auf Großbritannien, auswirkt.

Von der 86. Versorgungsperiode an muß die deutsche Brotration gekürzt werden; ab 4. März wird die Brotzuteilung für den Normalverbraucher von 10 000 Gramm auf 5000 Gramm und die Nährmittelzuteilung von 2000 Gramm auf 1000 Gramm in der Versorgungsperiode herabgesetzt. Auch die andern Zuteilungen müssen gekürzt werden. Die Brot- und Nährmittelrationen für alle Arbeiter, für stillende und werdende Mütter werden um die gleiche Menge wie die Rationen des Normalverbrauchers herabgesetzt. Die Brotzuteilung für Kinder von 6 bis 18 Jahren wird eine Kürzung um 3000 Gramm, die Ration für Kinder von 3 bis 6 Jahren eine Kürzung von 2000 Gramm und die Ration für jüngere Kinder eine Kürzung von 1000 Gramm im Versorgungsabschnitt erfahren. Alle Bezüge auf Zusatzkarten bleiben unverändert.

Nach den Kürzungen wird der tägliche Kalorienwert der Lebensmittelzuteilungen für die wichtigsten Versorgungsgruppen in der 86. Versorgungsperiode folgender sein: Normalverbraucher 1014, werdende und stillende Mütter 2139, Kinder bis 3 Jahre 1041, Kinder von 3 bis 6 Jahren 1182, Kinder von 6 bis 10 Jahren 1348, Kinder von 10 bis 18 Jahren 1448, Schwerarbeiter 1714, Schwerstarbeiter 2264, Bergarbeiter 2864 Kalorien.

Die Militärregierung hat in den vergangenen Monaten viel getan, um die Lebensmittellieferungen in der britischen Zone — eine Zone, die landwirtschaftsärmer ist als die andern Zonen Deutschlands — aufrechtzuerhalten. Keine im Augenblick denkbare Maßnahme könnte indessen erreichen, daß die jetzigen Zuteilungen bis zur nächsten Ernte gesichert wären. Selbst die Aufrechterhaltung der gekürzten Rationen setzt die äußersten Anstrengungen aller deutschen Bauern und aller Deutschen auf den andern Gebieten des Lebens voraus. Alle müssen jetzt zusammenarbeiten.

Einschränkungen auch in USA.

Washington, 27. Februar. „Der Verbrauch an Lebensmitteln in den Vereinigten Staaten muß herabgesetzt werden, damit den in Not geratenen Völkern in Übersee geholfen werden kann", erklärte Präsident Truman. Zu einer Besprechung über die zu ergreifenden Maßnahmen wurden von ihm der frühere Präsident Hoover und andere führende Persönlichkeiten eingeladen.

Irland will mehr Weizen anbauen

Dublin, 28. Februar (DPD). Durch verstärkten Anbau von Weizen werden auch die irischen Farmer dem hungernden Europa helfen. Ministerpräsident Ramon de Valera richtete an sie einen Aufruf und kündigte besondere Regierungsmaßnahmen an.

Rationskürzungen in Indien

Neu Delhi, 28. Februar. In Madras und Delhi mußten jetzt die Lebensmittelrationen herabgesetzt werden. Ähnliche Maßnahmen stehen in andern indischen Gebieten in Kürze bevor. In Neu Delhi sind beispielsweise nur noch Lebensmittelvorräte für vier Wochen vorhanden.

Die ersten amerikanischen Konsulate in Deutschland

Washington, 28. Februar. In sechs deutschen Städten werden am 1. März amerikanische Konsulate eröffnet, wie Außenminister Byrnes bekanntgab. Sitz dieser Konsulate sind Berlin, Bremen, Frankfurt, Hamburg, München und Stuttgart. Zu den Aufgaben dieser ersten amerikanischen Konsulate in Deutschland seit dem Ende des Krieges wird die Ausstellung von amerikanischen Pässen und Einreisevisen gehören. Pässe sollen vor allem an amerikanische Bürger ausgegeben werden, die nach den Vereinigten Staaten zurückkehren wollen. Einwanderungsgenehmigungen sind für Personen vorgesehen, die nach den Bestimmungen des Einwanderungsgesetzes von 1942 nicht unter die Quote fallen und zu der ersten und zweiten Gruppe der Bevorzugten gehören. Die Konsulate in Stuttgart und München können ein Visum auch an Flüchtlinge und verschleppte Personen erteilen, die am 22. Dezember 1945 in der amerikanischen Zone untergebracht waren. Nachrichten und Unterstützungen amerikanischer Bürger für ihre Freunde und Verwandte in der amerikanischen Zone in Deutschland können durch die neuen Konsulate zur Zeit nicht übermittelt werden, erklärte Außenminister Byrnes.

Kontrollrat erließ neues Ehegesetz

Berlin, 1. März. Mit „Rassebestimmungen" und anderen diskriminierenden Vorurteilen des Dritten Reiches im Eherecht räumt das neue Ehegesetz auf, das der Kontrollrat am 20. Februar (Nummer 16) erließ. Das neue Ehegesetz ersetzt das Gesetz vom 6. Juli 1938, das vom Geist der Nürnberger Gesetze bestimmt wurde.

Das neue Gesetz sieht eine Härtemilderungsklage vor, durch die gerichtliche Entscheidungen angefochten werden können, die auf Grund der rassemäßigen oder anderen diskriminierenden Bestimmungen getroffen worden waren. So wird ein Härteausgleich für unbillig erlittenen wirtschaftlichen Schaden ermöglicht. Klagen auf Wiederherstellung von für nichtig erklärten, aufgelösten oder geschiedenen Ehen sieht das Gesetz nicht vor. Die Härteausgleichsverfahren müssen innerhalb von zwei Jahren seit Inkrafttreten des neuen Gesetzes angemeldet werden.

„Anwalt der deutschen Einheit"

Frankfurt, 28. Februar. Die amerikanische Regierung betrachtet sich als Anwalt für die Verwirklichung der in Potsdam beschlossenen deutschen Einheit, erklärte Generalmajor William T. Draper, der Leiter der Wirtschaftsabteilung der amerikanischen Militärregierung Berlin, in der Schlußsitzung der Frankfurter Wirtschaftskonferenz am Mittwoch. In diesem Sinne solle die Warenrestriktionsliste abgebaut und der Handel zwischen den einzelnen Zonen gefördert werden. Die amerikanische Militärregierung beabsichtige in Kürze eine Stelle für die wirtschaftliche Zusammenarbeit der Zonen einzurichten.

Washington, 27. Februar. (DPD.) Präsident Truman hat am Dienstag abend den früheren Leiter des Kriegsproduktionsamtes, Julius Krug, zum neuen Innenminister der USA. ernannt.

Postverkehr zwischen Zivil-Internierten und ihren Familien

Hamburg, 27. Februar. Sehr viele private Briefe und Postkarten, die in den Lagern für Zivilinternierte eingehen, fallen der Vernichtung anheim. Die einzige für Privatpersonen erlaubte Mitteilungsart an Internierte ist die Absendung der Antwortkarte der offiziellen Postkarte mit Rückantwort, die ein Internierter an seine Verwandten senden darf. Jede andere Art schriftlicher Korrespondenz ist verboten und wird aus diesem Grunde vernichtet. Falls bisher noch keine Verbindung zwischen einem Zivilinternierten und seinen Verwandten aufgenommen werden konnte, können die Verwandten eine grüne Suchkarte an die „Hauptvermittlungsstelle Hamburg" abschicken. Derartige grüne Suchkarten sind bei den Bürgermeistereien erhältlich.

Zugelassene Zeugen der Verteidigung

Nürnberg, 26. Februar. Lord Richter Lawrence gab bekannt, daß Generaloberst Halder, der ehemalige Chef des deutschen Generalstabs, und General Warlimont, früher stellv. Chef des Generalstabes, als Zeuge für die Verteidigung zugelassen sind. Keitels Verteidiger, Dr. Nolte, erklärte, daß auch die Verteidiger Jodls, Schachts und des OKW. Fragen an diese Zeugen zu stellen wünschten. Der britische Ankläger, Sir David Maxwell Fyfe, kam auf die angeblich zurückgezogene Nummer des „Daily Telegraph" zurück, die von der Verteidigung als Dokument angefordert worden war. Er sagte, die von ihm angestellten Nachforschungen hätten ergeben, daß keine Nummer dieser Zeitung zurückgezogen worden sei.

Aussagen britischer Staatsmänner

Als Entlastungszeugen wurden u. a. acht deutsche Generale und Feldmarschälle, sowie eine Anzahl ehemaliger deutscher Diplomaten und hoher Beamter zugelassen. Für Göring werden u. a. aussagen: General Bodenschaftz, die Marschälle Brauchitsch, Kesselring, Milch, Gauleiter Heinrich Lohse, Staatssekretär Körner, Hitlers Dolmetscher Gesandter Dr. Schmidt und der schwedische Ingenieur Birger Dahlerus. Außerdem wurden eine Anzahl schriftlicher Aussagen bewilligt. Für Heß werden u. a. Speer und der ehemalige Reichsleiter Bohle aussagen. Schriftlich wird der Bruder des Angeklagten vernommen werden. Dem Verteidiger wurde weiter gestattet, in Anwesenheit eines Vertreters der Anklage Brigadeführer Schellenberg, früherer Chef des SS.-Geheimdienstes, zu vernehmen, um festzustellen, ob er als Entlastungszeuge in Frage kommt. Für Ribbentrop werden neben anderen Zeugen Hitlers Adjutant Julius Schau und Staatssekretär Baron Steengracht aussagen. Die Zeugen Dahlerus und Dr. Paul Schmidt können während ihrer Vernehmung für Göring auch von Ribbentrops Verteidiger befragt werden. Als Entlastungszeugen für Keitel werden u. a. auftreten: Generaloberst Halder, General Warlimont, General Reinicke und der frühere Reichsminister Dr. Hans Lammers. Schriftlich werden u. a. Feldmarschall Blomberg und Vichy-Botschafter Scapini vernommen werden.

Von den britischen Staatsmännern Lord Halifax, Lord Beaverbrook, Lord Londonderry und Lord Vansittart werden vom Gerichtshof schriftliche Aussagen für den Angeklagten Ribbentrop entgegengenommen werden. **Abgelehnt sind u. a. die Vernehmungen von** Winston Churchill, Edouard Daladier und Georges Bonnet.

„Verbrecherische Organisationen"

Nürnberg, 28. Februar. Der amerikanische und der britische Anklagevertreter gaben einen Überblick über das Beweismaterial, auf Grund dessen das Gericht ersucht wird, die bekannten sieben Organisationen für verbrecherisch zu erklären.

Für die russische Anklage forderte General Rudenko den Gerichtshof auf, alles Beweismaterial in dieser wichtigen Frage besonders sorgfältig zu prüfen. Er halte es im übrigen für wichtig, der deutschen Öffentlichkeit bekanntzugeben, daß ein Schuldspruch des Gerichts noch nicht automatisch die Bestrafung aller Mitglieder der Verbände nach sich ziehe, sondern daß eigens zu diesem Zwecke ins Leben gerufene Gerichte in jedem Falle ein Urteil sprechen würden.

Für die Verteidigung machte Dr. Kubuscheck geltend, der von der Anklage geforderte Schuldspruch würde einen erheblichen Teil der erwachsenen deutschen Bevölkerung treffen und für Millionen den Ehrverlust vor dem Forum der Weltöffentlichkeit bedeuten.

Für das Korps der Politischen Leiter sprach Dr. Servatius. Er sagte, daß am 24. Dezember 1945 vom Kontrollrat für Deutschland schon in Voraussicht des Nürnberger Spruches ein Gesetz erlassen worden sei, daß die Zugehörigkeit zu einer „Verbrecherischen Organisation" mit hohen Strafen belege. Wer unter dieser Anklage vor Gericht gestellt werde, könne nur Unzurechnungsfähigkeit, Irrtum oder Zwang für sich geltend machen. Da das Gesetz Strafe bis zu lebenslänglicher Zwangsarbeit, ja Todesstrafe vorsehe, habe das Gericht eine ungeheuer wichtige Entscheidung zu treffen. Der Anwalt machte weiter geltend, daß das Nürnberger Gericht im Falle eines Schuldspruches als Gesetzgeber auftreten würde, da andere Gerichte auf Grund des Spruches späterhin Strafen verhängen sollten. Gesetzgebung sei aber nicht die Aufgabe eines Richters. Er schlug vor, daß jedem Lager, in dem Mitglieder der Verbände interniert sind, ein deutscher Rechtsanwalt zur Verfügung gestellt werde, der die nötigen Informationen sammeln könne. Er solle eidesstattliche Versicherungen aufnehmen und solche Personen namhaft machen, deren persönliches Erscheinen **vor dem Gerichtshof wünschenswert sei.**

Churchill doch als Zeuge?

Die Verteidigung stellte den Antrag, die Verhandlung gegen Gruppen und Organisationen vom Hauptverfahren abzutrennen.

Dr. Horn, Ribbentrops Verteidiger, hatte den Gerichtshof gebeten, den Antrag, Winston Churchill als Zeugen zu berufen, erneut zu erwägen. Als die Verteidigung am Montag den Antrag gestellt habe, sei ihr aufgegeben worden, ihre Gründe schriftlich vorzubringen. Der Gerichtshof habe den Antrag jedoch am Dienstag abgelehnt, ehe die schriftliche Begründung eingereicht worden sei. Lord Richter Lawrence gab bekannt, daß der Gerichtshof den Antrag auf Vernehmung Churchills noch einmal überprüfen würde.

KURZNACHRICHTEN

London, 27. Februar. Lord Alexander, der erste Lord der britischen Admiralität, glaubt nicht an die Verdrängung des Schlachtschiffes durch die Atombombe. Als ein Parlamentsmitglied von der „Wertlosigkeit der Schlachtschiffe angesichts der Existenz der Atombombe" sprach, entgegnete Lord Alexander, er sei anderer Auffassung.

Buenos Aires, 1. März (DPD). Die Zählung der Stimmen bei der argentinischen Präsidentenwahl ist noch immer nicht abgeschlossen. Nach den bisher vorliegenden Meldungen führte Oberst Peron am Donnerstagabend mit etwa 10% Stimmenmehrheit vor Dr. Tamborini. Die genauen Ergebnisse der Wahl dürften nicht vor dem 16. März, dem Ende des argentinischen Karnevals, bekanntgegeben werden.

Brüssel, 28. Februar (DPD). Paul Henry Spaak, der bisherige sozialistische Außenminister Belgiens, ist am Donnerstagabend vom Regenten Prinz Charles beauftragt worden, die Bildung einer neuen belgischen Regierung vorzubereiten.

Wiesbaden, 28. Februar. Für die Wiederherstellung der politischen und wirtschaftlichen Einheit Deutschlands setzten sich in der Eröffnungssitzung des beratenden Landesausschusses von Großhessen in Wiesbaden die vier Parteien in einer gemeinsamen Erklärung ein.

München, 26. Februar. Der Sitz des apostolischen Nuntius für Deutschland ist seit Kriegsende Eichstädt. Erzbischof Orsenigo sieht seine Aufgabe vor allem darin, die Verbindungen zwischen Vatikan und Bischöfen aufrechtzuerhalten.

Papst Pius XII. 70 Jahre alt

Pius XII. (Eugen Pacelli), geb. 2. März 1876 in Rom, Apostolischer Nuntius in München 1917, in Berlin 1920, Kardinal 1929, Staatssekretär 1930, zum Papst erwählt 2. März 1939

Der Papst an die Diplomaten

Vatikanstadt, 26. Februar. Der Papst hat zum ersten Male in der Geschichte das Diplomatische Korps und das Kardinalskollegium gemeinsam empfangen. Dabei verlangte er in einer Ansprache eine neue Weltordnung, die auf Wahrheit, Gerechtigkeit und Liebe gegründet ist. Er forderte die Diplomaten auf, unparteiisch zu sein und dem ewigen Gesetz der Wahrheit zu folgen.

LETZTE MELDUNG

Britischer Verteidigungsplan am Montag vor dem Unterhaus

London, 1. März. (DPD.) Zum erstenmal seit sieben Jahren wird am Montag in einer Unterhausdebatte wieder der neue Etat für die britischen Streitkräfte zur offenen Diskussion stehen. 1 192 500 000 Pfund sind für das Finanzjahr 1946/47 vorgesehen, von denen 682 000 000 Pfund auf das Heer und je 255 000 000 Pfund auf Flotte und Luftwaffe entfallen. Im Zusammenhang mit der Vertretung in der UNO wird auch die Stärke der britischen Streitkräfte überhaupt zur Debatte stehen.

11. Kultur made in England?

General Templar wußte, daß Brot und Getreide allein nicht ausreichten. Die Deutschen seien ein Volk, so hatte ein Mitglied der Kontrollkommission ihm eingehend erläutert, das ein ganzes Dutzend Jahre lang einer wahren Flut von Propaganda ausgesetzt war. In der russischen Zone gehe dies weiter, mit dem einzigen Unterschied, daß die Propaganda dort jetzt rot statt braun sei. Würde man aber in der britischen Zone all jene Bücher, Filme und Theaterstücke zensieren, die während des »Tausendjährigen Reiches« produziert worden waren, dann hätten die Leute überhaupt nichts mehr zu lesen. Es bliebe ihnen dann nur noch die penetrante Propaganda aus dem Osten, unter deren Einfluß sie kämen. Und mit den Nachrichtenblättern der örtlichen britischen Militärverwaltungen allein war es wohl kaum getan.
Im deutschen Schicksalsjahr 1933, als die Weimarer Republik in der »Machtergreifung«, Hitlers »nationaler Revolution«, unterging, hatte die »Gleichschaltung« staatlicher, gesellschaftlicher und wirtschaftlicher Institutionen eingesetzt. Das im April 1933 gebildete Ministerium für Volksaufklärung und Propaganda und die ihm unterstehende »Reichskulturkammer« suchten das gesamte kulturelle Leben im Sinne der nationalsozialistischen Ideologie zu kontrollieren, zu lenken und gleichzuschalten. Mit der Zwangsmitgliedschaft aller Berufstätigen des kulturellen Bereichs in einer der Reichskammern für Schrifttum, Presse, Rundfunk, Theater, Film, Musik und bildende Künste und mit zahlreichen gesetzlichen Regelungen, mit Verordnungen, Verboten und Anweisungen war zwölf Jahre lang dirigistische Kulturpolitik betrieben worden. Abweichende kulturelle Zielsetzungen und Tendenzen waren bekämpft, unterdrückt und »ausgemerzt« worden.
Am 10. Mai 1933 brannten auf dem Opernplatz in Berlin und in anderen deutschen Hochschulstädten die Scheiterhaufen mit »weltbürgerlich-jüdisch-bolschewistischer Zersetzungsliteratur«, wie die »Feuersprüche« nationalsozialistischer Studenten, von Goebbels initiiert, verkündeten. Die lodernden Flammen der Bücherverbrennungen hatten Werke der Weltliteratur, des literarischen, wissenschaftlichen und journalistischen Schrifttums ergriffen: die von Thomas und Heinrich Mann, Erich Kästner, Freud, Einstein, Marx, Heine, Tucholsky, Ossietzky, Theodor Wolff, Emil Ludwig, Remarque, Brecht, Arnold und Stefan Zweig und andere mehr. 1934 hatten Verbotslisten etwa 3000 Titel erfaßt. In Etappen hatte der NS-Staat nach dem 30. Januar 1933 das gesamte Pressewesen konsequent verändert: vom sofortigen Verbot der Linkspresse über die Gleichschaltung der beiden großen deutschen Nachrichtenagenturen, des »Wolffschen Telegraphen-Büros« und der »Telegraphen-Union«, zum »Deutschen Nachrichtenbüro«; von der Schließung zahlreicher privateigener Zeitungsverlage und Zwangseingliederung in NS-Verlage bis hin zur letzten großen Schließungsaktion des Jahres 1944.
In der bildenden Kunst waren viele Strömungen und Repräsentanten der Moderne, so des Expressionismus, Surrealismus und Dadaismus, als »artwidrig«, »zersetzend« und »undeutsch« der Verfemung anheimgefallen. Bedeutende Persönlichkeiten der »entarteten Kunst«, so das diffamierende NS-Etikett, erhielten Arbeits- und Ausstellungsverbote und mußten, soweit nicht ohnehin als Juden verfolgt, emigrieren: darunter Max Beckmann, Kokoschka, Feininger, Klee, Gropius und Mies van der Rohe. Künstler wie Nolde, Heckel, Barlach

235 *»Äußerste Anstrengungen zur Versorgung Deutschlands«: Der Aufmacher der »Rheinischen Post«*
◁ *vom 2. März 1946 berichtete von Konferenzen Montgomerys, um die Versorgung der britischen Zone sicherzustellen. Die Hälfte des Getreides im letzten Halbjahr, heißt es, mußte eingeführt werden.*

236 *Reporter Richard Kraske unterwegs: hier befragt er Hern Grundmann aus Dortmund, zweimal ausgebombt . . .*

237 *Richard Kraske und Frederik Schley von der »Ruhr Zeitung« in Dortmund auf dem Weg zur Redaktion, 5. November 1945.*

238 *Bedrucktes Papier war ein begehrtes Gut: die Zeitungen wurden den Verkäufern aus den Händen gerissen, Papier war knapp.*

239 *In der »Zeitung«: Aufnahme des Nachrichtenmaterials, das von den Alliierten noch zensiert wird.*

240 *Generalmajor Ulrich Kessler, gefangengenommen, bei der Lektüre eines amerikanischen Buches: »Was wird nach dem Kriege werden?«*

241 *Bei der Gestaltung am Umbruchtisch: in der »Mettage« der Ruhrzeitung zwei Deutsche und ein Engländer.*

und Schlemmer suchten das Regime – wie auch namhafte Schriftsteller – in der »inneren« Emigration, in Zurückgezogenheit und heimlichem Schaffen zu überstehen. Viele nahmen sich in der Heimat das Leben: bedeutende Schriftsteller wie E.G. Winkler, E. Friedell, L. Fulda und Jochen Klepper, der mit seiner jüdischen Frau und seiner Tochter 1942 in den Tod ging. Günther Weisenborn kam als Mann des Widerstandes ins Zuchthaus. Albrecht Haushofer wurde noch im April 1945 im Gefängnis in Berlin-Moabit von der Gestapo erschossen. In der äußeren und inneren Not der Emigration wählten Schriftsteller wie Walter Hasenclever, Ernst Toller, Kurt Tucholsky und Stefan Zweig den Freitod.

Wenn auch dem »Dritten Reich« die Gleichschaltung der Kultur in keinem ihrer Bereiche vollständig gelungen war und geistige Eigenständigkeit auch unter der Diktatur fortlebte, so war es 1945 dennoch begreiflich: Jede Art von deutscher Meinungsäußerung schien den siegreichen Alliierten gefährlich.

Noch zu Lebzeiten von Hitlers getreuestem Trommler, Dr. Joseph Goebbels, »Reichsminister für Volksaufklärung und Propaganda«, und viele Monate vor Kriegsende, bereits 1944, hatten sie für das Gebiet des Deutschen Reiches jede publizistische Tätigkeit verboten. Drei Tage nach der Kapitulation erging die »Informationskontrollvorschrift Nr. 1«. Presseveröffentlichungen, Film, Funk, Theater, Musik- und Unterhaltungsveranstaltungen waren von einer Lizenz, einer besonderen Genehmigung der alliierten Besatzungsbehörde abhängig. Dabei sollte es in den westlichen Besatzungszonen auch bis 1949 bleiben, obgleich bald deutsche Stellen an den Verfahren mitwirken durften.

General Templar aber plädierte jetzt dafür, daß die Deutschen wieder Bücher und Zeitungen bekommen sollten. Wieder begann er, London zu bombardieren: es müßten Übersetzungen von englischen und amerikanischen Büchern herausgebracht werden. Als zentrale Nachrichtenagentur für ihre Besatzungszone hatten die Briten bereits im Dezember 1945 den »Deutschen Pressedienst« eingerichtet. Gegenüber, ebenfalls in Hamburgs Rothenbaumchaussee, machten und kontrollierten englische Offiziere im unzerstört gebliebenen Funkhaus das Programm von »Radio Hamburg«, für alle Fälle beschützt von bajonettbewehrten

242 *Mittagspause bei der »Ruhr Zeitung«. Im Hintergrund das »Gebäude« der Zeitung.*

243 *Deutsches Geld – hier Notenbündel der Rentenmark – wird von den Alliierten in Verwahrung genommen.*

Wachen. Die Briten mit dem Sender Köln, die Amerikaner mit Radio München, Radio Stuttgart, Radio Frankfurt und Radio Bremen, die Franzosen mit den Sendern Koblenz und Baden-Baden, die Russen mit Radio Berlin und Sender Leipzig: über eine gemeinschaftliche Rundfunkeinrichtung konnte man sich nicht einigen.

Denn während die Russen für Presse und Bücher jede Menge Holz für Zellulose hatten und die Franzosen darauf vorbereitet waren, ganze Wälder in Baden und Rheinland-Pfalz niederzulegen, um »durch die Wohltaten der französischen Kultur den Mangel an Kalorien auszugleichen«, verfügten die Briten über längst nicht genug Zellulose. Sie mußte eingeführt werden – und das gegen teure Divisen. Auch Übersetzer für Bücher waren Mangelware. Es gab obendrein nur wenige Texte wirtschaftlicher, politischer und geschichtlicher Art, die vom Kontrollrat als ohne weiteres geeignet für eine Übersetzung ins Deutsche angesehen wurden.

Als erste deutsche Zeitung, die unter amerikanischer Kontrolle erschien, war am 24. Januar 1945 die »Aachener Nachrichten« herausgekommen. Während eine Welle von Militärzeitungen folgte – als erste am 2. April 1945 »Kölnischer Kurier« mit einer Startauflage von 400000 Exemplaren, als letzte die »Neue Rheinische Zeitung« am 18. Juli 1945, gedruckt im Düsseldorfer Pressehaus, blieb 1945 in der britischen Zone jede Lizenzierung aus. Erst im Frühjahr 1946 ging es endlich weiter. Von da ab bis 1949 wurden von den britischen und deutschen Behörden in Nordrhein-Westfalen 27 Lizenzen erteilt. Doch die mangelhafte Ausstattung der Druckereien, unzureichende Verkehrsverbindungen für den Vertrieb, Auflagenbeschränkungen und vor allem große Lücken in der Papierversorgung sollten noch lange Sand im Getriebe eines normalen Pressebetriebes bleiben. Erst unmittelbar nach der Währungsreform hob der Zonenpresserat die Auflagenbeschränkung auf, der Übergang zum täglichen Erscheinen konnte nicht vor dem 1. September 1949 beschlossen werden.

*

Aber immerhin, es wurde ein Anfang gemacht! 1945 wurde Ernst Rowohlt – Verleger seit 1908, 1938 aus der »NS-Reichsschrifttumskammer« ausgeschlossen und nach Brasilien emigriert – erlaubt, nach Hamburg zurückzukehren und dort das dritte Verlagshaus seiner Buchhandelskarriere zu grün-

L. Richter.

1. Wacht auf!

Von Robert Reinick.

Es ruft der Hahn: „Wacht auf, wacht auf!
Bald geht die liebe Sonne auf,
und trifft ein Kind sie schlafend an,
da hat sie keine Freude dran.
Doch sprang ein Kind schon aus dem Bett,
hat sich gewaschen flink und nett,
das liebt sie recht aus Herzensgrund
und macht es kräftig und gesund
und gibt ihm vieles, was ihm frommt.' —
Wacht auf, wacht auf! Die Sonne kommt!"

1*

PREFACE

1. This text-book is one of a series which is being published by order of the Supreme Commander of the Allied Expeditionary Force for emergency use in German schools in the area occupied by his Forces.

2. It has been selected after a thorough examination of many of the books in use in Germany before the Nazi accession to power. It is a text-book of German authorship and has been reprinted without textual alteration.

3. Its issue does not imply that it is entirely suitable from an educational point of view or otherwise. It is merely the best book which could be found in the circumstances and must serve until Germany produces better text-books of its own.

Vorwort

1. Das vorliegende Buch gehört zu einer Reihe von Schulbüchern, die auf Anordnung des Obersten Befehlshabers der Alliierten Streitkräfte veröffentlicht werden. Es dient zum Behilfsgebrauch in den deutschen Schulen, die sich in dem von seinen Truppen besetzten Gebiet befinden.

2. Dieses Buch wurde gewählt nach gründlicher Untersuchung vieler Schulbücher, die in Deutschland vor der Machtübernahme durch den Nationalsozialismus in Gebrauch waren. Es ist von Deutschen geschrieben und wird hiermit ohne jedwede Textänderung neugedruckt.

3. Die Tatsache des Neudrucks bedeutet nicht, daß dieses Buch vom erzieherischen oder anderen Gesichtspunkt aus völlig einwandfrei ist. Aber unter den gegebenen Umständen ist es das geeignetste Buch, und es ist zu benutzen, bis Deutschland selbst bessere Schulbücher hervorbringt.

244 245 246 *Das erste neugedruckte Buch für die wiedereröffneten Schulen in Aachen: Es enthielt unter anderem eine Erzählung von Theodor Storm über den Mond und die Sterne (unten). Im Vorwort hieß es: »Dieses Buch wurde gewählt nach gründlicher Untersuchung vieler Schulbücher, die in Deutschland vor der Machtübernahme durch den Nationalsozialismus in Gebrauch waren. Es ist von Deutschen geschrieben und wird hiermit ohne jedwede Textänderung neugedruckt.«*

247 *Für die erste neueröffnete Schule nach dem Krieg in Aachen: ein Teil der Lehrer, Besprechung des Stunden- und Lehrplanes.*

248 *Ein britischer und ein amerikanischer Offizier zeigen den drei deutschen Lehrern (links) das fertige erste Schulbuch. Ganz rechts Heinrich Beckers, Direktor der Schule.*

249 *Schuldirektor Heinrich Beckers von der ersten deutschen Nachkriegsschule vor der Karte des ▷ Regierungsbezirkes Aachen.*

250 *Neueröffneter Kindergarten, betreut vom Roten Kreuz und unter alliierter Aufsicht.*

251 *Das erste Nachkriegs-Schulbuch Deutschlands wird im Hause der »Aachener Nachrichten« in der Theaterstraße gedruckt.*

252 *Die Eröffnung der Schule. Direktor Beckers spricht zu Kindern und Eltern (Aachen, Juni 1945).*

253 *Nach der Schule, Aachen 1945. Insgesamt 600 Kinder besuchten die ersten wiedereröffneten Klassen.*

den. Genial wie Rowohlt war, schaffte er es mit seinem Sohn, Heinrich-Maria Ledig-Rowohlt, auch die Lizenz für Stuttgart, Berlin und Baden-Baden zu bekommen. Kurt Wilhelm Marek, der später unter dem Schriftstellernamen C.W. Ceram selbst ein Bestsellerautor werden sollte, erinnert sich so an den Februar 1946:

»Damals lebte ich im Hamburger Broschek-Haus in den ›Großen Bleichen‹ im dritten Stock in zwei Telefonzellen, aus denen die Trennwand herausgenommen worden war. Hans Zehrer hatte mich nach Hamburg geholt, ›um eine Zeitung zu machen‹. Wir gründeten ›Die Welt‹ . . . Zehrer wohnte im zweiten Stock in einem winzigen Schlauchzimmer mit ewig qualmendem Petroleumofen. Sonst wohnte niemand in dieser gespenstischen Ruine, in der viele Korridore in jähem Abgrund endeten, deren stehende Wände schief waren und in der eine Eiseskälte herrschte.

Abends saß ich stets bei Zehrer, des Ofens wegen. Wir teilten unseren Tee, unseren Tabak. Und da geschah es eines späten Abends. Draußen tappten schwere Schritte! Ich sagte zu Zehrer: ›Um Gottes willen, da ist einer.‹ Zehrer sagte: ›Ja, seit gestern

254 *Der erste Schuljahrgang nach dem Krieg – unterrichtet wurden die Kinder von 22 Lehrern, von denen keiner in der »Partei« war.*

wohnt oben in einer Dachkammer der alte Rowohlt.‹ Ich erwiderte: ›Er wird sich den Hals brechen.‹ Zehrer: ›Nee, der nicht!‹ Dann durchfuhr es mich: ›Sagten Sie Rowohlt? Doch nicht der Verleger?‹ – ›Doch.‹
Ich hatte auf dem Schwarzmarkt ein Pfund Weißkäse besorgt. Ich wartete die tappenden Schritte auf dem Korridor ab, dann ging ich hinaus. Rowohlt erschrak zu Tode. Er hatte eine Kerze in der Hand und leuchtete mir ins Gesicht. ›Wer, zum Teufel, sind Sie denn?‹ Ich sagte es und fügte hinzu: ›Ich habe ein Pfund Weißkäse.‹ Rowohlt: ›Weißkäse? Meinen Sie Quark?‹ – ›Ja.‹ – ›Mensch, ich hab' noch einen Kanten trockenes Brot. Moment, ich komm' runter.‹
›Bringen Sie einen Löffel mit, ich habe nur eine Gabel.‹
So saßen wir an einem wackeligen Tisch, eine Kerze zwischen uns, davor in Zeitungspapier der Quark, und aßen. Und erzählten . . . Wir verbrauchten drei ganze Kerzen in dieser Nacht. ›Warum haben wir bloß keinen Schnaps?‹
Und als wir uns verabschiedeten, sagte Rowohlt: ›Hören Sie mal genau zu. Ich mache meinen Verlag

wieder auf. Und Sie – und dabei stieß er mir den Finger in die Brust –, Sie werden mein Lektor. Morgen machen wir einen Vertrag.‹«
So wurde der Verlag gegründet, und Marek alias Ceram, der sich in einem amerikanischen Kriegsgefangenenlager für Archäologie interessiert hatte, wurde der erste richtige Angestellte bei Rowohlt und sein erster neuer deutscher Bestsellerautor mit dem 1949 erscheinenden Buch »Götter, Gräber und Gelehrte«.
Aber bevor es soweit war, erschienen dort die Bücher von Greene, von Hemingway, Sinclair Lewis und anderen, die Rowohlt zu einem der führenden Verlagshäuser in Deutschland machten. Wegen des Mangels an Zellulose konnten damals übrigens die Bücher lediglich in geringen Auflagen erscheinen. Die unversehrte Schweiz brachte 1945/46 weit mehr deutschsprachige Bücher heraus als Österreich und alle vier Besatzungszonen zusammen. Wenn eine statistische Erfassung von damals zutrifft, brachten es die vier Zonen Deutschlands in den beiden Jahren zusammen auf 1409 Titel. Wer konnte damals ahnen, daß es zehn Jahre darauf allein in der Bundesrepublik jährlich über 17000 und 30 Jahre nach Kriegsende, 1975, über 47000 Neuerscheinungen und Neuauflagen geben würde.
Aber schon 1946 rollten Rotationsmaschinen für Rowohlt: Romane der modernen Weltliteratur, jetzt den Deutschen erstmals zugänglich, erschienen im Zeitungsdruck und im Zeitungsformat in Auflagen von 50000, 100000 und mehr Exemplaren. Zwischen 1946 und 1950 betrug die Gesamtauflage drei Millionen Exemplare.
Aus dem Ausland drangen jetzt die Stimmen der deutschen Emigranten nach Deutschland. Die »Großen« der älteren Generation, deutsche, englische, amerikanische, französische Schriftsteller und Dramatiker: die Weltliteratur hielt wieder Eingang in das ausgezehrte, hungrige Land; seine jüngere Generation kannte viele von ihnen nicht einmal dem Namen nach. Die deutschen Buchverleger, soweit sie Lizenzen und Papier bekamen, verkauften – genauer: verteilten – »heiße Ware«, suchten den Hunger von Hunderttausenden nach Literatur, nach Neuem, nach Halt und Orientierung zu stillen. Die äußere Form, das schäbige Papier mit dickem Holzschliff, die zerfleddernde Pappe des Einbands, die zerquetschte Schrift uralter Bleisatztypen, wen störte das? Die jungen Männer in den kalten Hörsälen der deutschen Universitäten des Winters 1945/46 trugen abgeschabte Soldatenmäntel, die Studentinnen alte Skihosen. Und ein Professor in Filzpantoffeln auf dem Katheder, weil der Schneeschlamm durch die durchlöcherten Schuhe gedrungen war, wen störte das? »Es kam uns allen nur auf das Geistige an«, erinnert sich der Literarhistoriker Erich Trunz an Herbert von Einems kunstgeschichtliche Antrittsvorlesung in Hamburg. »Sind wir je so wach dafür gewesen, wie in jener Zeit der Not?«

*

Überall stand Deutschland am Anfang. Die Hoffnung auf die »vollen Schubladen« deutscher Schriftsteller, der hiergebliebenen, trog. Aber es gab Entdeckungen, Wiederentdeckungen. 1945 erschien der erste Band von Ernst Wiecherts 1940/1941 geschriebenem Roman »Die Jerominkinder«. Die Berliner Zeitung »Der Tagesspiegel« druckte dann 1947 den zweiten Band ab. Theodor Plivier kam 1945 mit der Roten Armee aus der Emigration zurück und veröffentlichte in Berlin seinen dokumentarischen »Stalingrad«-Roman vom Untergang der 6. deutschen Armee. Rudolf Hagelstanges Sonette »Venezianisches Credo«, zuerst illegal auf einer Handpresse in Verona gedruckt, kamen jetzt als Buch heraus. 1946 ist wieder der »Tagesspiegel«, jetzt für Hermann Kasacks Roman »Die Stadt hinter dem Strom«, Forum einer Erstveröffentlichung.
Elisabeth Langgässers während der NS-Zeit trotz Schreibverbots entstandenes Hauptwerk »Das unauslöschliche Siegel« kann in Hamburg erscheinen. Reinhold Schneider, im Dritten Reich ebenfalls mit Schreibverbot belegt und ein Mittelpunkt geistig-ethischen Widerstands, kann jetzt seinen Gedichtband »Die neuen Türme« herausgeben. Die 1944/45 im Gefängnis entstandenen, in der Hand

255 *Heil Kräuter! Eines der ersten Kabaretts nach dem Kriege: 1946, mit Hans Nielsen.*

KPD
CDU
HEIL
KRÄUT
DURCH
EINHEIT
SIEG
LDP
AUFBAU
HAIRDRESSER
COIFFEUR
HAARKÜNSTLER
ANTI-
QUITÄTEN

des erschossenen Albrecht Haushofer aufgefundenen »Moabiter Sonette« werden in Berlin verlegt. Wiederum Hamburg ist 1946 der Verlagsort der Erzählung »Die Gesellschaft vom Dachboden« von Ernst Kreuder. Hans Carossa, Marie Luise Kaschnitz, Gertrud Bäumer, Günther Weisenborn und auch Kurt Goetz sind auf den Verlagslisten zu finden. Man schreibt das Jahr 1947. Hans Werner Richter gründet die »Gruppe 47« mit den »Jungen«: darunter damals und in späteren Jahren Ilse Aichinger, Alfred Andersch, Heinrich Böll, Ingeborg Bachmann, Walter Jens, Günter Eich, Wolfgang Weyrauch, Martin Walser, Günter Grass, Wolfgang Hildesheimer, Uwe Johnson und Hans Magnus Enzensberger. Auch das Hörspiel, Hamburg und Köln sind zwei Zentren, lebt als eigene dramatische Gattung mit einem in die Hunderttausende zählenden Publikum – wenn nicht gerade Stromsperre herrscht.
An einem recht ungewöhnlichen Standort für ein Verlagshaus, nämlich in Gütersloh, hämisch auch »die Heimat der westfälischen Dauerwurst« genannt, bereitete sich bald nach Kriegsende ein Verlag darauf vor, die ersten Schritte zum Erfolg zu tun. Der Verlag Carl Bertelsmann war 1835 von einem frommen Buchbinder gegründet worden, dessen Motto aus dem 24. Psalm stammte: »Machet die Tore weit und die Türen in der Welt hoch, daß der König der Ehren einziehe«.

110 Jahre später, am 14. März 1945, hatten alliierte Flugzeuge Gütersloh bombardiert. Dabei hatte das Verlagshaus Feuer gefangen. Der Brand wütete mehr oder weniger insgesamt 93 Tage lang bis zum 16. Juni, mehr als einen Monat nach Ende des Krieges.
Der älteste Sohn des Eigentümers Heinrich Mohn, Siegbert, war noch in russischer Gefangenschaft. Der jüngste, Gert, ging zur Schule. Also hatte Reinhard Mohn die Aufgabe, das zerschlagene Verlagshaus wieder in Gang zu bringen. Alles glückte vom Beginn an. In der Firmengeschichte heißt es: »Die wenigen Neuerscheinungen wurden den Buchhändlern aus den Händen gerissen.« Innerhalb eines Jahrzehnts würde das bescheidene Verlagsgebäude aus rotem Backstein in der Nähe des Gütersloher Bahnhofes sich zu einem der größten europäischen Verlagshäuser entwickelt haben, mit einem »Lesering« mit bald mehr als zwei Millionen Mitgliedern in einem halben Dutzend Ländern.
Schon im Frühling des Jahres 1946 gelangen in der britischen Zone immerhin einige große Würfe für das Pressewesen Nachkriegsdeutschlands. Zwei von ihnen waren ursprünglich dem jungen britischen Offizier Major William Barnetson zu verdanken, einem hauptberuflichen Journalisten.
Im ersten Jahr nach Kriegsende waren bereits 35 Zeitungen erschienen, von den »Aachener Nachrichten« und der »Aachener Volkszeitung« im Süden der britisch besetzten Zone bis zum »Hamburger Echo« im Norden, den Vorstellungen der Engländer entsprechend vertraten sie jeweils unterschiedliche Parteirichtungen. Ursprüngliche Pläne für »Gruppenzeitungen« unter der Leitung mehrerer Persönlichkeiten verschiedener demokratischer Richtungen waren nach dem Londoner Regierungswechsel durch die Labour-Partei zu den Akten gelegt worden.
Die Umfänge waren bescheiden, die Auflagen teils gering, teils stattlich. Das Verbreitungsgebiet der Lizenz-Zeitungen wurde vorgeschrieben. Auf fünf Einwohner sollte je ein Exemplar entfallen. Die von den Engländern in Düsseldorf herausgegebene »Neue Rheinische Zeitung« erschien z. B. zweimal wöchentlich mit 600000 Exemplaren. »Die Welt«, am 2. April 1946 als deutsche Zeitung der britischen Militärregierung gegründet, in Hamburg und Essen gedruckt, erreichte eine Auflage bis zu 950000 Exemplaren. Die Russen hatten schon im Mai 1945 mit der »Täglichen Rundschau« in Berlin eine zentrale Tageszeitung der Besatzungsbehörde erscheinen lassen, die Amerikaner seit August 1945 ihre »Neue Zeitung«.
Viele der neuen deutschen Presse-Lizenzträger, die sämtlich ihre politische Unbedenklichkeit nachweisen mußten, waren keine Journalisten oder Verleger. Etliche von ihnen hatten die Lizenz bekommen, weil man unbescholtene Leute suchte, die keine Nazis gewesen waren. Andere waren bedeutende Persönlichkeiten schon der Weimarer Zeit oder der jetzt neu entstehenden politischen Gruppierungen und Parteien. Wieder andere stießen zum Druckgewerbe, weil sie darin eine Möglichkeit sahen, schnell Geld zu verdienen. Denn es war ja eine Zeit, in der der Mann auf der Straße nach Nachrichten hungerte und alles kaufte, was gedruckt war. Aber es war nicht überall ganz einfach, gute Redakteure etwa aus Süddeutschland in

das hungernde Ruhrgebiet und auch nach Düsseldorf zu bekommen. Dr. Anton Betz, ein bedeutender Verleger schon der Weimarer Zeit und eine der prägenden Persönlichkeiten der deutschen Presse nach dem Krieg, suchte für die »Rheinische Post«, die seit dem 2. März über die Rotationsmaschinen laufen konnte, erfahrene Journalisten. Aus Bayern erhielt er folgende Antwort: »Ich würde kommen, wenn Sie mir statt der 2500,– Reichsmark Gehalt einen Garten, eine Wiese und eine Ziege zur Verfügung stellen könnten.« Die Überwachung durch die Information Service Control, ausgeübt durch englische Presseoffiziere, war streng. Wer gegen die Vorschriften verstieß, mußte mit zeitweiliger Einstellung der Zeitung oder mit Widerruf der Lizenz rechnen. Eines der ersten Gebote war die klare Trennung von Berichterstattung und Kommentar. So flog auch die Weihnachtsmeldung auf Seite 1 der »Neuen Rheinischen Zeitung« vor Andruck aus dem Umbruch: »Dieses Ereignis liegt schon fast 2000 Jahre hinter uns!«

*

Eines Tages in diesem Frühling 1946 kam ein blauäugiger, 33 Jahre alter Deutscher in das Büro von Major Barnetson in Hamburg und sagte, er wolle mit einem Magazin beginnen. Sein Name sei Axel Springer, erklärte er dem Offizier. Er stamme aus einer Verlegerfamilie. Jetzt wolle er ein Blatt gründen, in dem Programme des Hamburger Rundfunks stünden. Jedenfalls erhielt er seine Lizenz Nr. 68 – und die »Hör zu« (»Rundfunkzeitung des Nordwestdeutschen Rundfunks«) war geboren. Innerhalb von zehn Jahren wird Springer Besitzer eines der größten Pressehäuser Europas sein.
Aber es waren nicht nur Deutsche, die davon Vorteile hatten, »die Männer der ersten Stunde« zu sein. In der gleichen Woche, in der Axel Springer seinen ersten Besuch in Barnetsons Büro machte, kam ein anderer junger Mann zu ihm, diesmal ein Mitglied seines eigenen Stabes. Es war ein Hauptmann namens Robert Maxwell, ein gebürtiger Tscheche, der fließend deutsch sprach und für seine Tapferkeit während seines Kriegsdienstes in der britischen Armee ausgezeichnet worden war.
Er zeigte Interesse an naturwissenschaftlichen Büchern, und Barnetson schickte ihn in Deutschland herum, um einmal die Frage zu untersuchen, welche deutschsprachigen naturwissenschaftlichen

256 *Ein Behelfstheater auf der Bühne: in der Hamburgischen Staatsoper, 1946 von Caspar Neher eingerichtet.*

257 *Albert Bassermann mit seiner Frau Else in Ibsens „Gespenster" im Theater am Besenbinderhof in Hamburg.*

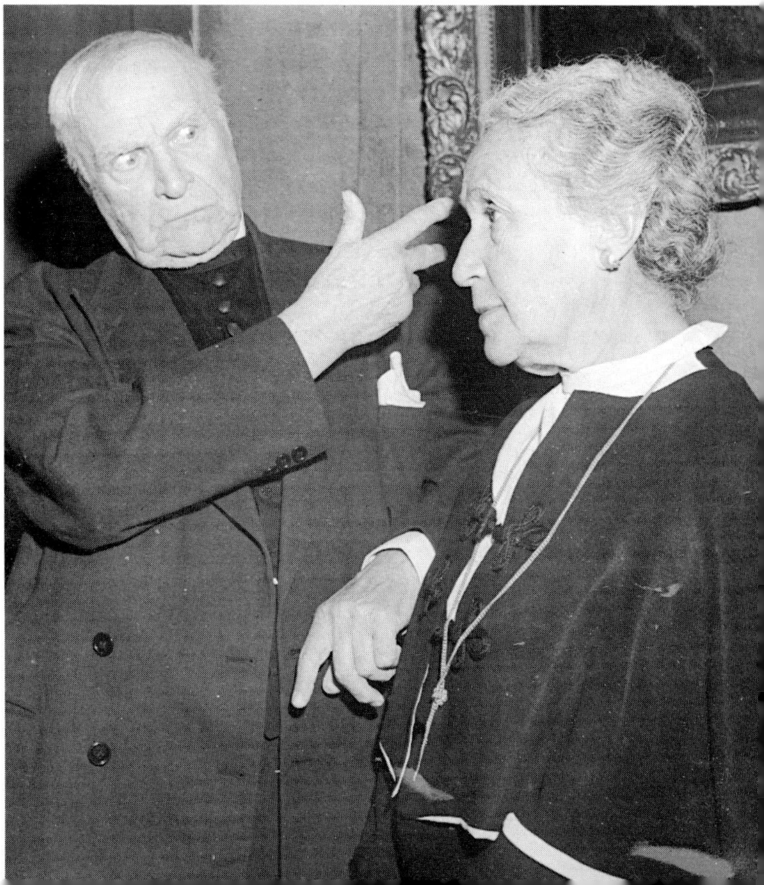

Werke zu bekommen seien. Auf der Basis seiner Erfahrungen, die er bei diesen Nachforschungen erwarb, gründete Maxwell nach seiner Rückkehr nach England dort ein eigenes Verlagsimperium, das fast so groß wie das von Springer wurde – und zweifelsohne noch umstrittener innerhalb des eigenen Landes als das des Hamburger Pressekönigs.
Im Frühling 1946 tauchten auch andere Namen in Hamburg auf, die im deutschen Verlagswesen bald einen guten Klang haben würden: Dr. Gerd Bucerius, 1945 Bausenator von Hamburg, 1946 Mitbegründer der Wochenzeitung »Die Zeit«, Henri Nannen, John Jahr und Kurt Ganske, später Gründer von »Merian« und Inhaber des traditionsreichen Hoffmann und Campe Verlages. In Hannover erschien erstmals der Name eines Mannes, der ebenfalls wenig später in Hamburg zu den Nachkriegs-Presselords zählen würde. Dort nämlich beschloß im Winter 1945/46 ein 40 Jahre alter britischer Feldwebel tschechischer Abstammung (wie Maxwell) namens Harry Bohrer, es müsse eine gute Idee sein, wenn es in Deutschland ein Magazin nach dem Vorbild des amerikanischen Wochenblattes »Time« gäbe. Bohrer erzählte diese Idee dem 23 Jahre alten Major Chaloner, und dieser erklärte sich einverstanden.
Sie wollten den Versuch wagen, obwohl sie keine Erlaubnis von ihren Vorgesetzten hatten, ein Magazin dieser Art zu publizieren. Am 29. März 1946 brachten die beiden Engländer, unterstützt von vier deutschen Redakteuren, die erste Ausgabe ihres neuen Magazins mit dem Titel »Diese Woche« heraus. Sie saßen bei der britischen Informationskontrolle in Hannover im Anzeiger-Hochhaus. »Diese Woche« wurde zunächst illegal in einem kleinen Kreis von Freunden und Bekannten verbreitet. Sechs Monate später, am 16. November 1946, wurde das Blatt dann erstmals an den Zeitungskiosken der britischen Besatzungszone verkauft. Aber nicht lange. Drei Tage vor Weihnachten erhielten die beiden Engländer den Befehl, das Magazin entweder einzustellen oder aber es in deutsche Hände zu übergeben. Die Lizenz werde sofort erteilt. Die beiden Briten gaben nach. Sie legten die Zukunft von »Diese Woche« in die Hände eines früheren Leutnants der großdeutschen Wehrmacht. Es war ein 23 Jahre alter Mann, der zu dieser Zeit mit den folgenden Worten beschrieben wurde: »Jener mit einer rasiermesserscharfen Intelligenz ausgestattete junge Mensch von kleiner, aber völlig harmonischer Gestalt . . ., erfüllt von Trauer und Pessimismus.«
»Innerhalb von zwei Stunden«, so heißt es heute, hatte der junge Mann die Herausforderung akzeptiert und benannte »Diese Woche« um. Er nannte das Magazin »Der Spiegel«. Sein Name? Rudolf Augstein.
In den kommenden Jahren wird er geradezu zu einer Stechmücke für die deutsche Politik und die Politiker werden, den Männern der ersten Stunde, und nicht nur ihnen, höchst lästig. So zum Beispiel auch Konrad Adenauer und Kurt Schumacher, die sich bereits auf das erste Duell um die Macht in einem neuen Deutschland vorbereiteten; dann in der zweiten Generation Willy Brandt, damals noch Pressemitarbeiter der norwegischen diplomatischen Vertretung in Berlin, weiter Helmut Schmidt, zu jener Zeit Student der Staatswissenschaften und Volkswirtschaft an der Universität Hamburg und neu eingeschriebenes Mitglied der SPD, und schließlich auch der dritten Generation deutscher Politiker wie zum Beispiel Hans Friderichs, damals ein dürrer Schuljunge, der Flugblätter für die neu gegründete FDP in seiner Heimatstadt Wittlich verteilte. Die Plattform für das Neue war da . . .

*

Zu diesem Zeitpunkt war eine andere Plattform schon längst geschaffen. Man hatte noch kaum begonnen, den ersten Schutt abzuräumen, sich die kärglichen Lebensmittelrationen einzuteilen – da strömten sie alle schon zum Theater. Schauspieler, Regisseure, Bühnentechniker und Handwerker – sie waren alle zurückgekommen, soweit die Nazis sie nicht in Emigration oder Tod getrieben hatten, und wollten weiterspielen. Von den 262 Theatergebäuden (darunter 15 Opernhäuser) innerhalb der Grenzen von 1937 waren 1945 98 restlos zerstört, fast alle mehr oder weniger beschädigt, jedes Versatzstück, jedes Kostüm mußte neu hergestellt werden – und doch, das deutsche Theater erlebt im ersten Nachkriegsjahr einen Gründungsboom, wie es ihn noch nie gegeben hat. Auch Zuschauer gibt es mehr denn je. »Es war eine herrliche Theaterzeit, eine gesegnete Zeit«, erinnerte sich später O. E. Hasse.
Erste Theater- und Wandertruppen sprießen aus dem Boden. Das Stadttheater Bonn hat gerade

258 *Dostojewski/Vasa Hochmann, Raskolnikow: Theater im Zimmer in Hamburg, 1948. Regie: Vasa Hochmann.*

seine Notunterkunft bezogen, um sich plötzlich gleich vier Konkurrenzbühnen gegenüberzusehen: den Neuen Kammerspielen Bonn, dem Stadttheater Bad Godesberg, dem Stadttheater Königswinter und dem Westdeutschen Landestheater in Siegburg. Mönchengladbach, Rheydt und Wuppertal bauen in spielfähigen Theatergebäuden rasch lebendige Spielpläne aus. Rheydt erwirtschaftet so viel Gewinn, daß in der Spielzeit 1946/47 ein kompletter Opernbetrieb aufgebaut werden kann – ohne städtische Subvention. Castrop-Rauxel, bis dahin nur mit einer – seit Kriegsausbruch unbenutzten – Freilichtbühne ausgestattet, erhält das Westfälische Landestheater, in Solingen, ja sogar in Nilspe (Post Radevormwald) versucht man sich mit jungen Opernensembles. Wie am Fließband werden neue Theater aufgebaut – in Witten an der Ruhr die »Märkischen Kammerspiele«, in Kleve-Kellen ein »Theater am Niederrhein«, in Neckartailfingen das »Theater des Volkes«, in Westerland das »Landestheater Nordfriesland«, in Schleswig ein »Renaissance-Theater«. »Theater wie noch nie« kündigt schon im Herbst 1945 Horst van Diemen im ehemaligen »Grenzlandtheater«, jetzt privates Stadttheater Konstanz, an. Bis September 1947 zählt man allein in Nordrhein-Westfalen 74 feste Theater, dazu eine unüberschaubare Anzahl von Wandertruppen, die das Land durchquerten. Es wurde mehr und an zahlreicheren Orten gespielt als je zuvor – auf welchem Niveau, und unter welchen Bedingungen – das stand auf einem anderen Blatt.

Im ersten Nachkriegswinter gab es in Wien für Paul Hörbiger pro Abend einen Laib Brot – eine Spitzengage für diese Zeit. Der zweite sollte erheblich härter ausfallen. »Die Abstände zwischen Magenkrämpfen wurden kürzer«, berichtet Hildegard Knef, die damals in Berlin spielte, »der Theaterarzt Dr. Schaake besorgte über gefahrvolle Umwege Vitaminampullen, riskierte Militärgefängnis, rettete uns über einige Tage hinweg. (. . .) ›Biste schwanger?‹ fragte Söhnker an der Tür seiner möblierten Garage. ›Nee, Suppe‹, sagte ich schlicht. Hungerwasser war's, das tagelang aufplusterte, um dann ohne jeden ersichtlichen Grund zu verschwinden.«

Aus Kostümnot wurde oft eine umstrittene Tugend. In Baden-Baden traten die Kleistschen Griechen mit Stahlhelmen und in weißen Uniformen auf, in der »Maria Stuart« der Bonner Kammerspiele trugen 1947 die Damen Kostüme und die Herren – Straßenkleidung. Großen Beifall gab es in Düsseldorf für Hans Schallas Inszenierung der »Weber« – man empfand die notgedrungene Alltagskluft der Schauspieler als gelungene Verbindung zur Gegenwart.

Natürlich versuchten die Besatzungsmächte, die ihnen genehmen Stücke nach Deutschland zu bringen, doch die Reichsmark war nicht konvertibel und im Ausland praktisch wertlos. Die Tantiemen für die ausländischen Autoren wurden auf Sperrkonten überwiesen, so daß sie über kurz oder lang auf ihr Geld verzichten mußten. Daraufhin erwarben die Militärregierungen die Übersetzungs- und Aufführungsrechte für einige Zeit und ließen die Stücke durch die Besatzungszonen wandern. Besonders gefragt waren amerikanische Gegenwartsautoren, von deren Theaterstücken schon bis zum Herbst 1946 zwanzig für Aufführungen in allen vier Besatzungszonen gebucht waren. Am erfolgreichsten erwies sich Robert Ardreys »Leuchtfeuer«, das schon im ersten Anlauf auf mehr als 25 Bühnen gelangte und bei Presse und Publikum Begeisterung entfachte. Eugene O'Neills Stücke feierten ein glanzvolles Comeback auf der deutschen Bühne; während er selbst von Krankheit und Vereinsamung geplagt wurde, begann im Deutschen Schauspielhaus in Hamburg der Siegeszug seines »Trauer muß Elektra tragen«. Ebenso wurden Thornton Wilders »Kleine Stadt« und »Wir sind noch einmal davongekommen«, Tennessee Williams »Die Glasmenagerie« und Elmar Rices »Rechenmaschine« freundlich aufgenommen.

Die Briten hatten es da schwerer. Zwar wurde im Report der Kontrollkommission für Deutschland, British Element, im Juni 1946 beteuert: »Das leitende Prinzip ist die Kontrolle der Auswahl des Produzenten, kein Oktroyieren alliierter Ideen oder Geschmacksrichtungen«, doch sorgten sie dafür, daß auch englische Stücke auf deutschen Bühnen nicht zu kurz kamen. Besonderen Eindruck hinterließen dabei John Boynton Priestleys »Ein Inspektor kommt« und »Die Zeit und die Conways«. Ein Triumph aber geradezu für sie war am 29. März 1947 die Hamburger Premiere von Benjamin Brittens Oper »Peter Grimes«. Das hing allerdings auch damit zusammen, daß ansonsten englischen Opern im Ausland nicht selten der Erfolg verwehrt blieb . . .

Doch immer mehr spielten sich deutsche Stücke in

den Vordergrund, auch die aktuellen, gerade geschriebenen. Eine Flut antifaschistischer Dramatik geht über die deutschen Bühnen. Satirische Versuche wie Hermann Mostars »Der Zimmerherr« (Uraufführung 1947 in Wuppertal) oder Franz Werfels »Jacobowsky und der Oberst« (deutsch zuerst 1947 im Hebbel-Theater Berlin), aktualisierte Geschichtsdramatik, informierende Dramatik, lehrhafte »Wandlungsdramatik«. Und dann vor allem: die »Trümmerliteratur«, die bald etwas abschätzig titulierten »Heimkehrerstücke«.
Hamburg, 13. Februar 1947. Der NWDR strahlt zum erstenmal »Draußen vor der Tür« aus. Der Autor, Wolfgang Borchert, liegt krank im Bett. Sein Stadtteil wird infolge der Kohlennot von einer turnusmäßigen Stromsperre betroffen. Ein Freund könnte ihn mit dem Auto in einen anderen, mit Strom versorgten Stadtteil bringen – doch Borchert ist transportunfähig. Genau neun Monate und eine Woche später, am 20. November 1947, stirbt Borchert in Basel, wohin er inzwischen zwecks besserer Pflege gebracht worden ist. Einen Tag später wird das Stück in den Hamburger Kammerspielen unter Leitung von Wolfgang Liebeneiner uraufgeführt. Im Spätherbst 1946 auf dem Krankenbett in knapp acht Tagen von dem Sprecher der »Generation ohne Abschied« geschrieben, erlebt das Stück eine triumphale Aufnahme, und das deutsche Theaterereignis geht dann auch über fast alle deutschen Bühnen. Die Taschenbuchausgabe sollte eine Auflage von mehr als einer Million Exemplaren erreichen.
Hamburg hatte kurz vorher eine andere aufsehenerregende deutsche Uraufführung erlebt. Am 8. November 1947 zeigte das Deutsche Schauspielhaus Carl Zuckmayers »Des Teufels General«. Das Stück, 1942/43 von Zuckmayer, wie er glaubte, »für die Schublade« geschrieben, war knapp ein Jahr von den amerikanischen Kontrollbehörden zurückgehalten worden, weil es ihnen nicht in das Umerziehungskonzept paßte. Die Aufnahme war umstritten: die einen priesen es als »antifaschistisches Stück«, die anderen als »Blankoscheck zur moralischen Entschuldigung hoher nazistischer Würdenträger« (Paul Rilla). Es wurde zum größten Nachkriegserfolg. Allein zwischen 1947 und 1950 zählte man 3238 Vorstellungen – also durchschnittlich $2^1/_2$ Aufführungen täglich! Ein Jahr lang nach der deutschen Uraufführung durchreiste Zuckmayer das Land, um sein Stück zu erläutern, zu verteidigen, zu diskutieren – dann brach er zusammen.
Als am 24. März 1948 ein typisches Produkt jener notdürftigen, aber übereifrigen Theaterzeit – das »Theater im Zimmer« – mit Hebbels »Maria Magdalena« vom Dachboden eines hohen Altbauhauses in Hamburgs Pöseldorf in eine Biedermeiervilla umzog, war die Plattform für das »große« Theater schon geschaffen. Und in den »kleineren« machte sich buntes, 12 Jahre verpöntes Leben breit – die Kabaretts traten wieder aus ihrem auferzwungenen Schattendasein. Alte Bekannte – wie Werner Finck – waren bald wieder zu sehen, aber auch neue Ensembles – oft unter abenteuerlichen Umständen geschaffen. Kay Lorentz erinnert sich: »Sie tauschen eine Leica gegen 36 Stangen Pall Mall und diese dann wieder gegen Ziegelsteine, Vorhangstoff und zwei Lampen, sie lernen einen Mann namens ›Fatty‹ kennen, Maler, Wirt und Karikaturist in einer Person, der ihnen Mut gibt und Künstlerbons für sein Lokal, damit sie sich hie und da auch mal satt essen können, sie treffen den Journalisten Bert Markus, der Texte schreiben kann, den angehenden Zeitungsmann Hanswalter Clasen, der im Notfall auch Sopran singt, den Opernsänger Werner Vielhaber, der Regie führen kann, Emil Schuchardt, der von der Kirchenmusik kommt und Chansons komponiert, einen Graphiker Eduard Marwitz, der Bühnenbilder malt und auch selbst mitspielt, 120 Menschen, die ihnen abraten, 240 die ihnen zuraten, 50 die ihnen helfen, und dann gründen sie ein politisch-literarisches Kabarett, ohne jemals vorher in ihrem Leben eins gesehen zu haben.« Da es an einer Diseuse mit rauchiger Stimme mangelt, muß Lore Lorentz selbst singen. Ein berühmter Texter fordert für ein Chanson vier Pfund Speck – da kauft Kay Lorentz lieber ein Pfund Butter für sich selbst und schreibt seiner Frau das Chanson. Der Vorhang kann aufgehen – das »Kom(m)ödchen« ist geboren. Man schreibt das Jahr 1947.

*

Zu dieser Zeit wurden gerade die ersten deutschen Filmproduktionen der Öffentlichkeit vorgestellt – nach einer langen Pause aufgezwungener Abstinenz. Die Militärbehörden waren beim Film mit der Lizenzierung noch weit strikter vorgegangen als beim Theater. In den ersten Nachkriegsmona-

259 *Frühmorgens vor dem Kino »Wien« in Berlin. Man steht Schlange für den (1943 verbotenen) Hans-Albers-Film »Die große Freiheit«. Das Bild ist vom September 1945!*

ten beherrschten in den wiedereröffneten Filmtheatern ausländische Produktionen mit deutschen Untertiteln oder uralte »Klamotten« die Leinwand. Bald ging man dazu über, die ausländischen Filme zu synchronisieren, doch mit der Lizenzerteilung ließ man sich Zeit. Erst am 27. Mai 1946 erhielt Helmut Käutner, von dem die ersten Versuche ausgegangen waren, einen Spielfilm zu drehen, von den britischen Militärbehörden die Lizenz zur Herstellung von Spielfilmen. Im Sommer begann er mit den ersten Aufnahmen zu »In jenen Tagen«, den er seit Kriegsende geplant hatte. Im Drehbuch waren nur Außenaufnahmen vorgesehen, denn in der gesamten britischen Zone war kein Filmatelier

260 *Der Drang zur Kultur.*

vorhanden, das auch nur in bescheidenem Rahmen Innenaufnahmen ermöglicht hätte. Scheinwerfer wurden aus deutschen Marinebeständen besorgt oder nach eigenen Entwürfen in Hamburger Betrieben angefertigt; die zur Verfügung stehende Kamera war eine Wehrmachtsapparatur, eine zweite lieh sich Käutner tageweise von der Wochenschau »Welt im Film«. Nicht nur infolge der mangelnden technischen Ausrüstung zog sich die Drehzeit hin, fast ein ganzes Jahr. Käutner brauchte für eine in der winterlichen russischen Steppe spielende Sequenz ein geeignetes Gelände. Er fand es schließlich im Winter 1946/47 bei Temperaturen von 20 Grad unter Null – auf der zugefrorenen

Elbe. Ein englischer Schneepflug schaufelte dafür eine 2,5 km lange Schneise auf dem Eis schneefrei – und man hatte die »vereiste Straße in Rußland«. Am 13. Juni 1947 wurde schließlich der Film im Hamburger Waterloo-Theater festlich uraufgeführt.
Doch die erste Uraufführung einer westdeutschen Filmproduktion nach Kriegsende war bereits fast genau ein halbes Jahr vorher – am 20. Dezember 1946 – in Berlin über die Leinwand gegangen: »Sag die Wahrheit« unter der Regie von Helmut Weiss, der eine sehr viel kürzere Drehzeit als Käutner brauchte.
Mangel an Rohfilm und großen Atelieranlagen hinderten die Entwicklung der Filmindustrie nach wie vor beträchtlich, doch zeigten sich seit der zweiten Hälfte des Jahres 1947 Fortschritte. Während 1947 insgesamt nur 6 in den westlichen Besatzungszonen gedrehte Spielfilme Premiere hatten, waren es 1948 schon 19, die von 11 verschiedenen Unternehmen hergestellt worden waren. Doch das Interesse des Publikums blieb bis zum Beginn der 50er Jahre stark auf ausländische Filme konzentriert. Der bestbesuchte Film im Verleih der Münchener Schorcht-Filmgesellschaft – »Das verlorene Gesicht« – wurde von 3719001 Zuschauern gesehen. Zu dem englischen Film »Die Madonna der sieben Monde« strömten etwa 11324700 Besucher.

Augenzeugen

Dann waren die Sieger da. Am 8. Mai war der Krieg vorüber. Und ich saß fest, in einem abgelegenen Winkel, unter hunderttausend entwaffneten deutschen Landsern, die man zusammengetrieben und fürs erste sich selbst überlassen hatte. Aus diesem »Kral« kam niemand ohne Entlassungsschein heraus.
Ungeduldig wartete ich auf eine Möglichkeit, die uns endlich wiedergegebene Freiheit zu nutzen. Sie ergab sich, als ich unter der grauen Menge in den umliegenden Wäldern ein paar Schauspieler traf. Gemeinsam gründeten wir eine kleine Truppe, begannen mit Leseabenden in Dorfkneipen, dann wagten wir uns ans politische Kabarett, natürlich in der Absicht, Propaganda auf unsere Art zu treiben. Texte bastelten wir zurecht, Tucholsky und Brecht standen dabei Pate. Unser Publikum amüsierte sich, es gab auch einzelne Proteste von solchen, denen die Nazischlagworte noch fest im Kopf steckten. Damit war zu rechnen. Etwas anderes aber enttäuschte mich sehr.
Wir forderten im Anschluß an unsere Darbietungen zur Diskussion auf. Die meisten schwiegen, sie hatten verlernt oder, wenn sie jung waren, nie gelernt, ihre Meinung offen heraus zu sagen. Zudem schien es mir, als wollten sie am liebsten alles vergessen, was hinter ihnen lag.

Axel Eggebrecht, Schriftsteller und Publizist (Aus: Der halbe Weg. Zwischenbilanz einer Epoche)

Aber wir leben und sind im Begriff, die Arbeit wiederaufzunehmen. Das wird schwer sein – angesichts der Tatsache, daß das zwischen Menschen sein muß, die noch nichts begreifen und schwer begreifen werden, die ameisenhaft ihr Gut in Trümmern und Ruinen zusammenschleppen, zu müde, um den Himmel wahrzunehmen, geschweige denn auf einen Schimmer von Geist und im Herzen zu achten. Ich versuche Freunde zu einer Gemeinschaft zu sammeln, um die Mission aufzunehmen, die in Untergang und Not auf uns gelegt ist.

Peter Suhrkamp, Verleger
Brief, Berlin, 3. August 1945
(Aus: Gottfried Bermann Fischer, Bedroht – Bewahrt)

In der dunkelsten Stunde der Geschichte unseres Vaterlandes treten wir hier zusammen, um uns in gemeinsamer Betrachtung in einen der höchsten Gegenstände unseres vaterländischen Daseins, in die Geschichte der deutschen Kunst zu vertiefen. Die meisten von Ihnen kommen aus dem Felde, aus der Gefangenschaft. Sie sind jahrelang aus jeder geordneten Existenz herausgerissen, entwöhnt den Bequemlichkeiten, aber auch den Ansprüchen des bürgerlichen Lebens, ohne innere Beziehung mehr zu dem, was Ihnen die Schule vor oder während des Krieges – lückenhaft genug – vermittelt hat. Sie stehen nun in der Not des Alltags, in der bitteren Not um das tägliche Brot, und zunächst ohne jede

Hoffnung zukünftigen leichteren Lebens. Lastender noch als diese äußere wird die innere Not sein: die Enttäuschung über die Unglückswende der letzten Jahre, die Einsicht in den Mißbrauch, der mit Ihrer echten und starken Hingabe getrieben worden ist, die Verbitterung über das scheinbar Vergebliche Ihrer Opfer, der Schmerz um den Verlust von Vätern, Brüdern und Kameraden, die Ratlosigkeit über den Weg der Zukunft, vielleicht sogar als Summe aller Nöte der Zweifel an der Realität alles Ideellen. Es wird nicht leicht für Sie sein, sich seelisch und geistig für die Arbeit zu sammeln, die hier auf Sie wartet, nicht leicht, die Energie und Spannkraft aufzubringen, die notwendig ist, um das bloße Anhören einer Vorlesung in ein wirkliches Aufnehmen, das Aufnehmen in innere aktive Mitarbeit zu verwandeln. Das aber ist die Forderung, die ich, die die Universität an Sie stellen muß, und zu deren Erfüllung Sie sich selbst erziehen müssen, wenn Sie den Entschluß gefaßt haben, Bürger der Universität zu werden.

Professor Dr. Herbert von Einem, Kunsthistoriker, Hamburger Vorlesung, November 1945.
(Aus: Gratulatio. Festschrift für Christian Wegner)

Als vier Leute – Richard Tüngel, Lowis H. Lorenz, Ewald Schmidt (di Simoni) und Bucerius – Ende 1945 von der britischen Besatzungsmacht die Lizenz für die Wochenzeitung »Die Zeit« bekamen, kam das in der Tat fast einer Erlaubnis gleich, Geld zu drucken. Denn die Lizenz bedeutete: Papier, Büroräume im ausgebombten Hamburg, eine Druckerei und Mitarbeiter. Allerdings: gedruckt wurde Reichsmark. Aber immerhin, Geld war es doch.

Zwar hingen alle Lizenzierten an der Leine der Besatzungsmacht, die auch einmal das Papierkontingent der »Zeit« als Strafe für »unerlaubte Kritik« von 75000 Auflage auf 25000 kürzte und eine Nummer ausfallen ließ. Da wir aber wußten oder wenigstens ahnten, daß weitaus nicht alle Briten solche Interventionen guthießen, konnten wir manches ungestraft riskieren.

Um die Lizenz hatte ich mich beworben, weil ich meinte, mit einer Zeitung Politik machen zu können. Vor 1933 hatten wir Politik und Zeitungen anderen überlassen – das war schiefgegangen. Diesmal meinten wir, selber Hand anlegen zu müssen. Daß man mit Zeitungen Geld verdienen – und verlieren – konnte, das ist uns wohl allen damals nicht in den Sinn gekommen.

Dr. Gerd Bucerius, Verleger
(Aus: Der angeklagte Verleger. Notizen zur Freiheit der Presse)

Vorläufig sendete »Radio Hamburg, a Station of Military Government« in vielen Sprachen für die im Lande verstreuten Zwangsarbeiter; nur hie und da Anweisungen an deutsche Ärzte, Bäcker, Arbeiter und eine Menge Verfügungen. Das konnte so nicht bleiben. Ich ahnte, daß hier eine außerordentliche Chance bestand.

Mit einem Ausweis des freundlichen Offiziers konnte ich nach Hamburg fahren. Am 16. Juni 1945 betrat ich das Funkhaus am Rothenbaum.

In den Korridoren standen überall Tommys mit aufgepflanztem Bajonett. Schließlich empfing mich ein Captain Everitt ausgesprochen kühl, ich blieb hartnäckig, schließlich meinte er, ich könne ja gelegentlich meinen Lebenslauf aufschreiben, vielleicht auch ein paar Vorschläge machen.

Eine kaum verhüllte Absage. Aber zu meinem Glück gab ich nicht auf . . .

Zwei Tage später erschien ich wieder bei Everitt, mit einem dicken Stoß beschriebener Bogen. Er fächerte sie durch, lächelte dann und wann, las sich fest. Endlich sah er auf: »Zum Teufel – was wollen Sie eigentlich? Meinen Sie, wir ziehen hier einen deutschen Sender auf?«

Ein entscheidender Augenblick, das war mir bewußt, ich ging aufs Ganze: »Genau das ist jetzt dringend nötig!«

Axel Eggebrecht, Schriftsteller und Publizist
(Aus: Der halbe Weg)

Doch was gab es für Hindernisse! In dem Zimmer des Philologen in Blankenese sank im Winter 1946/47 die Temperatur unter 0 Grad. Man konnte diese Kälte zwar im Bett liegend aushalten, doch um den Kommentar zu den Gedichten zu fördern, mußte man die Hand herausstrecken und schreiben, die Hand aber war nach wenigen Minuten so starr vor Kälte, daß man nicht mehr schreiben konnte. Da hielt plötzlich vor dem Hause ein Auto, einer der wenigen Privatwagen, die damals Benzin erhielten und durch Hamburgs leere Trümmerstraßen fahren durften. Aus ihm stieg Christian Wegner und schleppte einen Sack mit einem Zentner Briketts; aus dem Wagen kam sogar noch ein zweiter solcher Sack hervor – der Philologe und die Goethe-Ausgabe waren wieder einmal gerettet!

Prof. Dr. Erich Trunz, Literaturhistoriker
(Aus: Gratulatio. Festschrift für Christian Wegner)

Wenn ich an die Jahre 1945 bis 1950 zurückdenke: Erstaunlich, mit welcher Tatkraft, Hingabe und Bescheidenheit das zerschlagene Deutschland an die Arbeit ging. So griffen auch im Neuaufbau der Zeitungen die zunächst wenigen redaktionellen und technischen Hände zu, setzten Reste zu Maschinen zusammen und schrieben Berichte auf Brettern, die man sich über die hochgezogenen Knie legte ... bei Unterernährung, Kälte, Ungewißheit der Zukunft ...

Dr. Anton Betz, Verleger
(Aus: Zeit und Zeitung.
Notizen aus acht Jahrzehnten.
1893–1973)

12. Die Bestrafung der Deutschen

Am 11. März 1945 hatte die Royal Air Force ihren letzten Tausend-Bomber-Angriff geflogen. Das Ziel der Flugzeuge war die Essener Gußstahlfabrik von Alfred Krupp.
Erst fünf Jahre zuvor, 1940, hatte der betagte Fabrikant Dr. Gustav Krupp von Bohlen und Halbach, seit 1906 Leiter der Kruppschen Werke, das goldene Ehrenzeichen der NSDAP aus der Hand des Führers selbst erhalten. Reichswirtschaftsminister Dr. Funk, Generalbevollmächtigter für die Kriegswirtschaft, hatte ihm den Adlerschild des Reiches mit der Widmung »dem deutschen Wirtschaftsführer« überreicht. Dr. Fritz Todt, der Organisator von Autobahn- und Westwall-Bau, Gründer der »Organisation Todt«, seit 1940 Reichsminister für Bewaffnung und Munition,

261 *Mit dem Ärmelstreifen der Militärregierung: ein Deutscher bewacht die im Arbeitslager Eingeschlossenen.*

262 *Kinder räumen in Frankfurt eine protestantische Kirche leer, die als Lager für die Nationalsozialisten gedient hatte. Im Hintergrund untersucht ein Junge ein gefundenes Gewehr.*

263 *»Diese Schandtaten – eure Schuld!« Fotos aus den Konzentrationslagern sind in Bad Mergentheim ausgestellt, Juli 1945.* ▷

Schreibwaren
Bürobedarfshaus
Diese Schandtaten: Eure Schuld!

empfahl Krupp für das Kriegsverdienstkreuz; und Dr. Robert Ley, seit der gewaltsamen Zerschlagung der deutschen Gewerkschaften 1933 Leiter der NS-Massenorganisation »Deutsche Arbeitsfront«, hatte ihn einen »Pionier der Arbeit« genannt.
Kurz und gut: in den Augen der Nationalsozialisten war der Chef der Krupp-Werke das Symbol eines guten deutschen Industriekapitäns, der mit seiner »Rüstungsschmiede« dafür sorgte, daß das Reich genügend Nachschub an Waffen und Ausrüstung hatte. Noch 1944, in Zerstörungen und Bombenhagel, wurden dort 1,5 Millionen Tonnen Stahl erzeugt. 277000 Menschen arbeiteten damals in den verschiedenen Kruppschen Werken.
Die Alliierten dachten offenbar über Krupp das gleiche wie die Nazis. Nach der Kapitulation wurde auch der Sohn Alfried Krupp von Bohlen und Halbach, der 1943 die Leitung der Friedrich Krupp AG übernommen hatte, zusammen mit 11 exponierten Leuten aus dem Stahlkonzern in Haft genommen. Sobald der »Nürnberger Prozeß«, das Verfahren des Internationalen Militärtribunals gegen die angeklagten 23 »Hauptkriegsverbrecher«, führende NSDAP-Mitglieder, Staatsmänner und Militärs, und gegen 6 »verbrecherische Organisationen« des Dritten Reiches, beendet war, sollten sie vor Gericht gestellt werden.
Die Anklagepunkte in dem amerikanischen Militärgerichtsverfahren, einem der zwölf weiteren Nürnberger Kriegsverbrecherprozesse, würden sein: »Vorbereitung eines Angriffskrieges«, »Verschwörung gegen den Frieden«, »Kriegsverbrechen« und »Plünderung fremden Eigentums«.
Aber der junge Krupp war nicht der einzige. Überall in der britisch besetzten Zone und auch in den anderen drei Besatzungszonen wurden die Männer

264 *Prozeß in Verviers (Belgien): Robert Hogen (links) aus Horbach bei Aachen und sein Verwandter Karl Packbier aus Aachen (neben ihm) sind angeklagt, »drei feindliche Soldaten im von den Alliierten besetzten Gebiet verborgen zu haben«.*

265 *Wieder deutsche Gerichte: Übergabe durch den britischen Generalleutnant Barker in Hamburg am 22. September 1945.*

266 *Prozeß in Ahrweiler, Juni 1945: Drei Deutsche sind im Zusammenhang mit dem Tod eines nicht identifizierten amerikanischen Piloten angeklagt.*

festgenommen, die ganze Industrieimperien regiert hatten, die sich nicht nur über Deutschland, sondern auch über die europäischen Nachbarländer bis hin nach Südafrika, Amerika und Asien erstreckten. Zu Hunderten wurden die Wirtschaftskapitäne hinter Stacheldraht und in die Internierungslager gebracht. Darunter waren Nahrungsmittelkönige wie Oetker, Autofabrikanten wie Borgward, ein künftiger Warenhauskönig wie Horten, Multimillionäre wie Flick. Und alle verschwanden hinter Gittern in der britischen Zone, einige von ihnen für etliche Jahre.

Nicht nur ihre Person war betroffen – ihre Unternehmen litten auch. Als Alfried Krupp, anstelle seines haftunfähigen Vaters im »Krupp-Prozeß« 1948 zu zwölf Jahren Gefängnis und Vermögenseinziehung verurteilt, 1951 nach fast sechs Jahren Haft zurückkehrte, fand er seine Edelstahlwerke in Essen-Borbeck, die modernsten ihrer Art, demontiert vor. Genauso war es mit seiner Fabrik in Wattenscheid. Zur gleichen Zeit, als die britischen Behörden erklärten, die Deutschen müßten mehr Stahl und mehr Kohle produzieren, ließen sie zu, daß Walzwerke, Stahlwerke und die Ausrüstung für die Kohlebergwerke demontiert und nach Rußland sowie in andere östliche Länder verschickt wurden.

Waren bereits in der Deklaration von Jalta am 12. Februar 1945 und im Potsdamer Abkommen vom 2. August 1945 Demontagen zum Schutz vor einer künftigen militärischen Bedrohung durch Deutschland in allgemeiner Form vereinbart worden, so einigten sich die Alliierten durch den Potsdamer Industrieplan vom 26. März 1946 über Maßnahmen und Vollzug der Demontagen. In ihm ordneten die vier Besatzungsmächte eine Herabsetzung des Produktionsniveaus der deutschen Industrie auf durchschnittlich 50 % des Standes von 1938 an; die demontierten Industrieausrüstungen sollten Teil der deutschen Reparationen bilden. Dieser Plan sollte niemals Wirklichkeit werden – er scheiterte an den in dieser Zeit keimenden, bald darauf immer schärfer und folgenschwerer werdenden Differenzen zwischen den USA, Großbritannien und Frankreich einerseits und der Sowjetunion andererseits. In der Folgezeit wurden die Demontagen jeweils nach Gutdünken der Besatzungsmacht durchgeführt.

Gesonderte anglo-amerikanische Absprachen führten im August 1947 zu dem »Revidierten Plan

267 *Zehn Jahre Gefängnis und 10000 Reichsmark Buße: links der Angeklagte. Februar 1945 in Aachen.*

für das Industrieniveau der britischen und amerikanischen Zone«, in dem die Produktionskapazität etwa auf den Stand von 1936 festgelegt und dadurch das ursprüngliche Ziel erheblich gemildert wurde. Zwei Monate später wurde eine Liste veröffentlicht, die die im März 1946 zur Demontage ausgewählten 1636 Fabriken stark reduzierte: übrig blieben 302 Rüstungsbetriebe, die Deutschland verboten worden waren und deren Demontage bereits begonnen hatte, sowie 380 Fabriken, die über die festgesetzte Kapazitätsgrenze der deutschen Industrie hinausgingen. Diese Zahlen erfaßten Stahlwerke, Betriebe der metallverarbeitenden Industrie außer der eisenverarbeitenden, chemische Fabriken, Maschinenbau, feinmechanische und optische Fabriken sowie den Schiffsbau. 251 dieser

268 *»Tod dem Verräter«: Wandinschrift in Horrem, 1945.*

Fabriken waren ohnehin schon für Reparationsleistungen reklamiert worden. Von den aufgezählten und noch zu demontierenden 682 Betrieben lagen allein 496 in der britischen Zone.
Bis zum September 1947 wurden in der Bizone als »Vorauslieferungen« 327 Rüstungsbetriebe und 365 Betriebe der Rüstungsproduktion beschlagnahmt. Im Februar 1948 teilten dann die amerikanischen Besatzungsbehörden mit, daß bis Ende 1947 in allen drei westlichen Zonen 767 Fabriken und Teilbetriebe für Reparationszwecke beschlagnahmt worden waren, darunter 496 Unternehmen aus der britischen Zone.
Im Oktober 1948 trafen sich erneut Vertreter der drei westlichen Besatzungsmächte, um die deutsche Reparationsliste zu überprüfen. Wenngleich auf dieser Konferenz keine neue exakte Liste vereinbart wurde, hieß es in dem Kommunique: »Es erscheint notwendig, einzelne Abschnitte der Liste der für Reparationszwecke bestimmten deutschen Unternehmen daraufhin zu überprüfen, inwieweit gewisse Werke dem europäischen Wiederaufbau besser dienlich wären, wenn sie in Deutschland blieben, statt von dort entfernt und an anderer Stelle wieder aufgebaut zu werden.«

Die inzwischen erfolgte Einbeziehung der drei westlichen Zonen Deutschlands in den Marshall-Plan ließ nämlich die Demontage der Produktionsanlagen einerseits und die Begrenzung der Produktionskapazität auf den Stand von 1936 sehr widersprüchlich erscheinen. Hinzu kamen finanzielle Engpässe und Absurditäten, die eben durch die Demontagen hervorgerufen wurden.
Die »Neue Züricher Zeitung« berichtete, daß der Gegenwert der Anlagen anhand von Originalrechnungen berechnet wurde. Lagen diese nicht vor, wurde geschätzt. Nach den Abschreibungsgrundsätzen für die Demontage wurde für einen Hochofen eine Lebensdauer von zwanzig Jahren angenommen – das bedeutet einen Abschreibungssatz von fünf Prozent jährlich, und dies, obwohl eine vierzigjährige Lebensdauer keine Ausnahme ist. Laufende Investitionen, Installationen, Montagekosten sowie Energieleitungen wurden nicht berücksichtigt. Für Krupp-Borbeck wurde der Demontagewert mit 9,5 und für die Chemischen Werke Schiess AG mit 12,5 Millionen Reichsmark festgesetzt, während die Demontagekosten für diese Werke 19,5 bzw. 18,6 Millionen Reichsmark betrugen.

269 *Blick in einen unterirdischen deutschen Munitionsbunker. Entdeckt im Juli 1945.*

270 *Die Konferenz der Alliierten im Schloß Cäcilienhof in Potsdam. Bildmitte oben Churchill, rechts (mit Zigarette) Stalin, links vorn US-Präsident Truman.*

Der britische Minister Hynd bezeichnete Sendungen bester Maschinen als »Schrottlieferungen«. Sowjetische Fachleute äußerten in Essen-Borbeck, daß höchstens zehn bis zwanzig Prozent der demontierten Anlagen wieder verwendungsfähig seien. Allein beim Hüttenwerk Essen-Borbeck seien, so die »Neue Züricher Zeitung«, 100000 Tonnen Anlagen als Reparationslieferungen abzutransportieren, was 6700 Güterwagen zu je 15 Tonnen erfordere. Es müßten bis 1950 2000 bis 3000 Arbeiter beschäftigt werden. Zunächst müßten 35000 Tonnen Mauerwerk ausgehauen werden. Fünf bis sechs Meter tief gelegene Wasser-, Gas- und elektrische Leitungen würden sogar ausgegraben und demontiert. Für dieses einzige Werk hätten 60 Techniker 14 Monate lang an der Beschriftung und Bezeichnung der zu demontierenden Anlagen gearbeitet.

Bei solchen Dimensionen konnten empörte und wütende Reaktionen nicht ausbleiben. Am 9. Januar 1949 richtete die Direktion des Bochumer Vereins einen telegraphischen Appell an US-Präsident Truman, Staatssekretär Marshall und das amerikanische Repräsentantenhaus, die Demontagen der Fabrikanlagen in Bochum einzustellen. Die von der britischen Militärregierung eingesetzten Arbeiter verweigerten zum Teil die Arbeit. Aber General Bishop, der regionale Befehlshaber der Militärregierung, bestand auf der Fortsetzung der Demontage und kündigte Maßnahmen gegen die

271 *Britische Soldaten bei der Entdeckung eines unterirdischen Bunkers.*

Aber was immer man für oder gegen diese Politik sagen kann, eines steht fest: Die Methoden zur Durchführung der Entnazifizierung waren unzureichend, manchmal sogar absurd. Obwohl man die meisten Wirtschafts- und Industrieführer finden und bestrafen konnte, die Hitlers Aufstieg unterstützt hatten, gab es berechtigte Kritik auch von deutscher Seite daran, daß viele kleine Parteimitglieder bestraft wurden, während prominente Nazis straflos davonkamen.
Im Potsdamer Abkommen wurden 7 Punkte als Entnazifizierungsmaßnahmen für Deutschland angeordnet: 1. Auflösung der NSDAP, ihrer Unterorganisationen und angeschlossener Verbände; 2. Verbot jeder nationalsozialistischen Betätigung und Propaganda; 3. Verhaftung, Internierung und Aburteilung der nationalsozialistischen Führungsclique; 4. Außerkraftsetzung der NS-Gesetze; 5. Entfernung aller mehr als nominellen Mitglieder der NSDAP aus allen öffentlichen und halböffent-

rebellierenden Arbeiter an. Am 31. Januar 1949 gibt es in der Bizone 944 190 Arbeitslose, 201 302 mehr als ein Jahr zuvor . . .
Schließlich ging aus der erneuten Überprüfung der Reparationsliste im April 1949 ein Abkommen hervor, demzufolge die Zahl der zu demontierenden Fabriken um etwa 167 verringert werden sollte. Ferner wurde das Produktionsverbot für die deutsche Industrie mit Ausnahme der Zweige Rüstung, synthetischer Gummi, Benzin-, Magnesium- und Berythiumherstellung aufgehoben. Die allgemeinen Kapazitätsbeschränkungen wurden auf die Industrien Stahl, Aluminium, Schiffsbau, Chlorgas, Styrene, elektronische Ventile und Kugellager begrenzt, die man dem neuen militärischen Sicherheitsdirektorium unterstellte. Im Dezember 1950 wurden die Demontagemaßnahmen in Westdeutschland endgültig abgeschlossen.
Was die Entnazifizierung angeht, so glaubten die Briten und ihre Alliierten wirklich, sie würden diejenigen bestrafen, die schuldig waren. Und nicht nur das – sie hofften auch all jene Persönlichkeiten auszuschalten, die vielleicht versuchen könnten, aus dem Nachkriegsdeutschland ein anderes, neues »Tausendjähriges Reich« zu schaffen.

272 *Durch den Zaun von »Offizierslager 79« (Oflag) fotografiert Leutnant W. G. Vanderson. Braunschweig, April 1945.*

lichen Ämtern sowie allen wichtigen wirtschaftlichen Positionen; 6. Wiedergutmachung des durch den Nationalsozialismus begangenen Unrechts; 7. Ausmerzung des nationalsozialistischen Gedankenguts und Erziehung des deutschen Volkes zu demokratischer Regierungsform, zu rechtsstaatlichem Denken und zu auf den Menschenrechten beruhender Gesinnung (reeducation). Bei der Durchführung der Entnazifizierung wurden die ehemaligen Nationalsozialisten in 5 Kategorien eingeteilt: 1. Hauptschuldige, 2. Belastete, 3. Minderbelastete, 4. Mitläufer und 5. Entlastete. Vom Mai 1945 bis zum September 1946 entließ die britische Militärregierung nach eigenen Angaben rund 156 000 Personen in der britischen Zone aus dem

273 *Das Mahnmal im Konzentrationslager Bergen-Belsen, 1946.*

274 *Um elf Uhr gibt's ein Glas Milch: Kinder von KZ-Häftlingen, die in Bergen-Belsen starben, im neu eingerichteten Kindergarten, 8. Juni 1946.*

Dienst und hatte bis Ende 1945 rund 70 000 Personen interniert. Auf Veranlassung der Militärregierung wurden im Frühjahr 1946 überall örtliche Entnazifizierungsausschüsse mit allerdings nur beratenden Befugnissen eingerichtet, die eine ins Riesenhafte angewachsene Aufgabe bewältigen sollten. Ohne selbst Entscheidungen fällen und durchführen zu können, mußten sie – gemäß dem Fragebogensystem – ein Fünftel der gesamten Bevölkerung überprüfen. In Köln z. B. waren bis 1947 312 Unterausschüsse und 62 Ortskomitees entstanden. Zudem blieben Empfehlungen der Ausschüsse bis hin zu ihrer Auflösung am 26. Februar 1948 teilweise unberücksichtigt, wenn bei ehemaligen NSDAP-Mitgliedern die fachliche Qualifikation in wichtigen Produktionsbereichen der Entfernung aus dem Amt oder aus der Position im Wege stand.

Eine Gesamtbilanz der Säuberungen der Verwaltungen in Nordrhein-Westfalen nach dem Stand vom 31. Mai 1947 ergibt ein repräsentatives Bild für die Entwicklung der Entnazifizierung in den

ersten Jahren nach Kriegsende. In der öffentlichen Verwaltung in den Regierungsbezirken wurden von 26677 Beamten 8786, von 66474 Angestellten 6299 aus politischen Gründen entlassen; in der Landesverwaltung waren es von 58730 Beamten 9044, von 27668 Angestellten 2648.
Im Dezember 1946 erteilte die britische Militärregierung den inzwischen eingerichteten Entnazifizierungsgerichten den Auftrag, 27000 Mitglieder der vom internationalen Gerichtshof in Nürnberg schuldig gesprochenen Organisationen (Mitglieder des Führercorps, der NSDAP, der SS, der Gestapo und des SD) möglichst bald abzuurteilen. Im Juni 1947 wurden in Hamm die Spruchsenate als höch-

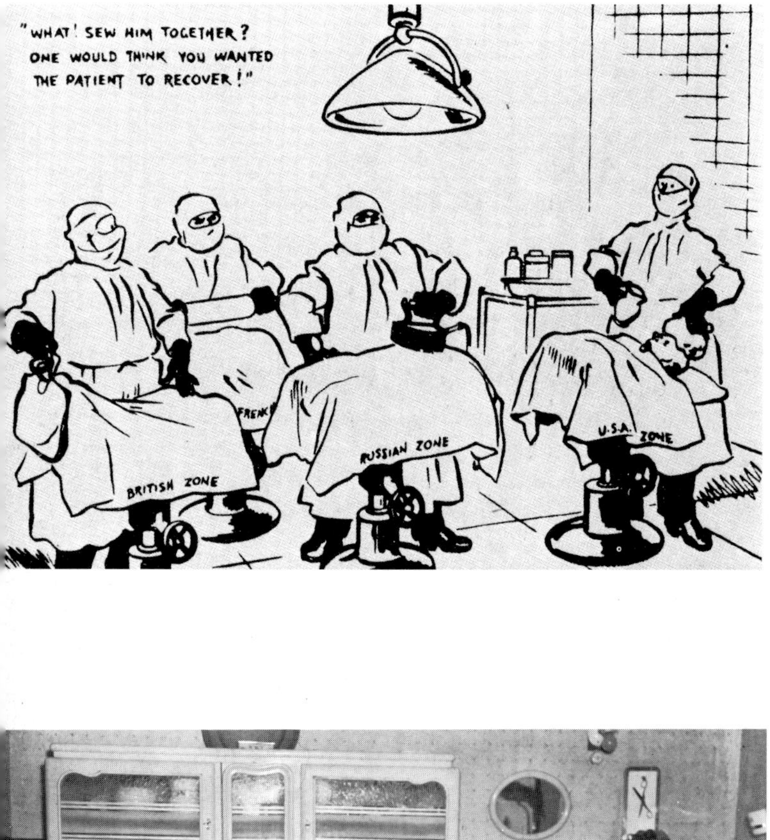

275 *Tarnung für den Maschsee bei Hannover: zusammengebundene Holzstämme.*

276 *Englische Karikaturen. Links: »Was – ihn zusammenflicken? Man könnte fast glauben, du möchtest, daß er wieder gesund wird!« – Rechts: so sah ein britischer Karikaturist die Entnazifizierung.*

277 *Geboren in Hoengen bei Aachen, wohnhaft in Kerkrade: jüdische Mitglieder des Widerstandes, die in Kerkrade im Untergrund gelebt hatten.*

ste Instanz der Spruchgerichte für diese Verfahren eröffnet. Dr. Kisselbach, Präsident des Zentraljustizamtes für die britische Zone, erklärte, durch die Richtersprüche der Spruchkammern und -senate entscheide sich das Schicksal von 19000 internierten Personen. Bis zum Januar 1948 leiteten die Spruchgerichte in der britischen Zone insgesamt 25823 Verfahren ein. Davon wurden 5181 Verfahren durch den öffentlichen Kläger eingestellt, da die Mitgliedschaft der Betroffenen in verbrecherischen Organisationen nicht nachzuweisen war. In 5185 Fällen wurden Urteile gefällt, in 2954 Fällen Strafentscheide wieder erlassen. 1700mal wurde gegen erlassene Urteile Revision eingelegt. 1950 wurde vom Bundesinnenministerium eine Bilanz der Entnazifizierungsmaßnahmen in den drei westlichen Zonen erstellt. Von den rund 6,08 Millionen Betroffenen, darunter 2,04 in der britischen Zone, wurden verurteilt: fast 1700 in der Kategorie 1 (Hauptschuldige), 23000 in 2 (Belastete), 150400 in 3 (Minderbelastete), 1,006 Millionen in 4 (Mitläufer), bei 3,939 Millionen wurde das Verfahren eingestellt. Eine zusätzliche Erhebung in Nordrhein-Westfalen aus dem gleichen Jahr ergab, daß insgesamt 6816 Beamte durch die Entnazifizierung aus ihrem Amt entfernt und nicht wieder

278 *Amerikanische Soldaten vor der Schachtanlage Friedrich Thyssen in Hamborn.*

mit ihren vor dem 8. Mai 1945 bestehenden Rechten eingestellt worden waren.
Schließlich muß auch noch der berühmt-berüchtigte Fragebogen erwähnt werden.
Es war eine Erfindung amerikanischer Psychologen und akademischer Theoretiker, die für sich selbst spricht. Wenn jemand wirklich von der Polizei verfolgt wird oder tatsächlich eine schlimme Tat zu verbergen hat – wird er dann seine schlechte Vergangenheit Stück für Stück in einen Fragebogen eintragen? Der »Fragebogen Germany« begann übrigens mit einer Warnung. Es gab eine deutsche und eine englische Version. Ausdrücklich wurde festgelegt, daß im Zweifelsfall die englischsprachige Version den Ausschlag geben solle.
Nach Erhebung der persönlichen Daten wurde nach Mitgliedschaften in der NSDAP gefragt, vom Reichsleiter hinab über den Gauleiter, Kreisleiter und Ortsgruppenleiter bis zur einfachen Parteimitgliedschaft oder Mitgliedschaft in SS, SA, HJ, Nationalsozialistischem Deutschen Studentenbund, Nationalsozialistischem Bund deutscher Technik, dem Ärzte-, Lehrer- und Rechtswahrerbund. Auch Mitgliedschaften im deutschen Frauenwerk, im Reichskolonialbund und Reichsbund deutscher Familien mußten angegeben werden.
Wer jemals einen Titel, Medaillen, Urkunden oder andere Auszeichnungen einer dieser Organisationen erhalten hatte, mußte sie nennen. Auf einem separaten Bogen waren alle Publikationen und Veröffentlichungen seit dem Jahre 1923 aufzuführen, »ausgenommen solche von rein technischem, künstlerischem oder nicht politischem Charakter«. Jedermann mußte, beginnend mit dem 1. Januar 1930, eine lückenlose Darstellung seiner beruflichen Tätigkeit vorlegen. Unter der Rubrik »F«

279 *Getötete russische Kriegsgefangene werden aufs neue beerdigt . . .*

280 *. . . nachdem man sie vorher dort ausgegraben hatte, wo sie verscharrt worden waren. Hannover, 1946.*

281 *Das Begräbnis für die Russen. Im Hintergrund das Rathaus von Hannover.*

282 *Eine bombardierte Raffinerie: die Tanks sind durch die Hitze geschmolzen und zusammengeklappt.*
▽

283 *Nur noch ein Stahlgerippe: ein Teil der Thyssen-Werke in Hamborn.*

284 *In der gleichen Fabrik: amerikanischer Soldat.*

waren die Jahre 1933 bis 1944 Zeile für Zeile aufgeführt und man hatte die »Quelle des Einkommens« und den jeweiligen Jahresbetrag auszufüllen. Danach mußte man unter Punkt »G« »Military Service« Dienstzeiten bei der Wehrmacht ab 1919 aufführen.
Als Besonderheit war hier auch die folgende Frage zu beantworten: »Dienten Sie als Teil der Militärregierung in irgendeinem von Deutschen eroberten Land, einschließlich Österreich und dem Sudetenland?« Nach der Aufführung aller Reisen außerhalb Deutschlands seit dem Jahre 1933 wurde im letzten Punkt des Fragebogens danach gefragt, zu welcher politischen Partei man vor 1933 gehört habe, ob man jemals Mitglied einer Anti-NS-Partei oder -Gruppe seit 1933 gewesen war und ob man jemals wegen Widerstand gegen das Regime im Gefängnis gewesen war. Wenn dies mit »Ja« beantwortet wurde, mußte man die Namen und Adressen zweier Personen angeben, die die Wahrheit dieser Angaben bezeugen konnten. Auch der Fragebogen selbst mußte nicht nur mit Datum versehen und eigenhändig unterschrieben, sondern auch von einem namentlich genannten Zeugen gegengezeichnet werden.
Im März 1946 forderte man von offizieller deutscher Seite in der britisch und amerikanisch besetzten Zone, daß NS-Kriegsverbrecher durch deutsche Gerichte nach deutschem Gesetz abgeurteilt werden sollten. Der Grund, den die Deutschen vorbrachten, war auch für die Entnazifizierungsverfahren annehmbar. Die Greueltaten, so argumentierten sie, die gegenüber Ausländern begangen worden waren, seien in gleicher Weise gegenüber dem deutschen Volk begangen worden. Und in der Tat hatte das deutsche Volk unter der Herrschaft der Nazis viel länger als die Länder des eroberten Europa zu leiden.
Seit Hitlers »Machtergreifung« im Jahre 1933 hatten mit fortschreitender Anwendung von Gewalt und Terror im Reich Verfolgung, Bedrohung, Inhaftierung und »Beseitigung« politischer und weltanschaulicher Gegner voll eingesetzt. Am Ende der Eskalation des Terrors, der sich zum Teil mit Gesetzen und Verordnungen scheinlegal gab, sollte die »Endlösung der Judenfrage« stehen. Die Opfer des Wahns von der Vormachtstellung der »nordischen Rasse« und des nationalsozialistischen Totalstaats sind nach Millionen zu zählen.
Die rund 500000 deutschen Juden wurden seit

1933 schrittweise aus dem öffentlichen Leben verdrängt, durch Berufsverbote und »Arisierung« von Wirtschaft, Verwaltung und Kultur ihrer Existenzgrundlagen beraubt. 1933 emigrierten 37000 aus ihrer Heimat, 1937 waren es 23000. Von 1938 bis zum Auswanderungsstopp des Jahres 1941 mußten etwa 170000 deutsche jüdische Bürger das Reich verlassen, das Hitler »judenfrei« machen wollte. Nach ersten Deportationen aus Österreich und Böhmen und Mähren wurden seit 1941 auch Juden aus dem »alten« Reichsgebiet in die Gettos und Konzentrationslager der besetzten Ostgebiete transportiert. 1942 begannen die systematisch betriebenen Massenvernichtungen. Annähernd sechs Millionen europäischer Juden waren bis Kriegsende Opfer des größten Völkermords der Geschichte. Zahlreich waren auch die Opfer des deutschen Widerstands gegen den Nationalsozialismus: Kaufleute und Beamte, Arbeiter und Akademiker, Gewerkschaftler und Geistliche, Offiziere, Studenten und Hochschullehrer, Kommunisten und Sozialdemokraten, Liberale und Konservative, Christen und Atheisten bezahlten ihren Mut und ihre Opferbereitschaft mit dem Leben. Allein der »Volksgerichtshof« erließ nach dem gescheiterten Attentat vom 20. Juli 1944 über 200 Todesurteile.

Deutsche plädierten dafür, die im deutschen Namen begangenen Verbrechen und Unrechtstaten auch im deutschen Namen zu verfolgen und zu sühnen, die Verfahren in die eigene Gerichtsbarkeit zu überführen:

»Das Urteil eines deutschen Gerichtes wird einen ungleich größeren Widerhall beim deutschen Volk haben, als es die Strafe eines internationalen Militärgerichtes haben kann. In Anbetracht der Entwicklung einer neuen deutschen Demokratie in den kommenden Jahren ist ein solches Vorgehen politisch von großer Wichtigkeit und wird auch einen wichtigen Beitrag zur endgültigen Entnazifizierung des deutschen Volkes leisten. Es wird außerdem das Entstehen einer Legende verhüten, der Legende nämlich, die Kriegsverbrecher seien zwar von einem internationalen Tribunal, nicht aber vom deutschen Volk verurteilt worden.«

Die Alliierten folgten dieser Argumentation. Die Entnazifizierung wurde in deutsche Hände gelegt. Die Zeit der Demontage und Bestrafung war vorüber. Der Kampf um den Wiederaufbau jedoch war noch zu bestehen.

285 *Ein Trümmerhaufen: die Vereinigten Deutschen Metallwerke in Hildesheim.*

286 *Ein Amerikaner im Schrott: die Ölraffinerie in Sterkrade-Holten.*

13. Ein schrecklicher Winter – und neue Töne

Es war kalt, sehr kalt. Viel kälter als im Winter 1945/46. Die Deutschen hatten schon sechs Monate mit einer Tagesration von 1046 Kalorien hinter sich, der Tagesration eines KZ-Insassen. Ohne Kohlen oder Brennholz verbrachten die älteren Leute den Winter entweder im Bett oder kletterten aus ihren zerstörten Häusern und schleppten sich zu den städtischen »Wärmehallen«.

1946/47 war der härteste Winter seit langer Zeit. Allein in Berlin wurde 200mal Kälte als Todesursache registriert. Die schwer geprüften Bürger der britischen Zone verloren zum erstenmal den Mut. Sie hatten Hitler überlebt, fünf schreckliche Kriegsjahre, die Bomben, die Kämpfe, das erste Jahr unter den neuen Herren. Jetzt saßen sie hungrig und frierend in ihren Ruinen, ohne Hoffnung und ohne Glauben an die Zukunft, resigniert und am Ende.

Die Krankenhäuser waren überfüllt mit Menschen, die an Lungenentzündung und Diphtherie litten. Jeden Morgen mußte die Polizei in den großen Städten tote Männer und Frauen aus ihren Häusern tragen. In Hamburg, Dortmund und Köln brachen alte Leute mitten auf den Straßen zusammen und starben auf der Stelle. Auf den Bürgersteigen vor den alliierten Clubs und Kantinen drängten sich haufenweise zitternde junge Bettler. Überall gab es die »Kippensammler«. Offiziell besuchten über 3 Millionen Kinder 619 Oberschulen, 11500 Grundschulen, 1830 Berufsschulen und 250000 Kinder den Kindergarten. Doch von geregeltem Unterricht konnte in diesem Winter nicht die Rede sein – ein großer Teil der Schulen mußte sogar vorübergehend geschlossen werden. Täglich gab es unter den Angestellten in den Büros Ohnmachtsanfälle.

Die vielen britischen Journalisten, die zu einem Besuch in die Zone kamen, berichteten nach Hause, daß die Hungersnot weit verbreitet sei. Sie beschrieben in ihren Artikeln »bleiche Gesichter mit hohlen Wangen«, bettelnde Kinder auf den Straßen und abgemagerte Frauen, die auf ihren Bollerwagen Holz daherzogen. Und überall gebe es Schlangen von anstehenden Leuten. Sie gingen derart teilnahmslos über die Straßen, daß die Autofahrer aufpassen müßten, daß ihnen nichts geschehe.

In Sheffield erklärte der neue britische Kabinettminister für Deutschlandfragen, John Hynd, in einer Rede, daß es »eine Frage von Tagen ist, ob 23 Millionen Menschen in den Straßen verhungern werden«. Hynd übertrieb vielleicht ein wenig, denn Monate statt Tage wäre die korrektere Beschreibung gewesen. Aber im Kern hatte er recht: Die Deutschen litten Hunger und die Lage verschlechterte sich zusehends.

Die im Herbst 1946 einsetzende Krise in der Ernährungslage hielt über den ganzen Winter an und erreichte insbesondere im Frühjahr 1947 katastrophale Ausmaße. Die Zuteilungen, die auf dem Papier stehen, können oft nicht eingehalten werden. Die Tagesration laut Karten sinkt auf 1500–1550 Kalorien, in Köln erhält die Bevölkerung zeitweilig nur 850, im Mai 1947 sind es in Wuppertal sogar nur 650. Bei 60 % der arbeitenden Bevölkerung wurde ein monatliches Nettoeinkommen von unter 100,– Mark errechnet, während die Preise trotz Preisstopps anstiegen, von den Schwarzmarktpreisen ganz zu schweigen. In den Städten grassierte die Lungentuberkulose. 1943 kamen auf 10000 Einwohner 7,3 gemeldete aktive Tbc-Fälle, 1946 dagegen 51,2. In den Betrieben stiegen infolge von Unterernährung und Erschöpfung die Unfallziffern erschreckend an. 1944 entfielen auf 1000 Bergarbeiter 0,8 tödliche Unfälle, 1946 aber 2,8.

Um die Jahreswende kommt es in verschiedenen Orten zu befristeten Arbeitsniederlegungen und Protestversammlungen wegen der schlechten Ernährungslage, im Februar läuft durch das Industriegebiet an Rhein und Ruhr eine Welle von betrieblichen und örtlichen Protestaktionen. Unter dem Eindruck der sich verschärfenden Krise droht Ministerpräsident Dr. Amelunxen den britischen Behörden sogar seinen Rücktritt an, weil er die Verantwortung nicht mehr tragen könne: »Ohne weitere Hilfe ist mit dem völligen Zusammenbruch der Ernährung in unseren Großstädten zu rechnen.« Am 12. Mai 1947 fliegt der britische Ober-

287 *Die Nahrungsmittel sind mit Karten rationiert, die Milch wird in kleinen Portionen abgemessen. Die Alliierten legen fest, daß die Rationen in Deutschland auf keinen Fall größer werden als in den befreiten Ländern.*

kommandierende in Deutschland, Luftmarschall Sir Sholto Douglas nach London, um mit dem Außenministerium in London über die katastrophale Ernährungssituation in der britischen Zone zu konferieren.
Mit dem Anstieg von Protestaktionen der arbeitenden Bevölkerung nahmen Wiederaufbau und Entwicklung der Gewerkschaften einen raschen Gang. Seit August/September 1945 war die Gewerkschaftsbewegung in den drei Westzonen zugelassen, doch vollzog sich ihr Aufbau zunächst sehr zähflüssig. Marschall Montgomery schrieb rückblickend über die Gründe der Drosselung: »Die Russen unterstützten die Gewerkschaften. Ich beschloß, das nicht zu tun; ich war zwar sehr dafür, daß sie langsam, den Verhältnissen entsprechend wachsen sollten, aber dagegen, daß sie ›forciert‹ wurden. Dadurch hoffte ich zu erreichen, daß im

289 *Churchill besucht Deutschland. An der Maschine holt Montgomery ihn ab.*

◁ 288 *Einer von 85: sie arbeiten bei den Amerikanern in Stolberg im Rheinland. Einmal pro Tag gibt's dafür eine warme Mahlzeit und einen Tageslohn von sechs Cents.*

Laufe der Zeit aus ihren Reihen die richtigen Leute an die Spitze kamen. Gingen wir jedoch zu schnell vor, so bestand die Gefahr, daß die Gewerkschaften in falsche Hände gerieten und daraus Schwierigkeiten entstanden.« Nachdem zunächst betriebliche und später auch in einzelnen Branchen Vertreter-Wahlen zugelassen worden waren, beauftragten die britischen Behörden 1946 Hans Böckler (Köln), Hans Böhm (Bielefeld), Albin Karl (Hannover) und Franz Spliedt (Hamburg) mit dem Aufbau der Gewerkschaften in den vier Gewerkschaftsbezirken der britischen Zone, Nordrhein-Westfalen, Niedersachsen sowie Hamburg und Schleswig-Holstein. Vom 12.–14. März 1946 tagte in Hannover die erste Gewerkschaftskonferenz für die britische Zone. Die britischen Militärbehörden erklärten gleichzeitig, künftig gewerkschaftliche Organisationen im Zonenmaßstab zu erlauben. Auf der Konferenz wurde ein vorläufiger Zonenvorstand – bestehend aus den vier Vorsitzenden der Bezirke und je einem Vertreter der Angestellten und Beamten – gewählt. Im Dezember 1946 vereinigten sich die Bergarbeitergewerkschaften als erster Industrieverband auf Zonenbasis.

Doch bei den höheren Stellen, sowohl in London als auch bei der Zonenkontrollbehörde, konnten die Offiziellen manchmal nicht sehen, was sich direkt vor ihren Augen abspielte. Manchmal schien es sogar, als ob sie die Situation mutwillig noch verschlechtern wollten. So gab es in Hamburg nur drei mehr oder weniger unbeschädigte Gebiete in der Stadt. Sie wurden prompt für die Mitglieder der Kontrollkommission reserviert und in eine Art von Gartenstadt verwandelt.
Als Victor Gollancz im Herbst 1946 seinen zweiten Besuch in Hamburg machte, sah er dort 10000 Arbeiter bei diesem Projekt im Einsatz. Sie sollten das Gelände für die Kontrollkommission herrichten! Demgegenüber waren aber nur 3500 Arbeiter eingesetzt, um für die 17000 evakuierten Hamburger eine neue Unterkunft zu schaffen. Und für die Reparaturarbeiten im Rest der Stadt waren sage und schreibe nur 1700 Leute bereitgestellt.
Um dem Ganzen die Krone aufzusetzen, hatte die britische Armee den »alliierten Siegesclub« in einem früheren Kino und Theater direkt neben der verrufenen Herbertstraße eingerichtet. Der Komplex enthielt alles vom Tanzsaal bis zur Turnhalle. Er kostete 13 Millionen Mark. Zu seinem Bau war Material verwendet worden, mit dem man Unterkünfte für mindestens 6000 Bürger hätte bauen können!
Dr. Karl Arnold, der im Juni 1947 Ministerpräsident des Landes Nordrhein-Westfalen werden sollte, ärgerte sich so sehr über das Projekt, daß er schrieb: »Die Bevölkerung sieht mit Bedauern, daß der Bau und die Wiederherstellung von Gebäuden für Unterhaltungszwecke der Besatzungsbehörden in einem Maßstab durchgeführt wird, der im Vorkriegsdeutschland als außergewöhnlich gegolten hätte . . . Andererseits plant man die Schließung von Fabriken, in denen Zement und Baumaterial hergestellt wird!«
Die in den Ruinen lebenden Zivilisten machten sich kaum mehr die Mühe, in den kleinen Zeitungen zu lesen, die von den Briten zugelassen worden waren. Welche Bedeutung hatten auch die ewigen Konferenzen in so weit entfernten Städten wie London, Washington und Moskau für sie? Immer wurde der Anschein erweckt, als gehe es um Deutschlands Zukunft, aber niemals wurden die praktischen Resultate erreicht, die jetzt einzig und allein zählten: Nahrungsmittel und Wärme!
Wollten die Briten die Deutschen etwa den Hungerstod sterben lassen? Die Selbstmordrate in den großen Städten der britischen Zone stieg langsam an.
Trotzdem bahnte sich auf internationaler Ebene hinter den Kulissen ein Wandel an, wenn auch nur sehr zögernd. Am 5. März 1946 hatte Winston Churchill in seiner Rede in Fulton, USA, den Begriff des »Eisernen Vorhangs« geprägt und starke Differenzen mit der Sowjetunion deutlich erkennen lassen. General Clay ließ im Mai 1946 zeitweilig die Reparationslieferungen aus der US-Zone an die UdSSR einstellen. Die britische Militärregierung schloß sich dieser Maßnahme an. Im Juni 1946 hatten die Behörden der britischen Besatzungszone zwei Politikern aus der sowjetisch besetzten Zone, Wilhelm Pieck (KPD) und Otto Grotewohl (SPD), die Einreise verweigert. Beide wollten in Essen zugunsten eines Zusammenschlusses

290 *Die Milchfrau in Berlin, Dezember 1945.*

von Kommunisten und Sozialdemokraten sprechen.
Nur wenige weitsichtige Politiker sahen, wohin die Entwicklung führen würde. In Washington bat Präsident Truman den früheren Präsidenten Hoover, er möge nach Europa gehen und einen Bericht über die Versorgungslage des Jahres 1946 erstellen.

291 *Vom Vierzehn- bis zum Siebzigjährigen: die Waldarbeiter bei den Amerikanern in Stolberg. Hauptarbeit: Herstellung von Material zur Befestigung von Straßen, meist mit Baumstämmen.*

Hoover veröffentlichte seine Stellungnahme erst im Frühling 1947, aber es gibt Anzeichen dafür, daß die Amerikaner auf ihn schon gegen Ende des Winters 1946 reagierten. In seinem Gutachten kam Hoover zu dem Schluß, daß der Versorgungsgrad mit Lebensmitteln in Großbritannien und den meisten westlichen Nachbarländern Deutschlands zwar nahezu den Vorkriegsstandard erreicht hatte, daß die Nahrungssituation im besetzten Deutschland jedoch sehr prekär war.

Er machte Vorschläge für Sofortmaßnahmen, die man ergreifen solle. Zum Beispiel müssen Saatgut und Düngemittel nach Deutschland geschickt werden. Aber er ging noch weiter. Er schrieb: »Unser wirtschaftliches Interesse reicht viel weiter als dies. Wir brauchen dringend einen Wiederaufbau in ganz Europa. Wir brauchen ihn nicht nur aus wirtschaftlichen Gründen, sondern als die erste notwendige Voraussetzung für den Frieden ... Es gibt nur ein einziges Mittel, um Europa wieder auf die Beine zu helfen: Produktion. Die gesamte Wirtschaft Europas ist miteinander verbunden und vor allen Dingen stark mit der deutschen Wirtschaft verflochten. Die Produktivität Europas kann ohne die Mitwirkung Deutschlands an diesem Produktionsprozeß nicht wiederhergestellt werden.«

Zur gleichen Zeit, als Hoover seinen Bericht für Präsident Trumann anfertigte, besuchte der amerikanische Außenminister James F. Byrnes die amerikanische Besatzungszone in Deutschland. Der kleine drahtige und stets gut gekleidete Ex-Senator, der bei seinen Feinden als »schlau« und bei seinen Freunden als »fähig« galt, hatte praktisch keinerlei Kenntnisse über die europäischen Verhältnisse, als er ein Jahr zuvor Außenminister geworden war. Jetzt informierte er sich nach und nach und wurde prompt zu einem der Fürsprecher für einen Richtungswechsel der amerikanischen Politik gegenüber dem besiegten Deutschland.

Am 6. September 1946 hielt er in Stuttgart eine Rede vor Vertretern der amerikanischen Militärregierung und den Ministerpräsidenten der drei Länder in der amerikanisch besetzten Zone. In dieser Rede betonte er die Notwendigkeit der Wiederherstellung der wirtschaftlichen Einheit Deutschlands. Sie müsse ebenso wiederbelebt und gestärkt werden wie die politische Verantwortung der Deutschen. Er erklärte, Amerika wolle weder einen »harten« noch einen »weichen« Frieden.

Dann fuhr er fort in einem Ton, den die Deutschen seit Kriegsende nicht mehr gehört hatten. Er sagte: »Aber weil Leiden und Unheil in Deutschland unvermeidlich sind, ist die amerikanische Regierung nicht bereit, die Verantwortung für eine unnötige Verschlechterung der wirtschaftlichen Lage zu tragen, wie sie eine Folge schlechter Arbeit des alliierten Kontrollrates ist. Er hat sich einverstanden erklärt, dem deutschen Volk eine Chance bei der Lösung der dringendsten ökonomischen Probleme und Fragen zu geben. Soweit es die lebenswichtigen Fragen betrifft, regiert der Kontrollrat weder Deutschland noch erlaubt er es ihm, sich selbst zu regieren ...«

»Die Vereinigten Staaten können Deutschland nicht die Not ersparen, die sich aus dem Kriege ergibt. Die eigenen Führer haben ihn ja angezettelt. Aber die Vereinigten Staaten wollen diese Härten nicht noch vergrößern und dem deutschen Volk nicht die Gelegenheit verweigern, sich aus dieser Misere herauszuarbeiten, solange es dabei die menschlichen Freiheiten achtet und den Weg des Friedens geht. Das amerikanische Volk möchte die Regierung Deutschlands wieder dem deutschen Volk übergeben. Das amerikanische Volk will dem deutschen Volk dabei helfen, seinen Weg in die Gemeinschaft der freien und friedliebenden Völker der Welt zurückzufinden.«

Dies war in der Tat ein ganz anderer Ton, als er ihn während der Potsdamer Konferenz im Sommer zuvor angeschlagen hatte; dies glich schon eher dem Tenor Churchills berühmter Züricher Rede vom 19. September 1946, in der er – insbesondere an die Westeuropäer gewandt – zu einer »Art Vereinigter Staaten von Europa« aufforderte, und dem Standpunkt Montgomerys, daß Deutschland als ein Bollwerk gegen die Verbreitung des Kommunismus installiert werden müsse. Byrnes ging sogar noch einen Schritt weiter, indem er zum erstenmal von einem militärischen Kampf zwischen Ost und West sprach. In diesem Zusammenhang, so erklärte der amerikanische Außenminister, sei es nach Meinung der Vereinigten Staaten von Amerika nicht im Sinne des Weltfriedens, wenn Deutschland zum Spielball zwischen Ost und West würde. Trotzdem war er sich immer noch nicht der Tatsache bewußt, wie wichtig es sei, Deutschland im westlichen Lager zu finden. Denn er beendete seine Rede mit der Bemerkung, daß man Deutschland nicht erlauben dürfe, Partner des Ostens *oder* des Westens zu werden.

Jedenfalls markiert die Rede von Byrnes zum erstenmal öffentlich die neue antisowjetische Stimmung, die sich in Washington entwickelte. Sie war wohl der gewichtigste Grund dafür, daß die westlichen Alliierten die Gründung der Bundesrepublik Deutschland förderten.

Am gleichen Tage im November 1946, als Bevin in New York versuchte, größere Weizenlieferungen zu bekommen, damit die Brotration in Großbritannien nicht gesenkt zu werden brauchte, stellten 53 Labour-Abgeordnete im britischen Parlament den Antrag an Bevin, er solle »eine demokratische und konstruktive sozialistische Alternative zu dem

sonst unvermeidlichen Konflikt zwischen amerikanischem Kapitalismus und sowjetischem Kommunismus« finden. Vor allem aber war Bevin mit der harten Tatsache konfrontiert, daß Großbritannien weder das Geld noch die Leute haben würde, um die Rolle einer großen Nation zu spielen, die seine Vergangenheit, ein großes Reich und sein jetziger Sieg doch zu suggerieren schienen.
Schon 1947 fehlten in der britischen Industrie 600000 Arbeitskräfte. Wegen seiner weltweiten Verpflichtungen mußte das Land 1500000 Soldaten bei seinen Streitkräften unterhalten. Allein die Truppen in Übersee kosteten 200 Millionen Pfund. Für Deutschland mußten die Briten 60 Millionen Pfund für Hilfe und Verteidungsausgaben aufwenden. Wenn die Labour-Regierung den von ihr erstrebten Wohlstand erreichen wollte, das wußte Bevin, dann müßte sie ihre Verpflichtungen im Ausland einschränken. Amerika müßte in diesem Falle einspringen, um Großbritanniens Last mitzutragen.
Bevin wußte, daß die Situation in der britischen Zone sich nicht noch mehr verschlechtern durfte. Das ganze System drohte während dieses Winters auseinanderzubrechen.
Am 20. Juli 1946 hatte auf der 34. Kontrollratssitzung der Vertreter der USA, Militärgouverneur General McNarney, im Auftrag seiner Regierung die anderen drei Besatzungsmächte dazu aufgefordert, man solle eine gemeinsame Wirtschaftspolitik betreiben. Die Sowjets hatten darauf nicht reagiert. Die Briten stimmten am 30. Juli zu, die Franzosen hingegen lehnten den Plan ab. Auch unter einflußreichen deutschen Politikern regte sich Widerstand gegen Teil-Zusammenschlüsse. Theodor Tantzen, FDP, 1946 Ministerpräsident des Landes Oldenburg, 1946/47 stellvertretender Ministerpräsident von Niedersachsen, hatte bereits auf einer Konferenz des Länderrats vom 28. Februar bis 1. März 1946 in Bremen gegen einen engen Zusammenschluß der britischen und amerikanischen Zone eingewandt, dies »könnte als Abschreibung des russischen Gebiets bewertet werden«. Unterstützt wurde er von Rudolf Petersen, CDU, dem damaligen Ersten Bürgermeister der Hansestadt Hamburg. Petersen wie auch andere Gegner separater Fusionen wiesen auf die Gefahr der Spaltung Deutschlands hin. Im Endeffekt hatten sie sogar recht mit dieser Behauptung.
Aber die Zeit drängte. Innerhalb Monatsfrist nach dem sechsten Treffen des Zonenbeirates in Hamburg am 14. August, auf dem den deutschen Mitgliedern die beabsichtigte Verschmelzung dargelegt worden war, kamen der britische und der amerikanische Militärbefehlshaber am 5. September zu einer Übereinkunft. Drei Monate später unterschrieb der unter starkem Druck stehende Bevin (er war außerdem schwer krank) am 2. Dezember 1946 in Washington den Vertrag über die wirtschaftliche Verschmelzung der britischen und der amerikanischen Besatzungszone in Deutschland.
Für die Vereinigten Staaten unterschrieb Byrnes. In dem Vertragswerk war nicht nur festgelegt, daß die wirtschaftliche Fusion stattfinden solle, sondern auch, daß wichtige Verwaltungsdienste in deutsche Hände übergeben würden. Die Fusion sollte ab 2. Januar 1947 wirksam sein.
Die Würfel waren gefallen. Der Handel zwischen den beiden Zonen konnte richtig in Gang kommen. Amerikanische Lebensmittel und Hilfsgüter würden ihre Wirkung entfalten können, und die Amerikaner waren in Europa noch stärker engagiert, ganz so, wie Bevin es gewünscht hatte.
Es war ein eiskalter Januartag des Jahres 1947. Dichter Schnee fiel in der britischen Zone von Aachen im Süden bis Flensburg im Norden. Die frierenden und hungrigen Menschen in den Ruinen konnten kaum ahnen, daß an diesem Tag der erste Schritt in eine bessere Zukunft getan wurde. Innerhalb von zwei Jahren würden sie Bürger der neuen unabhängigen Bundesrepublik Deutschland sein, die wegen ihres Wohlstandes und ihrer Wirtschaftsleistungen von der westlichen Welt bewundert werden würde, bevor das Jahrzehnt zu Ende ging.

Augenzeugen

Kriegsverbrecherprozesse in der britischen Zone standen unter besonderem Recht, das viele fragliche Prozeduren erlaubt, die bei britischen Gerichten streng verboten waren, so zum Beispiel Beweismaterial, das man lediglich vom Hörensagen kannte. Wer diese Praktiken auf britischer Seite kriti-

sierte, der wurde absurderweise als »Pro-Nazi« verdächtigt.
Ein britischer Armeeoffizier brach in Tränen aus, als er hörte, daß seine Klientin, die er im Bergen-Belsen-Prozeß verteidigte, zum Tod durch Erhängen verurteilt worden war. Sie war Verkäuferin gewesen und als Wärterin im KZ dienstverpflichtet worden. Er erzählte mir, daß die Tatsachen, die zu ihren Lasten bewiesen werden konnten, vor einem normalen britischen Gericht eine Strafe von maximal 18 Monaten Gefängnis nach sich gezogen hätten. Bitter sagte er: »Sie wird von der Presse gehängt!« Ich glaube, er hatte nicht ganz unrecht.

Anthony Mann, Journalist und Berichterstatter bei den Nürnberger Prozessen

Man war übereingekommen, daß die Verurteilten »innerhalb von vier Tagen nach dem Urteilsspruch« ihr Gnadengesuch an die Viermächtekontrollkommission zu richten hatten. Nun wurde offenbar, daß der britische Vertreter in diesem Gremium, Luftmarschall Sir Sholto Douglas, davon ausging, daß die Entscheidungen in dieser Kommission, soweit Großbritannien daran mitzuwirken habe, in seiner »persönlichen Verantwortung« lägen.
Als man dies in London erfuhr, hielt man es für einen Fall von Größenwahn. Und man war in der britischen Hauptstadt keineswegs glücklich, als man hörte, was Douglas in einer der Sitzungen am 20. September zu seinen Kollegen in der Kommission gesagt hatte. Leichthin hatte er sie nämlich aufgefordert, diese Gnadengesuche so zu betrachten, daß man darüber nicht als gesetzlicher Vertreter, sondern als »Mann von Welt« zu befinden habe. Am 7. Oktober war eine eigens zu diesem Zweck einberufene Kabinettssitzung notwendig, um den Luftmarschall endgültig zu stoppen. In dieser Angelegenheit, so teilte man ihm mit, sei er ein politisches Instrument seiner Regierung. Er müsse darauf vorbereitet sein, von ihr Befehle zu erhalten.

G. Brooks-Shepherd

Entschließen Sie sich, zusammenzustehen gegen diese Herrschaften, die mit der Demokratie auf den Lippen und dem Knüppel hinter dem Rücken Ihnen Ihre deutsche Freiheit stehlen wollen . . . Die Aussichten sind günstig. Gehen Sie vorwärts und machen Sie von ihnen Gebrauch!

General Robertson am 7. April 1948
in Düsseldorf
vor dem Landtag von
Nordrhein-Westfalen

14. Währung in der Bewährung: Von der Reichsmark zur »Deutschen Mark«

20. Juni 1948. An diesem Sonntag – im Rheinland ist's ein Regentag – drängen sich überall in den drei westlichen Besatzungszonen Deutschlands die Menschen in den Innenstädten. Starke bewaffnete Polizeikräfte eskortieren riesige Geldtransporte aus den Banktresoren zu den Umtauschstellen. Ob in Hamburg, München oder Köln: lange Schlangen bilden sich vor den notdürftig instandgesetzten Schulen, vor Rathäusern oder halb zerbombten Kinos. Wer am Kopf der Schlange angelangt ist, vorbei an mit Pistolen bewaffneten »Schupos« (Schutzpolizisten), muß zunächst wieder das tun, was die besiegten Deutschen in den vergangenen drei Jahren jetzt schon so oft getan haben: Formulare ausfüllen! Dann gibt es das »Kopfgeld« – vierzig neue »Deutsche Mark« sofort, zwanzig Mark später. Alle betrachten und betasten die neuen Geldscheine: Dem einen mißfällt die Form, dem anderen die Farbe. Ein dritter vermißt das Wasserzeichen, ein vierter bemängelt: »Wo ist denn die Strafbestimmung bei Mißbrauch der Noten?« Besonders Findige entdecken auch noch, daß jeder Hinweis darauf fehlt, von welcher Stelle das Geld ausgegeben worden ist.
Wer sich von den Zahlstellen etwas entfernt, in denen der Währungsschnitt der deutschen Nachkriegsgeschichte für jedermann sichtbar geschieht, der fügt sich ein in eine andere, schweigende Pro-

292 *Zwanzig Deutsche Mark, die Hälfte des „Kopfgeldes“: ein Vermögen.*

RHEINISCHE POST

VERÖFFENTLICHT UNTER ZULASSUNG NR. 12 DER MILITÄRREGIERUNG — ZEITUNG FÜR CHRISTLICHE KULTUR UND POLITIK — ERSCHEINT MONTAGS, MITTWOCHS, SAMSTAGS. VERLAGSORT DÜSSELDORF

JAHRGANG 3 NR. 50 — SAMSTAG, 19. JUNI 1948 — A — PREIS 20 PFENNIG

Für ehrliche Arbeit wieder ehrliches Geld!

Der historische Einschnitt: Deutsche Mark statt Reichsmark — Kopfquote 40 + 20 Mark — Umtausch der Guthaben später

Durch die Militärregierungen der Westzonen ist ein „Erstes Gesetz zur Neuordnung des deutschen Geldwesens" verkündet worden, das am 20. Juni in Kraft tritt. Die bisher gültige deutsche Währung wird durch dieses Gesetz außer Kraft gesetzt. Das neue Geld heißt „Deutsche Mark". Das alte Geld — Reichsmark, Rentenmark und Besatzungsmark — ist vom 21. Juni an ungültig mit Ausnahme der Altgeldnoten und Münzen mit einem Nennwert von höchstens einer Mark; diese Noten und Münzen bleiben zu einem Zehntel ihres bisherigen Nennwertes bis zum Ersatz durch neues Kleingeld in Umlauf. Briefmarken bleiben ebenfalls zu einem Zehntel ihres Nennwertes gültig. Jeder Einwohner der Westzonen erhält als „Kopfquote" 60 Mark der alten Währung in neues Geld umgetauscht; 40 Mark hiervon werden am morgigen Sonntag ausgezahlt, die restlichen 20 Mark in einem Monat. Andere Geldbeträge und Guthaben werden zu einem späteren Zeitpunkt umgewechselt. Das Umtauschverhältnis wird demnächst bekanntgegeben werden; bei diesem späteren Umtausch wird der „Kopfbetrag" abgezogen. Die Auszahlung des Kopfbetrages erfolgt durch die Stellen für die Verteilung der Lebensmittelkarten. Lebensmittelkarten und Kennkarten sind beim Umtausch vorzulegen. Der Familienvorstand kann den Umtausch für die Familie vollziehen. Löhne und Gehälter sind in der neuen Währung in der gleichen Höhe wie bisher zu zahlen. Für alle Reichsmarkverpflichtungen wird bis zum 26. Juni ein Moratorium gewährt, d. h., daß während dieser Woche keine Schulden zu bezahlen sind. Preise werden von der Neuordnung der Währung nicht berührt. Betriebe erhalten auf Antrag eine Übergangshilfe für geschäftliche Zwecke in Höhe von 60,— deutschen Mark je Arbeitnehmer, jedoch nur bis zur Höhe ihres Altgeldbestandes. Altgeld ist bis zum 26. Juni anzumelden und abzuliefern, und zwar bei Banken und Sparkassen bzw. Hilfsumtauschstellen; für Behörden und Betriebe mit einer größeren Anzahl von Arbeitnehmern werden eigene Hilfsumtauschstellen eingerichtet. Bei Postscheckämtern, Postsparkassen und Postämtern kann Altgeld nicht abgegeben werden. Alles bis zum 26. Juni nicht angemeldete oder abgelieferte Altgeld verfällt. Während das Gesetz über die Währungsreform von den Militärregierungen erlassen worden ist, wird gleichzeitig den deutschen gesetzgebenden Stellen die Ausarbeitung eines Gesetzes über den Lastenausgleich als vordringliche, innerhalb von sechs Monaten zu lösende Aufgabe übertragen; auch eine Steuerreform soll so schnell wie möglich folgen.

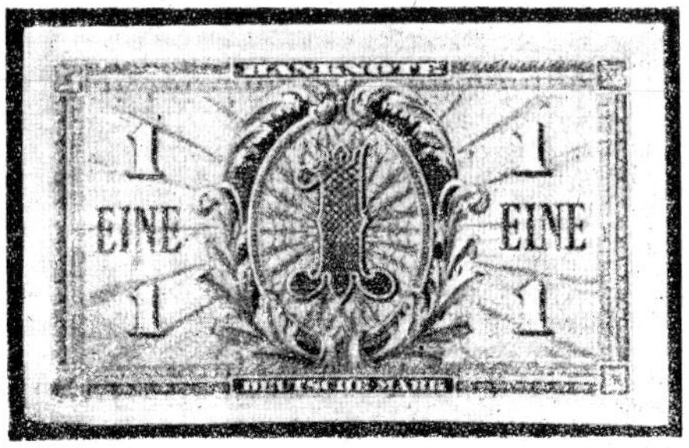

Die neuen Banknoten werden im Werte von 50 Pfennig, 1 Mark, 2 Mark, 5 Mark, 20 Mark und 50 Mark ausgegeben. In Papier und Druck ähneln sie dem bisherigen Besatzungsgeld. Die Scheine bis zu 5 Mark sind 6,5 mal 11 Zentimeter groß, der 20-Mark-Schein mißt 6,5 mal 15 Zentimeter, der 50-Mark-Schein 6,5 mal 15,1 Zentimeter. Auffallend ist, daß die üblichen Strafbestimmungen auf den Noten nicht aufgedruckt sind. Mehrere verschiedenfarbige, auf die Noten verstreute „Sicherheitspunkte" stellen eine Neuerung dar.

Das von der britischen Militärregierung unter Nr. 61 veröffentlichte erste Gesetz zur Neuordnung des Geldwesens (Währungsgesetz) hat folgenden Wortlaut:

Der Wortlaut

Die Militärgouverneure und Obersten Befehlshaber der britischen, der amerikanischen und der französischen Zone sind zu dem Zwecke, die Folgen der durch den Nationalsozialismus herbeigeführten Währungszerrüttung zu beseitigen, dahin übereingekommen, für das Gebiet der Länder Niedersachsen, Nordrhein-Westfalen, Schleswig-Holstein, Hansestadt Hamburg, Bayern, Bremen, Hessen, Württemberg-Baden, Baden, Rheinland-Pfalz und Württemberg-Hohenzollern (in folgendem als Währungsgebiet bezeichnet) einheitliche Gesetze zur Neuordnung des Geldwesens zu erlassen. Auf Grund dieses Übereinkommens erlassen die Militärgouverneure und Obersten Befehlshaber der britischen und amerikanischen Zone das Gesetz Nr. 61 und der Militärgouverneur und Oberste Befehlshaber der französischen Zone das Gesetz Nr. 158. Das folgende Gesetz und die beiden vorstehenden Gesetze ersetzen die Reichsmarkwährung durch eine neue Währung, ordnen die Ablieferung der außer Kraft gesetzten Zahlungsmittel und die Anmeldung der bei den Geldinstituten unterhaltenen Reichsmarkguthaben an und sehen eine Erstausstattung der Bevölkerung, der Wirtschaft und der öffentlichen Wirtschaft und der öffentlichen Hand mit neuem Geld vor. Weitere Gesetze werden Bestimmungen treffen über die Umwandlung der im Währungsgebiet vorhandenen Reichsmarkbestände, auch soweit sie außerhalb dieses Gebietes gehören, über die damit im Zusammenhang stehende Bereinigung der Bilanzen der Geldinstitute, über die öffentlichen und privaten Reichsmarkschulden und über andere Fragen, die sich aus der Neuordnung des Geldwesens ergeben, einschließlich der Steuerreform. Den deutschen gesetzgebenden Stellen wird die Regelung des Lastenausgleichs als vordringlich bis zum 21. Dezember 1948 zu lösende Aufgabe übertragen. Es wird daher das folgende verordnet:

Erster Abschnitt
Währungsumstellung

Paragraph I

I. Mit Wirkung vom 21. Juni 1948 gilt die Deutsch-Mark-Währung. Ihre Rechnungseinheit bildet die deutsche Mark, die in hundert deutsche Pfennig eingeteilt ist.

II. Alleinige gesetzliche Zahlungsmittel sind vom 21. Juni 1948: 1 Die auf deutsche Mark oder Pfennig lautenden Noten und Münzen, die von der Bank Deutscher Länder ausgegeben werden. 2. Folgende Noten und Münzen zu einem Zehntel ihres bisherigen Nennwertes: A) In Deutschland in Umlauf gesetzte Marknoten der Alliierten Militärbehörden zu eins und einhalb Mark. B) Rentenbankscheine zu einer Rentenmark. C) Münzen zu fünfzig, zehn, fünf und ein Reichs- oder Rentenpfennig. Vorbehaltlich früheren Aufrufens verlieren die in Absatz II, Ziffer 2 bezeichneten Militärmarknoten und Rentenbankscheine mit Ablauf des 31. August ihre gesetzliche Zahlkraft.

Paragraph II

Sind in Gesetzen, Verordnungen, Verwaltungsakten oder rechtsgeschäftlichen Erklärungen die Rechnungseinheiten Reichsmark, Goldmark oder Rentenmark verwendet worden, so tritt, vorbehaltlich besonderer Vorschriften für bestimmte Fälle an die Stelle dieser Rechnungseinheiten die Rechnungseinheit deutsche Mark.

Paragraph III

Geldschulden dürfen nur mit Genehmigung der für die Erteilung von Devisengenehmigungen zuständigen Stellen in einer anderen Währung als in deutscher Mark eingegangen werden. Das gleiche gilt für Geldschulden, deren Betrag in deutscher Mark durch den Kurs einer solchen anderen Währung oder durch den Preis, oder eine Menge von Feingold oder von anderen Gütern oder Leistungen bestimmt werden soll.

Paragraph IV

Für alle Reichsmarkverpflichtungen wird ein Moratorium gewährt. Das Moratorium endet mit dem Ablauf des 26. Juni 1948.

Paragraph V

Fällt der erste Zahlungstermin von Löhnen und Gehältern nach dem 20. Juni 1948 auf einen späteren Tag als den 29. Juni 1948, so ist an die Lohn- und Gehaltsempfänger eine Nachzahlung in deutscher Mark zu leisten. Nachzuzahlen sind 70 Prozent desjenigen Teiles des beim letzten Zahlungstermin nach Abzug der Lohnsteuer, der Kirchensteuer und der Beiträge zur Sozialversicherung empfangenen Reichsmarkbetrages, der dem Anteil des am 30. Juni 1948 beginnenden und am nächsten planmäßigen Zahlungstermin endenden Zeitraumes an der gesamten Zahlungsperiode entspricht. Der nachzuzahlende Betrag ist am 3. Juli 1948 fällig und unterliegt nicht der Lohnsteuer, der Kirchensteuer und der Beitragspflicht zur Sozialversicherung.

Zweiter Abschnitt
Kopfbetrag

Paragraph VI

Jeder Einwohner des Währungsgebietes erhält im Umtausch gegen Altgeldnoten (Paragraph IX, Absatz 1, Ziffer 1) desselben Nennbetrages bis zu 60 deutsche Mark in bar. (Kopfbetrag.) Ein Teil des Kopfbetrages in Höhe von nicht mehr als 40 deutsche Mark wird sofort ausgezahlt, der Rest innerhalb zweier Monate. Für den Fall, daß den Berechtigten bei dem späteren Umtausch von Altgeld ein Anspruch auf Beträge in deutscher Mark zusteht, bleibt die Anrechnung des Kopfbetrages hierauf vorbehalten.

Paragraph VII

Die Kopfbeträge werden ausgezahlt von den Stellen, die für die Ausgabe der Lebensmittelkarten und Berechtigten zuständig sind. Der Kopfbetrag kann für andere Personen unter denselben Voraussetzungen erhoben werden, unter denen es zulässig ist, die Lebensmittelkarten für andere Personen in Empfang zu nehmen.

(Fortsetzung auf Seite 3)

Robertson an Sokolowskij

Hoffnung auf Wiedereinführung einer einzigen Währung für ganz Deutschland

Berlin, 18. Juni. (dpd.) Der britische Militärgouverneur, General Robertson, hat an den sowjetischen Militärgouverneur, Marschall Sokolowskij folgendes Schreiben gerichtet:

„Wie Sie wissen, haben wir uns viele Monate lang bemüht, ein Viermächteabkommen über eine Währungs- und Finanzreform herbeizuführen, die für ganz Deutschland gelten soll. Ich bin noch immer davon überzeugt, daß das einzige zufriedenstellende Verfahren eine Reform auf gesamtdeutscher Grundlage ist. Die Wirtschaft der britischen Zone leidet jedoch akut unter den Nachteilen der Inflation und des wirtschaftlichen Stillstandes, die unsere Viermächtevorschläge für eine Finanzreform seit langem auszutilgen trachteten, und ich glaube, nicht das Recht zu haben, mit dem Ergreifen von Abhilfsmaßnahmen länger zu warten. Ich habe darum beschlossen, die britische Zone in ein Währungsreformprogramm einzubeziehen, das am Sonntag, dem 20. Juni, in den westlichen Zonen eingeführt werden soll. Kopien der darauf bezüglichen Gesetze werden Ihnen im Voraus zugehen. Der britische Sektor Berlins wird von diesem Beschluß unberührt bleiben. Ich erkenne die besonderen Verhältnisse der Viermächteverwaltung in Berlin an und habe nicht den Wunsch, diese Verwaltung zu stören, soweit das nicht unvermeidlich wird. Es wird meine vornehmste Sorge sein, sicherzustellen, daß alle zweckentsprechenden Maßnahmen für die Aufrechterhaltung des Handels und Warenaustausches zwischen der britischen Zone und Berlin sowie zwischen der britischen und der sowjetischen Besatzungszone sofort ergriffen werden. Ich kann nur hoffen, daß es den Besatzungsmächten möglich sein wird, sich frühzeitig über die Wiedereinführung einer einzigen Währung für ganz Deutschland zu einigen und auch die übrigen Maßnahmen der wirtschaftlichen Vereinheitlichung zu treffen, denen wir von jeher so große Bedeutung beigelegt haben."

Vollmachten für Frankfurt

Lockerung der Zwangswirtschaft — Preiserhöhung für Gas und Elektrizität

Von der Frankfurter Redaktion der „Rheinischen Post"

Frankfurt, 18. Juni. Auf seiner 18. Vollversammlung verabschiedete der Wirtschaftsrat eine Reihe von Gesetzen, die in engem Zusammenhang mit der Währungsreform stehen. Durch das wichtigste dieser neuen Gesetze erhält der Direktor für Wirtschaft Vollmachten, um entscheidende Lockerungen der Zwangsbewirtschaftung und der Preispolitik zu erreichen. Ein weiteres Gesetz dient der Vorbereitung des Lastenausgleiches. Die Währungsreform selbst nannte Präsident Dr. Köhler die unmittelbare Folge eines zwölfjährigen verbrecherischen Regimes, von dessen Hinterlassenschaft jetzt die letzten Schleier fielen. Während die Währungsreform kein Ergebnis deutscher gesetzgeberischer Arbeit darstelle, werde der Lastenausgleich Sache der bizonalen Gesetzgebung sein; der Wirtschaftsrat sei entschlossen, diese Aufgabe im Sinne sozialer Gerechtigkeit zu führen.

Die dem Direktor für Wirtschaft erteilten Vollmachten ermächtigen ihn, die Warengattungen und Leistungen zu bestimmen, die von den Preisbestimmungen freigestellt werden sollen. In einer Reihe von Leitsätzen wird erklärt, daß die Hauptnahrungsmittel und Rohstoffe, die die Grundlage für die gewerbliche und landwirtschaftliche Erzeugung bilden, weiterhin zu bewirtschaften sind, und daß Textilien, die der Bekleidung dienen, ebenso wie Schuhe und Seife der Verkaufsregelung unterworfen bleiben. An die Stelle der Bezugscheine werden jedoch Bezugskarten mit aufzurufenden Punkten treten. In jedem Fall soll der Freigabe aus der Bewirtschaftung der Vorzug vor ihrer Beibehaltung gegeben werden. Gleiches wird für die Preise bestimmt. Die Preise für die Hauptnahrungsmittel und die schon erwähnten Rohstoffe, Mieten und Verkehrstarife werden jedoch wie bisher örtlich festgesetzt und gelten als Höchstpreise, die in einem angemessenen Verhältnis zu den Kosten eines wirtschaftlich geführten Betriebes stehen sollen. Alle Preise, auch die freigegebenen, werden behördlich überwacht. Höchstpreisüberschreitungen und Zurückhaltung von Waren in der Absicht, die Preise zu steigern, sind zu bestrafen. Die Bildung etwaiger wirtschaftlicher Monopole ist zu unterbinden. Weiter verpflichten die Leitsätze den Direktor für Wirtschaft, der Kreditpolitik besondere Aufmerksamkeit zu widmen. Den Leitsätzen wurde außerdem ein im Entwurf noch nicht enthaltener Artikel beigefügt, daß mit der Lockerung der Bewirtschaftung und Preisbildung eine entsprechende Lockerung der Lohnbildung verbunden wird.

Gas und Elektrizität

Aus der Fülle der weiteren Beschlüsse ist noch erwähnenswert, daß jetzt die in der 17. Vollversammlung abgelehnte Zustimmung zur Erhöhung der Preise für Gas und Elektrizität zum Ausgleich der von den Gas- und Elektrizitätswerken zu zahlenden höheren Kohlenpreise gegeben wurde. Die Haushalttarife für Gas können danach um 3 Pfennig je Kubikmeter, die für Elektrizität um 2 Pfennig je Kilowatt erhöht werden, wenn die ebenfalls beantragte Erhöhung der Tarife für Großabnehmer nicht ausreicht, um die aus der Erhöhung des Kohlenpreises sich ergebenden Mehrkosten zu decken. Das Verhältnis der Stimmen war das gleiche wie bei der Abstimmung über das Vollmachtengesetz.

Einstimmig angenommen wurde in erster, zweiter und dritter Lesung ein Gesetz, wonach Gewerbetreibende und Betriebe, die nach der Reichsabgabeordnung oder sonstigen Steuergesetzen Bücher führen müssen, eine Bestandsaufnahme des gesamten land- und forstwirtschaftlichen Vermögens, des Betriebsvermögens und aller Wirtschaftsgüter durchzuführen haben. Diese Bestandsaufnahme hat auch die Wirtschaftsgüter zu umfassen, die seit dem 1. Januar 1939 aus diesem Vermögen ausgeschieden sind, aber am Stichtag — Tag vor der Währungsreform — noch zum Gesamtvermögen der zur Bestandsaufnahme Verpflichteten, deren Angehörigen oder anderen gehören, die am 1. April an diesem Vermögen als Mitunternehmer oder an den zur Bestandsaufnahme verpflichteten Kapitalsgesellschaften wesentlich beteiligt waren. Dieses Gesetz dient zur Vorbereitung des Lastenausgleichs.

Zuchthaus gegen Kompensieren

Außerdem lag ein Gesetzentwurf vor, wonach jegliche Art von Kompensation von Waren wie auch Leistungen nach der Währungsreform mit Gefängnis, in schwereren Fällen aber auch mit Zuchthaus bestraft werden soll. Dieses Gesetz wurde dem zuständigen Ausschuß überwiesen und dürfte in der nächsten Vollversammlung angenommen werden. Das gleiche geschah mit dem Entwurf eines Gesetzes über die Aufhebung und Lockerung von Gewerbebeschränkungen, mit dem jeglicher behördlicher oder zunftmäßiger Einengung der Initiative des einzelnen ein Ende gemacht werden soll, und mit einem Gesetzentwurf über die Schaffung einer landwirtschaftlichen Rentenbank und Genossenschaftskasse, deren Aufgabe es sein wird, auf der Basis der bisher ruhenden Rentenbankgrundschuld Möglichkeiten zur Versorgung der Landwirtschaft mit Krediten zu schaffen.

Drei Atombomben auf das Ruhrgebiet!

Warum die Franzosen den Londoner Plan annahmen — Ein Aufsatz von Francois-Poncet

Eigenbericht der „Rheinischen Post"

Düsseldorf, 18. Juni. Aus Anlaß der Annahme des Londoner Deutschland-Planes durch die französische Nationalversammlung veröffentlicht der ehemalige französische Botschafter in Berlin, André Francois-Poncet, unter der Überschrift „Warum wir London doch ratifiziert haben" einen Aufsatz, in dem er die französischen Beweggründe darlegt.

Francois-Poncet erklärt zunächst, daß ein maßgeblicher Text des Londoner Abkommens bisher nirgends veröffentlicht worden ist. Dadurch seien einige für die französische Regierung unangenehme Irrtümer in der Auslegung entstanden. Man habe z. B. aus der Tatsache, daß über die Reparationen nichts gesagt worden ist, geschlossen, daß dieses Kapitel erledigt sei. Das sei aber nicht richtig. Die Internationale Reparationszentrale in Brüssel werde für die Westzonen weiterarbeiten.

Einer der Punkte der Londoner Empfehlungen, so fährt Francois-Poncet fort, welche die stärkste Erregung der Gemüter zur Folge gehabt habe, sei die Frage der Ruhrkontrolle. „Der Londoner Plan gibt dafür nur ein sehr allgemeines Schema. Nur die Frage der künftigen Verteilung der Stimmen ist genau geregelt, und zwar derart, daß Deutschland im Falle von Meinungsverschiedenheiten zwischen den Alliierten mit seiner Stimme den Ausschlag geben kann. Man hat uns nicht davon unterrichtet, daß die Struktur und die Arbeitsweise des Ruhrkontrollamtes sofort nach der Ratifikation der Empfehlungen genauer untersucht und in einer Abmachung festgelegt werden soll.

Man hat uns auch davon nichts gesagt, daß auf Grund einer Sonderklausel Deutschland dann kein Stimmrecht haben soll, wenn es sich um die Abstimmung über Fragen handelt, die mit Beschwerden über deutsche Maßnahmen zu tun haben. Die Kohlen- und Kokslieferungen schließlich, die wir zu bekommen haben, bleiben nach wie vor für die Dauer der Besetzung durch die Abkommen von Moskau und Berlin bestimmt, und zwar unter Zugrundelegung der gleitenden Skala, die uns zugesichert worden ist."

Francois-Poncet betont, daß er mit den Londoner Empfehlungen keineswegs zufrieden sei. „Ihre Schattenseiten und Gefahren sind mir durchaus gegenwärtig, und wenn General de Gaulle statt des geplanten Bundesstaats für Deutschland einen Staatenbund vorschlägt, so ist das die Meinung, die ich wiederholt in Artikeln vertreten habe. Ich bin auch heute noch überzeugt, daß eine solche Lösung nicht nur die beste wäre im Interesse Frankreichs, sondern auch Deutschlands und Europas. Die französische Regierung hat diesen selben Standpunkt in einer Denkschrift im März 1947 eingenommen, und ich bin überzeugt, daß er von uns mit aller Energie und Hartnäckigkeit verteidigt worden ist. Aber es ist uns nicht gelungen, unsere Freunde von seiner Richtigkeit zu überzeugen. Hätten wir deshalb die Ratifikation der Londoner Empfehlungen ablehnen sollen?" Francois-Poncet verneint diese Frage, indem er erklärt, es habe sich nicht darum gehandelt, welches absolut genommen die beste Lösung des deutschen Problems ist, sondern nur um die Frage, ob es für Frankreich vorteilhafter sei, das Londoner Abkommen anzunehmen oder abzulehnen. „Wenn wir abgelehnt hätten, würden wir die Anglo-Amerikaner dadurch nicht gehindert haben, ihren Weg fortzusetzen. Sie hätten die Bizone weiter ausgebaut, und wir wären in unserer Zone isoliert geblieben. Die französische Zone aber erfordert, da sie im Gegensatz zum Saargebiet nicht an das französische Wirtschaftsgebiet angeschlossen ist, laufende Zuschüsse. Was aber würde unser Parlament und das Land sagen, wenn man von ihnen Milliarden von Franken verlangen müßte, um die Deutschen durchzufüttern? Bei den Russen aber würden wir uns mit einem solchen Abrücken von den Anglo-Amerikanern keineswegs Liebkind gemacht haben. Im Gegenteil: sie wären durch die Meinungsverschiedenheiten im Westen nur dazu ermutigt worden, den „Kalten Krieg" noch energischer zu führen und das Reich in seiner Gesamtheit auf ihre Seite zu ziehen, da sie ja nun einmal mit unübertrefflichem Zynismus die Reichseinheit fordern, nachdem sie selbst die Hauptursache für die Zersplitterung des Reiches geworden sind. Die Deutschen aber hätten in uns das Haupthindernis gegen eine Rückkehr zu normalen Lebensverhältnissen gesehen, ihren unversöhnlichen Gegner, ihren Erbfeind. Die Amerikaner aber schließlich hätten festgestellt, daß wir entgegen dem Sinne des Marshall-Planes gehandelt hätten, der ja die Einbeziehung Westdeutschlands vorsieht, und sie würden uns infolgedessen uns selbst überlassen."

Dadurch, daß Frankreich den Londoner Plan ratifiziert habe, behalte es seine „Hände im Spiel". Es habe aber auch die Solidarität des Westens gesichert, die, so betont Francois-Poncet, Frankreichs „einziger Schutz gegen die Ambitionen des Kremls" sei, denn die deutsche Gefahr sei in Wirklichkeit eine russisch-deutsche. In diesem Sinne schließt Francois-Poncet seinen Aufsatz mit den Worten: „Und wenn wir schon von unserer Sicherheit sprechen, dann wollen wir nicht vergessen, daß schlimmstenfalls drei Atombomben genügen, um im Laufe eines Tages das ganze Ruhrgebiet in Schutt und Asche zu verwandeln."

Durch die „enge Tür"

Vierzehn Stimmen Mehrheit für die französische Regierung — Bidaults Wünsche

Paris, 17. Juni. (AP/dpd. Reuter.) Nach einer stürmisch verlaufenen Nachtsitzung sprach die französische Nationalversammlung in den frühen Morgenstunden des Donnerstag der Regierung Schuman mit 297 gegen 289 Stimmen das Vertrauen aus; auf Grund der französischen Gepflogenheit, wonach jeder Abgeordnete seine Entscheidung bis zur Veröffentlichung des Stimmergebnisses im Amtsblatt ändern kann, traten im Laufe des Tages drei Angehörige der unabhängigen Muselmanen auf die Seite der Regierung über und brachten damit das Stimmergebnis auf 300 : 286, so daß die Regierung insgesamt eine Mehrheit von 14 Stimmen erzielte.

Vor der Abstimmung hatte Außenminister Bidault nochmals in die Debatte eingegriffen und sich lebhaft für eine Annahme des Londoner Plans ausgesprochen. Er betonte, daß jede Hoffnung, bessere Ergebnisse als die in den Londoner Vorschlägen enthaltenen zu erzielen, zur Voraussetzung habe, daß sich Frankreich an dem in London vorgeschlagenen System beteilige und seine Zone mit der britisch-amerikanischen Zone zusammenlege. Weder ein Protest Frankreichs noch seine Nichtbeteiligung würden verhindern, daß im Ruhrgebiet eine Frankreich nicht genehme Politik verfolgt werden könnte. „Eine so wirksame Kontrolle, wie sie in den Londoner Empfehlungen vorgeschlagen ist, sucht in den geschichtlichen Entscheidungen von Tragweite ihresgleichen", erklärte Bidault und betonte, es liege im Sinne der allgemeinen Richtlinien, auf die man sich in London geeinigt habe, daß über Vorbehalte noch verhandelt werden könne. Die französische Regierung habe ihren Plan, nicht nur eine Kontrolle der Produktion, sondern auch der Verwaltung der Ruhrindustrie zu fordern, nicht fallen gelassen. — Die dem Außenminister nahestehende Zeitung „L'Aube" ergänzt die Ausführungen Bidaults, indem sie erklärt, Frankreich müsse der Einladung Folge leisten, das Ruhrgebiet, in dem es sich bisher nicht befunden habe, durch eine „enge Tür" zu betreten, um diese von innen her zu erweitern.

Berlin behält Reichsmark

Berlin, 18. Juni. (dpd.) Der britische Kommandant in Berlin, Generalmajor Herbert, gab zur Währungsreform eine Erklärung ab, in der er betont, daß die Reichsmark weiterhin das Zahlungsmittel in Berlin bleibt. Die Reichsmark wird auch zur Bezahlung aller Lieferungen aus den westlichen Zonen Deutschlands angenommen.

Demontagen gehen weiter

London, 8. Juni. (dpd.-Reuter.) Die Besprechungen, die gegenwärtig zwischen den Westmächten über die Zuteilung der demontierten Industrieanlagen aus Westdeutschland geführt werden, stehen kurz vor dem Abschluß. Die drei Westmächte haben sich geeinigt, die Reparationslieferungen demontierter deutscher Industrieanlagen an die Sowjetunion in der gleichen Weise fortzusetzen wie die Lieferungen an die anderen Reparationsgläubiger. Der von den USA. in starkem Maße und von Großbritannien nicht ganz so nachdrücklich befürwortete **Vorschlag die Demontagen ganz einzustellen oder auf die von den Westmächten benötigten Fabrikanlagen zu beschränken, ist damit abgelehnt worden.**

294 *Es gab an jenem Sonntag »Kopfgeld« – 40 Deutsche Mark plus 20 DM später. Auch Kontoguthaben wurden später eingelöst – allerdings nicht 1:1. Ausgabestelle in Hamburg.*

◁ 293 *»Für ehrliche Arbeit wieder ehrliches Geld!«. Die »Rheinische Post« vom 19. Juni 1948 meldet für den Sonntag einen »historischen Einschnitt«, der er tatsächlich wurde.*

295 *Vater der Deutschen Mark und Vater des Wirtschaftswunders: Ludwig Erhard.*

zession in den trostlosen Innenstädten: die Menschen ziehen von Schaufenster zu Schaufenster, um sich die ersten dürftigen Auslagen anzuschauen, um zu prüfen, Preise zu vergleichen, um zu rechnen, was man mit dem Grundkapital von vierzig Mark kaufen . . . könnte. Das Angebot muß reichlich geprüft werden.
Der sonntäglichen Kopfgeldauszahlung, die mit einem Federstrich Millionen von Sparguthaben zu zunächst wertlosen Zahlenbüchern macht (deren Beträge erst viel später in gewissem Umfange ersetzt wurden), war am 18. Juni 1948 die Bekanntgabe des von den drei Militärgouverneuren erlassenen Währungsgesetzes vorausgegangen. Kaum ist das neue Währungsgesetz veröffentlicht, setzt am Wochenende ein Ansturm auf die Ladenhüter ein. In einem Düsseldorfer Installationsgeschäft verlangt ein Käufer nach Lampen – vergeblich, alles ausverkauft. Der Mann läßt nicht locker: »Dann schrauben Sie mir wenigstens die Deckenhaken aus der Decke!«
Ein 12jähriger Junge, ausgestattet mit einem Bündel von Reichsmarkbanknoten, ersteht am Sonntagnachmittag gleich 3 Roller à 25 Mark. »Dat Jeld jeht jedenfalls nich kapott.« Lippenstifte und Parfümflaschen werden fast nur noch dutzendweise gehandelt.
Im Saarland setzt gleichzeitig ein zweiter Ansturm ein: Wer auch immer alte Reichsmarkbestände sein eigen nennt, macht sich auf den Weg ins französische Grenzgebiet: dort gibt es noch 2,5–3 französische Franc für eine Reichsmark – bald werden es 65–80 Franc für eine neue »Deutsche Mark« sein –, und vor allem: das Geld kann in Mehl, Zucker und Obst umgesetzt werden.
In der ersten Durchführungsverordnung waren der Umtausch von Kleingeld, die neuen Briefmarken, die Bestimmungen über die Fortgeltung von Bahn- und Fahrtausweisen sowie das Verfahren bei der Auszahlung des Kopfgeldes und das Verfügungsrecht der Banken über Altguthaben geregelt. In der Präambel und einigen Paragraphen des Währungsgesetzes heißt es:
»Die Reichsmarkwährung wird in den drei Westzonen (ohne Berlin) durch eine neue Währung ersetzt. Privatpersonen, Wirtschaft und öffentliche Hand erhalten eine Erstausstattung mit neuem Geld. Weitere Gesetze werden Bestimmungen über die Umwandlung von Reichsmarkbeständen, Bereinigung der Bilanzen, Reichsmarkschulden und andere Fragen einschließlich der Steuerreform treffen. Den deutschen Stellen wird die Regelung des Lastenausgleiches als vordringliche, bis zum 31. Dezember zu lösende Aufgabe übertragen. § 1: Mit Wirkung vom 21. Juni 1948 gilt die Deutsche-Mark-Währung, gesetzliches Zahlungsmittel sind die von der Bank Deutscher Länder ausgegebenen Noten und Münzen, ferner zu je einem Zehntel

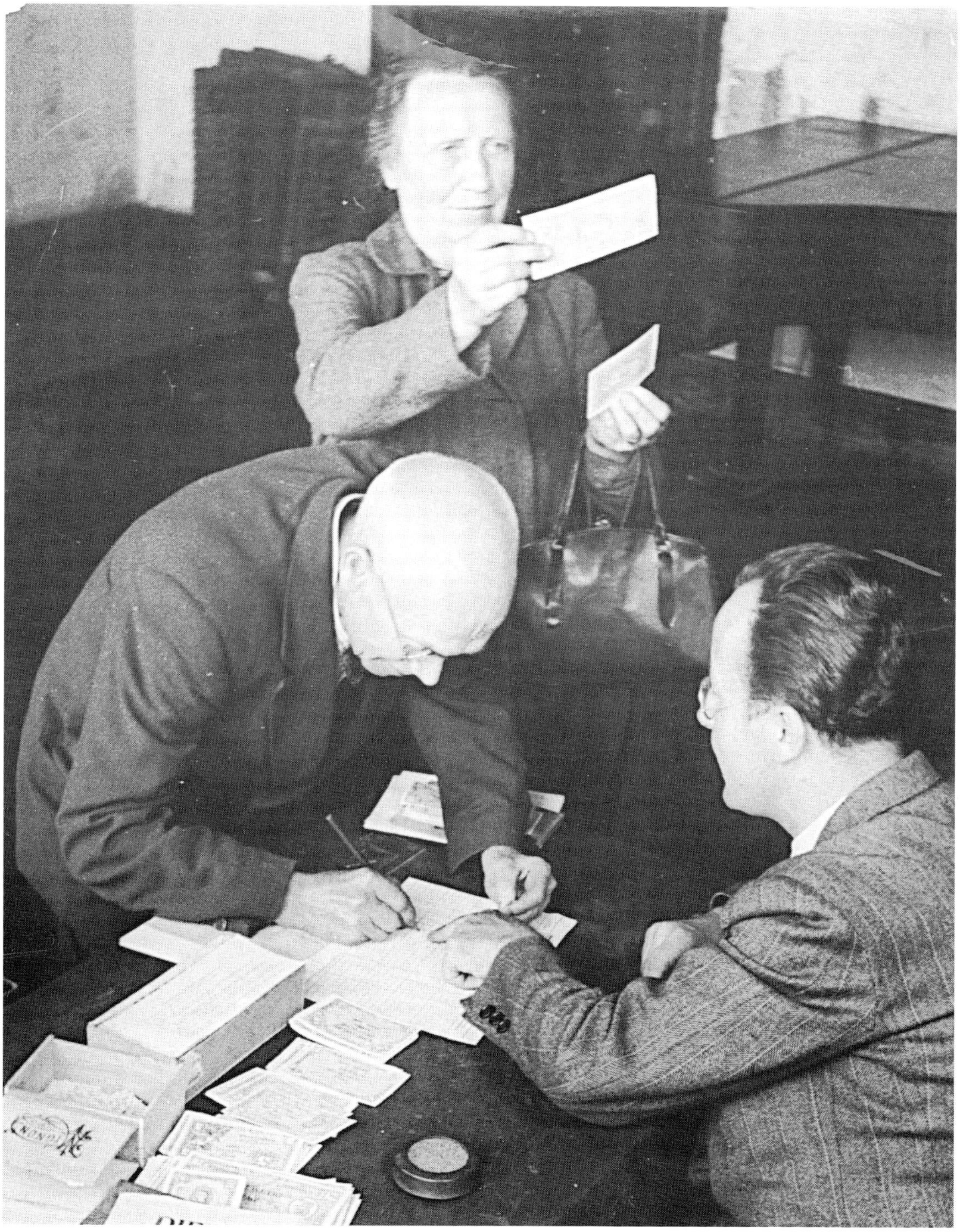

296 *Sie werden einer kritischen Prüfung unterzogen: die neuen Geldscheine.*

ihres Nennwertes die Militärmarknoten zu 1 und 0,50 Mark, die Rentenmarkscheine zu 1 Mark und die Münzen zu 50, 10, 5 und 1 Pfennig. Diese alten Geldsorten verlieren, vorbehaltlich früheren Aufrufes, am 31. August 1948 ihre gesetzliche Zahlkraft. – § 2: Anstelle von Reichsmark, Goldmark, Rentenmark tritt in Gesetzen, Verordnungen und Rechtsgeschäften, vorbehaltlich besondere Fälle, die Deutsche Mark. – § 3: Schulden dürfen nur in Deutsche Mark eingegangen werden. – § 4: Für alle Reichsmarkverpflichtungen gilt ein Moratorium bis 26. Juni 1948. – § 5: Auf nach dem 29. Juni 1948 fällige Löhne usw. ist bis 3. Juli 1948 eine steuerfreie Nachzahlung in Deutsche Mark zu leisten. – § 6: Jeder Einwohner des Währungsgebietes erhält für 60 Reichsmark einen Kopfbetrag von 60 Deutsche Mark, von denen höchstens 40 Deutsche Mark sofort ausbezahlt werden.«

Jeder Einwohner des Währungsgebietes ... Die Währungsreform, in der sowjetisch besetzten Zone nicht gleichzeitig mit durchgeführt, brachte Deutschland ein Stück mehr auseinander. Auch liest sich ein anderer Satz aus dem alliierten Währungsgesetz als besonders folgenschwer: »Den deutschen Stellen wird die Regelung des Lastenausgleiches als vordringliche, bis zum 31. Dezember zu lösende Aufgabe übertragen.«

Übertragen? Aufgebürdet! Aber der Mann, der sich dem Problem stellte, das sicherlich überhaupt nicht binnen Jahresfrist zu lösen war, stand bereit – und er würde auch den Alliierten, die sich hier vor der Verantwortung quasi drückten, noch eine ordentliche Überraschung bereiten! Sein Name: Dr. Ludwig Erhard.

Während die Massen stumm an den Schaufenstern mit den noch dürftigen Auslagen vorbeizogen, während die Schwarzhändler darunter stöhnten, daß die bis dahin gültige Zigaretten-Währung »Ami«) von den samstäglichen sechs Mark in der Kölner Ehrenstraße oder der Weidengasse auf drei Mark am Sonntagmittag und gar auf eine Reichsmark am Sonntagabend sank, war Ludwig Erhard seit Monaten, ja seit Jahren dabei, jenen Weg vorzubereiten, der ihm später einmal den Beinamen »Schöpfer der D-Mark«, »Vater des Wirtschaftswunders« oder einfach liebevoll die Bezeichnung »der Dicke« eintragen sollte.

Der geradlinige Wirtschaftswissenschaftler, »der Mann mit der Zigarre«, war am 4. Februar 1897 in Fürth in Bayern geboren worden. Nach der kaufmännischen Lehre diente er als Soldat im Ersten Weltkrieg, und die Erlebnisse aus jener Zeit mögen nicht unwichtig gewesen sein für die beharrliche Zähigkeit, ja den Starrsinn, wie er vor, während und nach der Währungsreform – in der Koreakrise, als selbst die damals superreichen Amerikaner die Zwangsbewirtschaftung einführten – die freie Marktwirtschaft als Prinzip für die deutsche Wirtschaft aufrechterhielt und verteidigte.

Erhard studierte Betriebswirtschaft und Nationalökonomie. 1928 wurde er wissenschaftlicher Mitarbeiter und schließlich stellvertretender Leiter am Institut für Wirtschaftsbeobachtung der Handelshochschule Nürnberg, ein Posten, den er bis 1942 innehatte. In diesem Jahr wurde er Leiter des Institutes für Industrieforschung in Nürnberg. Damals tut Ludwig Erhard einen sehr gewagten Schritt: den nahen Zusammenbruch quasi als unabwendbar erkennend, verfaßt er, nachdem er aus seinem Amt gedrängt wird, weil er nicht einmal der »Deutschen Arbeitsfront« beitreten will, zur Jahreswende 1943/44 eine Denkschrift unter dem Titel »Kriegsfinanzierung und Schuldenfinanzierung«.

Diese Schrift ist vor allem für Carl Goerdeler gedacht, den früheren Oberbürgermeister von Leipzig (bis 1937) und »Reichskommissar für die Preisüberwachung« – vor allem aber für den zivilen Kopf des deutschen Widerstandes, der nach Ablösung Hitlers (Goerdeler war gegen ein Attentat) die Stelle des Reichskanzlers antreten soll. Kontakte bestehen auch zu Theodor Eschenburg und dem späteren Präsidenten der Notenbank, Karl Blessing. Das Entstehen der Denkschrift wird gefördert durch Männer an der Spitze der Reichsgruppe Industrie wie Wilhelm Zangen, Karl Guth und Viktor Stahl. Goerdeler war am Entstehen des Gutachtens deshalb interessiert, weil er am »Tag X« das Instrumentarium in der Hand haben wollte,

297 *Damals lief gerade »Die schwedische Nachtigall« (Asta Nielsen) und »Verzeih, daß ich dich liebe« (Heinz Ehrhardt): Plakatanschlag zur Währungsreform in Düsseldorf.* ▷

VERZEICHNIS
Geldes ausgezahlt wird.
VERA
Heinz Ehrhardt
Die Rose
von Stambul
EY
KOMÖDIE DER WORTE
Asta Nielsen-
Theater
Die
schwedische
Nachtigall
Täglich
ELLER
HÖLLE
WO IST DEIN SIEG?
Frieden
Deutschland!
den 16. Juni, 18 Uhr
Kundgebung
Hamburg
Fußba
20. JU
16 Uhr
Turu-Platz
Fortuna Turu
Benrath 06 Hilden 03

mit dem die Probleme der durch Krieg und Zwangswirtschaft zerrütteten Währung gelöst werden könnten. Das Risiko für Auftraggeber und Verfasser war nicht – oder gerade sehr gut – kalkulierbar: bei Entdeckung Volksgerichtshof und Tod. Erhard später über das Entstehen dieser Schrift, die Keimzelle der Währungsreform und der »sozialen Marktwirschaft« wurde: »Es war meine Hoffnung, daß wir einer Zeit entgegengingen, in der die Deutschen wieder die Wahrheit hören wollten und auch selbst aussprechen konnten – einer Zeit, in der sie ohne Furcht auch der Obrigkeit begegnen und ihr widersprechen durften, ohne besorgt sein zu müssen, Nachteile zu erleiden oder gar verfolgt zu werden.« Den Bericht diktierte er Wort für Wort seiner Sekretärin Ella Muhr – und dann schickte er ihn an Goerdeler – per Reichspost! Einige andere Männer erhielten eine Kurzfassung des Berichtes, so Theodor Eschenburg, der ihn in einer Nacht las und dann schleunigst wieder an Erhard zurückgab, wie er selbst später erzählt hat. Goerdeler jedoch hatte mit Erhard abgesprochen, daß es viel sicherer sei, solche Dinge auf dem offiziellen – und daher unverfänglichen – Wege auszutauschen, als über Geheimkuriere und andere Kanäle, die scharf überwacht wurden. Nach dem Attentat vom 20. Juli 1944 wurde für die Ergreifung Goerdelers ein Kopfgeld von einer Million Reichsmark ausgesetzt. Aber noch während er auf der Flucht war – er wurde am 11. August 1944 verhaftet und dann hingerichtet –, kam bei Ludwig Erhard ein Brief an, in dem der Empfang der Denkschrift bestätigt wurde. Und außen auf dem Briefumschlag stand fein säuberlich und gut lesbar Goerdeler als Absender ...

Die Denkschrift ist nie bei Goerdeler zu Hause gefunden worden. Wahrscheinlich hat er sie vernichtet, aber während seiner Flucht vor den Häschern schreibt Goerdeler an Freunde im Widerstandskreis in seinem politischen Testament über »Die Aufgaben der deutschen Zukunft«: »Dr. Erhard vom Forschungsinstitut der deutschen Industrie in Nürnberg hat über die Behandlung dieser Schulden eine sehr gute Arbeit geschrieben, der ich im wesentlichen beistimme. Er wird Euch gut beraten!« Gerade diese Denkschrift jedoch gerät – eines von über 20 Exemplaren – den Amerikanern in die Hände, und da die dort niedergelegten Gedanken in ihren Grundzügen genau dem entsprechen, was die Amerikaner wollen, machen sie Erhard zum bayerischen Wirtschaftsminister.

Erhard nahm damit 1944 vorweg, was 1945 als direktes Problem ansteht, das jedoch die Alliierten noch nicht anpacken können – oder wollen. Ja, es sind noch Diskussionen im Gange, ob man die besiegten Deutschen nicht doch noch durch die Währungsreform zusätzlich bestrafen soll. Erst 1948, vier Jahre nach ihrem Entwurf, kann Erhard einige Absichten seiner Denkschrift in die Tat umsetzen – wenn auch unter dramatischen Umständen.

In seinem Plan, der bereits 1944 am Ende offen davon spricht, man müsse »die Kriegswirtschaft in eine neue Friedenswirtschaft überführen«, legt Erhard dar, daß von den Gesamtausgaben des Deutschen Reiches zwischen 1939 und 1945 in Höhe von rund 700 Milliarden Reichsmark nur 333 Milliarden Reichsmark, also weniger als die Hälfte aus Steuern, Zöllen und anderen Einnahmen gedeckt werden konnten. Das restliche Geld pumpte der Staat sich durch Kredite – über den Weg der Zeichnung von Kriegsanleihen und durch allerhand andere Arten der Geldbeschaffung.

Aber, so sein Gedankengang: mit dem Aufbringen der Mittel während des Krieges ist es längst nicht getan – die eigentlichen Probleme werden erst dann entstehen, wenn die Kriegsschulden »finanzwirtschaftlich bereinigt werden müssen«. Mit anderen Worten: wenn die Schuldenlast und ihre Tilgung gerecht verteilt werden, wenn Flüchtlinge, Vertriebene, Kriegsgeschädigte Geld brauchen, wenn durch Bomben getroffene Häuser wieder hergerichtet werden müssen, wenn Firmen Ersatz dafür erhalten sollen, daß sie – kriegsverpflichtet – Investitionen tätigen mußten, die von ihrem eigentlichen Produktionszweck her sinnlos waren. Das spätere moderne Wort für alle diese Maßnahmen mußte erst noch geprägt werden, durch Erhard selbst, wie er annahm (aber nicht mehr sicher wußte): der »Lastenausgleich«. Da aber solche Zahlungen nicht am Tag der Währungsreform selbst erfolgen konnten – das Nominalvermögen war vernichtet und eine Aufteilung des immobilen Vermögens durch eine Sozialisierung lehnte er ab –, war sich Erhard dessen bewußt, daß solche Lastenausgleichszahlungen erst nach und nach geschehen konnten, im Gleichklang mit dem Aufbau der Wirtschaft und dem steigenden Volkseinkommen. Dies aber wiederum bedeutete einen Nachteil

289 *Der Sohn zieht, die Mutter schiebt: die gesamte Habe auf dem Karren. Umzug in Krefeld-Uerdingen.*

für die älteren Lastenausgleichsempfänger, die zu lange auf ihr Geld warten müßten und es zu spät erhalten würden, um damit noch einmal mit Elan einen Aufbau von vorne zu beginnen.
»Aufbau«: Plötzlich, am Montag nach der Währungsreform, tauchten – wie von Zauberhand geschaffen – lockende Dekorationen in den Schaufenstern auf. Was noch am Tag zuvor als unerschwinglicher Traum erschienen war – am Montag quoll es in den Läden geradezu über, zum ersten-

mal seit Jahren: Porzellan, Steingut, Tassen, Teller, Kannen, Messer, Scheren, Herde, Öfen, Haushaltsmaschinen und elektrische Wärmegeräte aller Art, Fahrräder, Reifen, Schläuche, Bettgestelle, Radiogeräte, Ersatzteile, Röhren, ja sogar kosmetische Qualitätswaren. Was jahrelang vom Erdboden verschwunden schien – wo war es jetzt plötzlich hergekommen? Und während in den Auslagen die »neuen« Waren aufgebaut wurden, stauten sich davor die Menschen und schimpften auf Hortungen und Schiebereien.

Den Zwiespalt zwischen Kopfgeldzahlung und der glücklicheren Lage jener, die damals immobile Werte besaßen, formuliert Ludwig Poullain so: »Die Behauptung, alle hätten unter dem Währungsschnitt in gleicher Weise zu leiden gehabt, ist eine Verfälschung der geschichtlichen Tatbestände. In Wirklichkeit vertiefte die Währungsumstellung den Graben zwischen den Sachwertbesitzern und denjenigen, die Geldvermögen angesammelt hatten, also vor allem den kleinen Sparern. Die Entschädigungen, die der Staat später zahlte, waren unzureichend und konnten das 1948 zugefügte Unrecht nicht beseitigen.«

Zunächst einmal hieß es für die, die über keine Sachwerte verfügten, aufteilen und durchkommen. Denn auch am »Tag X« war man noch weit davon entfernt, alles frei kaufen zu können – und das, was »frei« war, war bei einem »Vermögen« von 40 DM noch teuer genug. Während einige Schwarzhändler schon am ersten Tag nach der Währungsreform mit 8000 DM – alles in neuen Noten! – in der Tasche in Hamburg verhaftet wurden, freuten sich die Hausfrauen, daß Blumenkohl, Möhren, Spitzkohl, Erbsen, Salat und Zwiebeln fast überall frei zu kaufen waren – der Blumenkohl zu 0,80–1,50 DM, die Gurke zu 1–2 DM, der Salatkopf in Köln zu 30, in Düsseldorf zu 10 und in Essen zu 5 Pf. Und zur gleichen Zeit, als der Staatskommissar zur Bekämpfung von Korruption und Mißwirtschaft in NRW, Jakobi, befriedigt feststellte, daß am Dienstag nach der Währungsreform – man schrieb den 22. Juni 1948 – in fast allen Betrieben die Belegschaft nahezu vollständig erschienen sei (in der letzten Zeit vor dem »Tag X« waren es durchschnittlich 60–70 %), wurden erstmals nach Jahren wieder Lederwaren zu »friedensmäßigen« Preisen angeboten – schweinslederne Aktentaschen und Damenhandtaschen für 12–15 DM.

Schuhe und Textilien aber mußte man sich »zusammenpunkten«. Drei Tage nach der Währungsreform gab es wieder »Kopfgeld« – diesmal aber in »Punkten«. Je Kopf werden zwanzig Textil- und zwei Schuhpunkte ausgegeben – dabei kostete ein Straßenschuh bis zur Größe 35 sechs Punkte, über 35 acht Punkte. Für einen Damen-Wintermantel mußte man 105 Punkte zusammentragen, für einen dreiteiligen Anzug sogar 120. Um Notkäufe tätigen zu können, waren die Punkte – z. B. innerhalb von Familien – übertragbar; schließlich sollte die nächste Punkteverteilung erst drei Monate später folgen.

Erhard hatte schon frühzeitig versucht, als erster Vorsitzender der »Sonderstelle Geld und Kredit« in Bad Homburg (sie war durch den bizonalen Wirtschaftsrat eingerichtet worden), Währungsreform und Lastenausgleich miteinander zu verbinden. Sein Partner in Bad Homburg ist der junge amerikanische Wirtschaftswissenschaftler Tenenbaum, nach Erhards Urteil »brandintelligent, wissenschaftlich geschult und getrimmt auf währungspolitische Fragen«. Sowohl Tenenbaum wie Erhard sind für eine möglichst strenge Währungsreform im Verhältnis 10:1, die aus vierzig Milliarden Reichsmark zwischen drei und vier Milliarden Deutsche Mark macht. Erhard: »Es war doch mit Sicherheit vorauszusehen, daß, wenn die Menschen wieder kaufkräftiges Geld in die Hand bekommen – und alles andere Geld hätte ja keinen Sinn gehabt –, sie damit auf den Markt gehen werden. Was aber hatte dieser ausgemergelte Markt schon noch an Gütern zu bieten?«

Dem Geld muß Ware gegenüberstehen – solide Ware. Weil Erhard diese These vertritt, gleichgültig, ob die Ware nun gehortet sei oder nicht, verteufelt ihn die SPD als »Schutzpatron der Horter«. Inzwischen ist er als Nachfolger von Semler, der die amerikanischen Hilfesendungen als »Hühnerfutter« bezeichnet hatte und deswegen aus dem Amt mußte, seit dem 2. März 1948 Direktor der Verwaltung für Wirtschaft im Vereinigten Wirtschaftsgebiet der Bizone geworden. Hier macht Erhard erstmals mit Bestimmungen und Gesetzen Bekanntschaft, die ihm unsinnig erscheinen. So hatte man das sogenannte »Speisekammergesetz« erlassen, nach dem alle Haushaltungen ihre Vorräte angeben mußten – was sie natürlich nicht taten. Erhard verhindert, daß ein gleichartiges Gesetz auch für gewerbliche Waren in den Haushalten erlassen wird, nach dem die Hausfrauen zum Bei-

299 19. Juni 1948. Einen Tag vor der Währungsreform sitzen überall streng kontrollierte Zähler bei der Überprüfung der angelieferten Geldmengen.

spiel angeben sollen, wieviel Bett- oder Tischwäsche sie im Hause hätten. Dahinter steht der Plan, daß man dem neuen Geld durch einen »Gebrauchtwarenmarkt« an Haushaltswaren Kaufkraft geben könne.
Erhard hingegen vertritt die Meinung, daß die Währungsreform nur dann glücken kann, wenn die Menschen »vom Tag der Währungsreform an« für den Lohn ihrer Arbeit vollwertige Ware kaufen können. Er stimmt – auf Druck der Gewerkschaften und anderer Gruppen – beispielsweise der Produktion eines (einfachst und billigsten) »Jedermann-Schuhes« zu, um zu beweisen, daß der Markt diese nicht annimmt. Statt dessen hofft er, daß nach der Währungsreform noch verdeckte vorhandene Bestände hochwertiger Waren auf dem Markt erscheinen, so daß die Deutsche Mark gebunden werden kann. Angst vor einem Mißglücken hat er nicht: »Wenn die Menschen wieder den Sinn der Arbeit erkennen, dann packen sie auch an. Und dies ist die Chance, daß unser Geld wieder echte Kaufkraft repräsentiert.«
Aber die Alliierten – vor allem die Amerikaner – wollen nicht den Lastenausgleich mit der Wäh-

rungsreform verbinden – und von der »freien Marktwirtschaft«, die Erhard im Handstreich einführt, ahnen sie schon gar nichts. Von den im »Homburger Plan« niedergelegten Vorschlägen deutscher Sachverständiger unterscheidet sich das alliierte Konzept vor allem in drei Punkten. Entgegen den deutschen Vorstellungen wird einmal die notwendige Umstellung der Geldforderungen und -verbindlichkeiten außer auf das eigentliche Umlaufgeld und die Bank- und Spareinlagen auch auf private Schuldverhältnisse aller Art sowie auf die langfristigen Kapitalforderungen wie Hypotheken, Wertpapiere und damit praktisch auch auf Versicherungsersparnisse ausgedehnt. Andererseits bleibt der nach deutscher Ansicht mit der Währungsreform in einem Akt zu verbindende Lastenausgleich einer späteren deutschen Gesetzgebung vorbehalten. Als Folge der von den Alliierten vertretenen und dann auch durchgeführten These des deutschen Staatsbankrotts werden schließlich Forderungen an das Reich, soweit sie sich unter den Aktiven der Banken, Versicherungen und Bausparkassen befinden, gestrichen und, soweit es sich um privaten Anleihebesitz handelt, jedenfalls zunächst von der Umstellung (Währungsreform) ausgenommen. Der Umstellungssatz selbst wird für umgestellte Verbindlichkeiten auf 10:1 und für Guthaben bei Banken und Sparkassen nach der Anfang Oktober 1948 ebenfalls einseitig durch die alliierte Bankkommission beschlossenen sogenannten »Festkontenstreichung« schließlich auf 100:6,5 festgesetzt. Erst die spätere deutsche Altsparergesetzgebung wird diesen Satz für die vor dem 1. Januar 1940 begründeten Forderungsrechte mit Kapitalcharakter auf das Verhältnis 100:20 erhöhen . . .

Allerdings ist es eine glückliche Fügung, daß gerade Erhard es ist, der die im Kriege entstandenen Ideen seiner Denkschrift dann auch selbst in die Tat umsetzen kann. Alle leicht aus der Schublade zu ziehenden kollektivistischen Verstaatlichungsideen lehnt er ab gegenüber einer auf sozialer Gerechtigkeit aufbauenden freiheitlichen Marktwirtschaft. Für staatliches Handeln fordert er moralische Grundsätze als Vorbedingung, und die äußere Situation bei Kriegsende sieht er 1944 am Ende seiner Denkschrift sinngemäß so: Der Krieg hat die Familien gesprengt, die engste Form der Gemeinschaft. Die heimkehrenden Soldaten wollen nach Jahren kollektiven und primitiven Lebens wieder im Kreis der Familie ein eigenes Leben führen. Die im Arbeitseinsatz gewesenen Frauen sehnen sich nach ihren in der Zwischenzeit verschickten Kindern zurück und wollen ihre Arbeit wieder der eigenen Familie und dem eigenen Heim widmen. Aber dieses Heim ist zerstört oder die Familie hat einen ganz anderen Wohnort nehmen müssen, in einer fremden Umgebung . . . In den vielen während des Krieges geschlossenen Ehen hingegen gibt es überhaupt noch kein Heim, und alles in allem werden diese Erlebnisse nach dem Kriege die Sehnsucht nach privater und individueller Lebensgestaltung wach werden lassen, und dies wiederum wird sich auch im Verbrauch auswirken und häufig mehr zur Qualität als zur Quantität drängen.

Und: Ludwig Erhard kennt den Weg dorthin!

*

Sein Rezept lautet: freie Marktwirtschaft. Als Erhard im März 1948 Direktor der Verwaltung für Wirtschaft wird, läßt er sich in seinem neuen Amtssitz in Frankfurt all das vorlegen, was an Vorbereitungen für die Währungsreform getroffen ist. Aber das Amt hat nichts – es sind eben keinerlei Vorbereitungen getroffen worden! Lediglich die bereits erwähnte Sammelaktion für gebrauchte Waren aus Haushalten ist als Idee diskutiert worden. Aber das wischt Erhard vom Tisch! Er hält es für einen Trugschluß, man könne die neue Deutsche Mark, wenn sie geschaffen werde, durch zweitrangige Waren binden. Deshalb gibt er die neue Marschrichtung an: »Wir müssen auf alle Eventualitäten vorbereitet sein.« Er möchte »vorsorglich« alle Verordnungen – Tausende von Verordnungen! – fix und fertig in der Schublade liegen haben, mit denen die Bewirtschaftung (von den Alliierten eingeführt) und die Preisbindung aufgehoben werden können. Entsetzt entgegnen ihm seine Mitarbeiter: »Aber um Gottes willen, Sie wollen doch nicht das alles aufheben?«

Nein, entgegnet er, diesen »Frevel« plane er nicht. Aber man müsse auf alle Eventualitäten vorbereitet sein. Den Alliierten sagt er kein Wort von seinen Vorbereitungen. Und die gesetzliche Grundlage ist streng und eindeutig: als Direktor der Verwaltung für Wirtschaft darf er keinerlei Verände-

300 *Massenandrang am Stichtag für das neue Geld: Es wurde vielfach in Banken und Schulgebäuden ausgegeben.*

rung in Bewirtschaftung oder Preisbindung vornehmen, ohne daß die alliierte Militärregierung zustimmt.
Aber an diesem denkwürdigen Wochenende der Währungsreform hält Ludwig Erhard eine denkwürdige Rede, in der der kühne Satz fällt: »Der einzige Bezugsschein ist jetzt nur noch die Deutsche Mark«, obwohl dies nicht ganz stimmt und in der Tat noch etliche Güter nur auf Bezugsscheine erhältlich sind. Und: »Wenn in den näch-

sten Tagen von meinem Amt Preisanordnungen im Sinne der Freigabe von Preisbindungen ergehen werden . . .«
Der Skandal ist perfekt!
Sofort danach wird Erhard zur Militärregierung bestellt. »Alarm!«, so erinnert er sich später, »die ganze Bürokratie war sich einig, daß ich mir Unerhörtes erlaubt hätte!« Man hält ihm vor, daß er »gegen sämtliche alliierten Gesetze« verstoßen habe. Es müsse alles rückgängig gemacht und zurückgenommen werden. Erhard: »Von mir nicht!« Aber zunächst will er – hinhaltend – wissen, wogegen er denn überhaupt verstoßen habe. Dann wird ihm der Gesetzestext vorgelesen, demzufolge er ohne Genehmigung keine Änderung der Bewirtschaftung oder der Preisbindung vornehmen dürfe. Und dann setzt Erhard alles auf eine einzige Karte und sagt, etwas betreten wegen der Ungeheuerlichkeit: »Ich habe an den Gesetzen nichts verändert – ich habe sie aufgehoben.«
Natürlich gibt es großen Ärger. Es fallen harte Worte. Erhard droht mit Rücktritt. Und er warnt davor, seine Maßnahme rückgängig zu machen. Man müsse sich doch darüber klar sein, welchen Eindruck dies auf das deutsche Volk mache, wenn die Alliierten so sichtbar Pression auf die deutsche Verwaltung ausübten – und im übrigen wolle er General Clay sprechen, den amerikanischen Militärbefehlshaber.
Clay kommt gleich zum Kernpunkt des Problems und sagt zu Erhard, er wolle doch wohl ihm gegenüber nicht aufrechterhalten, er habe von der Verletzung alliierter Gesetze nichts gewußt? Erhard antwortet, daß er den General viel zu sehr schätze, als daß er ihn belügen wolle. In der Tat habe er bewußt seine Maßnahme getroffen. Aber er, Clay, sei sich doch wohl andererseits ebenso der Tatsache bewußt, daß Erhard bei einer »ehrlichen Anfrage« die neuen Maßnahmen niemals genehmigt bekommen hätte: »Und weil ich überzeugt bin, daß die Währungsreform nur in Verbindung mit der Wirtschaftsreform gelingen kann, bin ich diesen Weg gegangen, und ich erwarte, daß Sie mir dabei helfen werden.«
Clay läßt sich schließlich überzeugen, er steht in der Auseinandersetzung an Ludwig Erhards Seite . . .

*

Wenige Tage später, am 26. Juni 1948, antwortet die sowjetische Besatzungsmacht in ihrer Zone ebenfalls mit einer Währungsreform.
Gerüchte über die bevorstehende Reform hatte es unter den hellhörigen Berlinern schon Anfang Januar 1948 gegeben, als General Clay in einer geheimen Sitzung im Anschluß an eine alliierte Kontrollratssitzung die bevorstehende Währungsreform am Rande erwähnt hatte. Bei der Sitzung des Kontrollrates am 20. März zogen die Sowjets aus dem Saal – Signal für Unstimmigkeiten und bevorstehende Änderungen. Am 11. Juni ließ das Zentralorgan der SED, »Neues Deutschland«, in einem Artikel des Genossen Matern verlauten, die Berliner müßten vor den Auswirkungen der bevorstehenden (westdeutschen) Währungsreform »durch einen Anschluß Berlins an die Ostzone« geschützt werden . . . Nicht zuletzt, um noch weitere Reparationen durchführen zu können, waren Gedanken und Pläne für eine ostdeutsche Währungsreform immer wieder hinausgezögert worden. Am 18. Juni 1948 verkündete dann der »Rundfunk im amerikanischen Sektor« (RIAS) in Berlin:
»Die Währungsreform ist soeben offiziell in den drei Westzonen Deutschlands verkündet worden. Diese Währungsreform erstreckt sich nicht auf Berlin. Die Stadt Berlin bleibt unter der Viermächtekontrolle der Kommandantur und ist daher nicht von Maßnahmen berührt, die in irgendeiner Zone getroffen werden. Die Reichsmark bleibt die Währung in Berlin.«
Dann aber kommt »Befehl 111« der sowjetischen Militärverwaltung: für die Reichsbanknoten werden Kupons gedruckt, die zum Überkleben der alten Banknoten benutzt werden. Die Berliner nennen die neue Währung »Tapetenmark« . . . Zusätzlich erlassen die sowjetischen Behörden ein Gesetz, demzufolge die »Westmark« auf Berliner Territorium keine Gültigkeit habe, da in der Sowjetzone nur eine einzige Währung gelte. Aber die Westmächte weisen die Benutzung der Ostwährung in ganz Berlin zurück und ordnen in ihren Sektoren den Umtausch der Ostmark gegen die neue Westmark an. Zunächst, so der Kompromiß der westlichen Alliierten, sollen auch die Gehälter in den westlichen Sektoren Berlins zu einem Viertel in westlicher, zu drei Vierteln hingegen in östlicher Währung ausgezahlt werden. Ernst Reuter, der (West-)Berliner Bürgermeister, protestiert

energisch gegen diese Maßnahme – und dann kommt die »Berliner Blockade«, durch die auch die Alliierten fest an die Seite der eingeschlossenen Berliner »gezwungen werden«: durch Sperrung der Land- und Wasserwege für den Personen- und Güterverkehr zwischen Westdeutschland und West-Berlin wollen die sowjetischen Behörden eine währungs- und wirtschaftspolitische Eingliederung West-Berlins in die sowjetische Zone erzwingen.
Die Alliierten antworten mit einer Luftbrücke, über die Nahrungsmittel und andere Güter in die eingeschlossene Stadt eingeflogen werden. Die Blockade dauert fast ein Jahr, bis zum 4. Mai 1949 – dann geben die Sowjets auf.
Der Erfolg gibt der jungen westdeutschen Währung recht. Die Züricher Börse spiegelt das Vertrauen, mit dem die »Deutsche Mark« an jenem Sonntag im Juni des Jahres 1948 ausgestattet wird. So erhält man am Jahresende 1948 für 100 Deutsche Mark 22 Schweizer Franken, 1949 bereits 74, Ende 1953 ist die Parität 1:1 zum Schweizer Franken beinahe erreicht, denn für 100 Deutsche Mark kann man 91 Schweizer Franken kaufen, und im Juni 1958, zehn Jahre nach dem Währungsschnitt, kann Otto Normalverbraucher für 100 Deutsche Mark genau 104 Schweizer Franken kaufen.
Zehn Jahre zuvor sind solche Zahlen noch nicht einmal Zukunftsmusik. Vorerst durchdringt die Geldknappheit alle Winkel des langsam aufpulsierenden Lebens. Die Spruchkammerverhandlung gegen Schwester Pia, die einzige Blutordensträgerin des Dritten Reiches, kann nicht stattfinden – die Zeugen haben kein Reisegeld. Die Spruchkammer muß ihre gesamte Arbeit einstellen – es fehlt sogar jegliche Briefmarke für die Post.
Während TV Hassee-Winterbek, Kiel, vor 15000 Zuschauern den Feldhandballtitel erfolgreich verteidigt, verkündet der Fußballverband Niederrhein die Aussetzung der Sommerpause, die mit dem 1. Juli beginnen sollte; die Vereine sollen ihre durch die Währungsreform ramponierte Finanzlage verbessern können. Gleichzeitig werden alle Eintrittspreise so festgesetzt, daß sie 1 DM nicht übersteigen – bis zu diesem Betrag wird auch keine Vergnügungssteuer erhoben. Hoffnung auf größere Veranstaltungen wird laut. Kaum wird bekannt, daß an der »großen Schleife« des Nürburgrings gearbeitet wird, breitet sich das Gerücht aus, im August werde dort ein großes Autorennen stattfinden . . .
Auch die Theater müssen ihre Preise mit der Währungsreform drastisch senken: beim Württembergischen Staatstheater fallen die Höchstpreise zwei Tage nach dem »Tag X« von 9 auf 4, bei Werner Fincks Kabarettistischem Theater gar von 10 auf 2 Mark. Derweil füllen zwei Furtwängler-Konzerte die Mailänder Scala fast vollständig – leer bleibt lediglich die Loge Toscaninis. Der große italienische Dirigent, der 1931 Italien verlassen hatte, weil man ihn zum Spielen der faschistischen Nationalhymne zwingen wollte, hatte Furtwängler dessen Haltung während der NS-Zeit nicht verziehen.
Doch davon nimmt die Öffentlichkeit nur am Rande Notiz. Zwei Tage nach der Währungsreform lautet die Schlagzeile: Senkung der Einkommen- und Lohnsteuer um 33 % des Gesamtaufkommens. Doch nur einen Tag später werden Hoffnungen auf bessere Zeiten wieder gedämpft. Die Besatzungsbehörden geben bekannt, daß im August – ebenso wie im April und im Juni – die Waschmittelzuteilung ausfällt. Die zur Seifenproduktion notwendige Fettsäure kann nicht beschafft werden. Die Freigabe des Fettsäurewerkes in Bergkamen durch die Besatzungsmächte reicht für den Bedarf der Bizone nicht aus. Angebote aus dem Ausland werden abgelehnt – wegen Dollarmangels. Dollarsegen ist aber just drei Tage vorher – am Tag der Währungsreform – in großem Ausmaß angekündigt worden: Repräsentantenhaus und Senat der USA hatten sich über den Marshall-Plan geeinigt: 6030710228 Dollar sollten innerhalb der nächsten 15 Monate nach Westeuropa fließen, etliche Milliarden davon nach Westdeutschland. Drei Jahre nach Null ist es auf dem Weg zum Wohlstand.
Hatten die Deutschen schließlich gewonnen? Die Engländer verloren?

301 *Das Ende vom Lied, drei Jahre nach Null: schweigende Glocken. Diese hier – rund 10000 auf dem Hamburger Reiherstieg – sind ihrem Schicksal, der Einschmelzung, entgangen. Einige sind geborsten. Auf den Mänteln die Nummern, unter denen sie aus ganz Europa für die Kriegswirtschaft rekrutiert wurden.*

Zeittafel

Am 22. Mai 1943 gibt der britische Generalleutnant Frederick E. Morgan (Stabschef des noch zu ernennenden alliierten Kommandantenstabes) die ersten Direktiven für die Besetzung Deutschlands (»Operation Franklin«) heraus. Am 30. Oktober 1943 wird General Dwight D. Eisenhower zum alliierten Oberkommandierten ernannt. Am 11. September 1944 überschreiten die alliierten Streitkräfte die deutsche Grenze im Westen, am 21. Oktober 1944 fällt Aachen als erste deutsche Großstadt im Westen in die Hand der Amerikaner. Am 12. September 1944 ist vom alliierten Oberkommando das »Fraternisieren« (Verbrüdern) mit Deutschen verboten worden.

1945

4.–11. Februar: Konferenz von Jalta, Einteilung der Besatzungszonen in Deutschland.

23. April: Adolf Hitler schreibt sein politisches Testament. Hermann Göring und Heinrich Himmler werden aus der Partei ausgeschlossen. Ernennung von Großadmiral Karl Dönitz zum Reichspräsidenten und Oberbefehlshaber der Wehrmacht.

2. Mai: Dönitz beauftragt Finanzminister Graf Schwerin von Krosigk mit der Bildung einer geschäftsführenden Reichsregierung.

3. Mai: Reichsregierung in Mürwik bei Flensburg. Auflösung der NSDAP.

4. Mai: Unterzeichnung der Kapitulation der deutschen Streitkräfte in den Niederlanden, Nordwestdeutschland, Dänemark und Norwegen durch Generaladmiral von Friedeburg im Hauptquartier Montgomerys bei Lüneburg.

6. Mai: Die Reichsregierung entläßt Himmler aus allen Ämtern.

7. Mai: Unterzeichnung der »bedingungslosen Kapitulation« der deutschen Wehrmacht in Eisenhowers Hauptquartier in Reims durch Generaloberst Jodl.

8. Mai: Wiederholung des Kapitulationsaktes im sowjetischen Hauptquartier in Berlin-Karlshorst vor Marschall Schukow durch Generalfeldmarschall Keitel, Generaladmiral von Friedeburg und Generaloberst Stumpff. – »VE-Day« (Victory Europe).

9. Mai: 00.01 Uhr Gesamtkapitulation in Kraft

18. Mai: Das alliierte Hauptquartier genehmigt die Entlassung deutscher Kriegsgefangener, die älter als 50 Jahre sind.

23. Mai: Absetzung und Verhaftung der Regierung Dönitz.

26. Mai: Das alliierte Hauptquartier wird aus Reims in das vormalige IG-Farben-Gebäude in Frankfurt am Main verlegt.

5. Juni: Errichtung des »Alliierten Kontrollrates« mit Sitz in Berlin. Deutschland wird nach dem Übereinkommen der Alliierten »innerhalb seiner Grenzen, wie sie am 31. Dezember 1937 bestanden haben, für Zwecke der Besatzung in vier Zonen aufgeteilt«. In Berlin wird eine gemeinsame Militärkommandantur eingerichtet.

1. Juli: Die russischen Verbündeten erhalten von den Amerikanern die eroberten Gebiete Thüringens und Sachsens. Amerikanische und britische Truppen rücken am 4. Juli in Berlin ein.

7. Juli: Das Saarland wird einer eigenen Verwaltung unter französischem Protektorat unterstellt.

12. Juli: Provinzialregierung in Hannover (britische Zone) unter Oberpräsident Hagemann eingesetzt.

17. Juli–2. August: Potsdamer Konferenz (Verabschiedung des Potsdamer Abkommens am 2. August 1945 auf Schloß Cecilienhof). Die vier Besatzungsmächte verpflichten sich zu einem Friedensvertrag mit Gesamtdeutschland. Bis dahin Aufteilung Deutschlands in vier Besatzungszonen, zwei Gebiete unter sowjetischer und polnischer Verwaltung und Sonderregelung für Berlin. Reparationen und Demontage von Industrieanlagen.

21. Juli: Amerikanische Blitzaktion »Tally-Ho«. Riesige Waffen- und Munitionsbestände werden beschlagnahmt, 80000 Deutsche verhaftet.

6. August: Abwurf der ersten Atombombe über Hiroshima.
2. September: Japan kapituliert.
18. Oktober: Anklage gegen 24 deutsche »Hauptkriegsverbrecher« vor dem internationalen Militärgerichtshof in Berlin.
November: Eröffnung des Prozesses gegen die 24 »Hauptkriegsverbrecher« in Nürnberg. Der »Nürnberger Prozeß« dauert bis zum 1. Oktober 1946 und endet mit zwölf Todesurteilen. Göring entzieht sich der Vollstreckung des Todesurteils durch Selbstmord. Dönitz, Raeder, von Schirach und Speer erhalten »lebenslänglich«. Es folgen weitere Prozesse gegen Juristen, SS-Ärzte, KZ-Aufseher, Diplomaten, Generäle, Industrielle und hohe Beamte.

1946

20. Januar: Die ersten demokratischen Wahlen Nachkriegsdeutschlands finden in der amerikanischen Zone statt, allerdings nur in Gemeinden mit weniger als 20000 Einwohnern.
März: Gesetz zur Befreiung von Nationalsozialismus und Militarismus. Erlasse in den Ländern der amerikanischen Besatzungszone auf Grund der »Anweisung Nr. 24« des Alliierten Kontrollrates (vom 12. Januar 1946).
5. März: Prägung des Begriffes »Eiserner Vorhang«. Rede Winston Churchills in Fulton/Missouri in den USA: »Von Stettin an der Ostsee bis hinunter nach Triest an der Adria ist ein Eiserner Vorhang (iron curtain) über den Kontinent gezogen«.
6. März: Eröffnung des Zonenbeirates der britischen Zone, der am 15. Februar mit dem Sitz in Hamburg eingerichtet worden war. Erste Begegnung zwischen Adenauer und Schumacher.
21./22. April: Gründung der »Sozialistischen Einheitspartei Deutschlands« als Zusammenschluß der »Sozialdemokratischen Partei Deutschlands« und der »Kommunistischen Partei Deutschlands« in der Sowjetisch besetzten Zone (SBZ).
17. Juli: Bekanntgabe der Bildung des Landes »Nordrhein-Westfalen«.
3. August: Das Eheverbot für Deutsche mit Briten wird aufgehoben.
2. Dezember: Ein britisches Weißbuch veröffentlicht das unterzeichnete Abkommen zwischen Großbritannien und den USA über die Errichtung der »Bizone« (Verschmelzung der britischen und amerikanischen Besatzungszone), um »die wirtschaftliche Einheit Deutschlands gemäß den Potsdamer Beschlüssen herzustellen«. Frankreich lehnt eine Verschmelzung zunächst ab. Später wird ein rheinisches Karnevalslied sehr populär; »Wir sind die Eingeborenen von Trizonesien«. Die Trizone existiert ab 8. April 1949.
23. Dezember: Das Saargebiet wird Teil des französischen Zollgebietes. Sei dem 2. Januar 1946 stehen bereits die ehemals reichseigenen Bergwerke unter französischer Verwaltung.

1947

1. Januar: Die Bizone ist Wirklichkeit.
12. März: Die Truman-Doktrin, von Präsident Truman in einer Kongreßbotschaft verkündet, sagt allen Ländern zur Wahrung ihrer Unabhängigkeit Militär- und Wirtschaftshilfe zu.
5. Juni: Der Marshall-Plan wird vorgelegt. Der amerikanische Außenminister Marshall schlägt in einer Rede vor der Universität Harvard ein Programm zum Wiederaufbau Europas vor. US-Lieferung von Rohstoffen, Waren und Kapital teils als Kredite, teils als Zuschüsse. Die UdSSR lehnt das »Instrument des Dollar-Imperialismus« ab. Deutschland erhält insgesamt 3,6 Milliarden Dollar.
6. Juni: Treffen der Ministerpräsidenten der deutschen Länder zu gemeinsamer Beratung in München. Keine Einigung. Zwei Tage später verlassen die Präsidenten der mitteldeutschen Länder die Konferenz. Einige Teilnehmer der Konferenz: Ministerpräsident Amelunxen (NRW), Ministerpräsident Kopf (Niedersachsen) und Bürgermeister Brauer (Hamburg), alle aus der britischen Zone; Ministerpräsident Ehard (Bayern), Senatspräsident Kaisen (Bremen) und Ministerpräsident Reinhold Maier (Württemberg-Baden), alle aus der amerikanischen Zone; Carlo Schmidt, Vorsitzender des Direktoriums von Württemberg-Hohenzollern aus der französischen Zone sowie aus der russischen Zone Innenminister Kurt Fischer (Sachsen), Ministerpräsident Höcker (Mecklenburg) und die Ministerpräsidenten Hübner

(Sachsen-Anhalt), Paul (Thüringen) und Steinhoff (Brandenburg). Die Stadt Berlin ist durch die geschäftsführende Bürgermeisterin Luise Schröder vertreten.

25. Juni: Der Wirtschaftsrat trifft zum ersten Mal in Frankfurt am Main zusammen.

1948

1. Januar: Der Nordwestdeutsche Rundfunk in Hamburg (NWDR) geht in deutsche Hand über – als Körperschaft des öffentlichen Rechtes und unabhängig von Staat und Parteien.

20. März: Die Sowjetunion verläßt den alliierten Kontrollrat.

Mai: Volksbegehren zum »Gesetz über die Einheit Deutschlands«. Bis zum 24. Mai 6,13 Millionen (= 52,9 % der erwachsenen Bevölkerung) Unterschriften.

20. Juni: Währungsreform. Zehn Reichsmark = eine Deutsche Mark West. Die sowjetische Militärregierung antwortet mit einem Geldumtausch im gleichen Verhältnis (Deutsche Mark Ost) und der Berliner Blockade.

24. Juni: Beginn der Berliner Blockade. Am 30. Juni richten die Amerikaner eine »Luftbrücke« zur Versorgung der abgeschnittenen Stadt ein. Die Sowjetunion hebt die Blokkade ein Jahr später auf, am 12. Mai 1949.

29. Juni: Auflösung des Zonenbeirates.

1. Juli: »Frankfurter Dokumente der Besatzungsmächte zur Einberufung einer verfassunggebenden Versammlung und Ankündigung eines Besatzungsstatus.

8.–10. Juli: Beratung der Ministerpräsidenten von elf westdeutschen Ländern über die »Frankfurter Dokumente«. Empfehlung eines »Parlamentarischen Rats«, der ein Grundgesetz und ein Wahlgesetz ausarbeiten soll.

26. Juli: Beschluß der Militärgouverneure mit den Ministerpräsidenten, den »Parlamentarischen Rat« einzuberufen.

1. September: Der »Parlamentarische Rat« tritt zusammen. Getagt wird im Gebäude der Pädagogischen Akademie in Bonn. Konrad Adenauer wird zum Präsidenten gewählt. Der »Parlamentarische Rat« besteht aus 65 von den Ländern gewählten Mitgliedern. Aufgabe des Rates ist die Ausarbeitung eines Grundgesetzes für die elf westdeutschen Länder.

1949

4. April: Der »Atlantikpakt« wird in Washington gegründet (NATO: North Atlantic Treaty Organization). Den Oberbefehl über die Nato-Streitkräfte in Europa übernimmt General Eisenhower.

10. Mai: Bonn wird zur »vorläufigen Bundeshauptstadt« gewählt (»das Provisorium«).

23. Mai: Ratifizierung des »Grundgesetzes der Bundesrepublik Deutschland« durch die westdeutschen Länderparlamente. Nur Bayern lehnt es ab. Verpflichtung zur Wiedervereinigung und Befristung des Grundgesetzes bis zu dem Tage, »an dem eine Verfassung in Kraft tritt, die von dem deutschen Volke in freier Entscheidung beschlossen worden ist«. Das Grundgesetz war am 8. 5. vom »Parlamentarischen Rat« verabschiedet und am 12. 5. durch die Militärgouverneure der westdeutschen Besatzungszonen genehmigt worden.

21. Juni: Inkrafttreten des Besatzungsstatuts. Hohe Kommissare mit Dienstsitz auf dem Petersberg bei Bonn werden General McCloy (USA), Sir Brian Robertson (Großbritannien) und François Poncet (Frankreich).

14. August: Wahlen zum 1. Deutschen Bundestag.

12. September: Theodor Heuß wird vom Bundestag zum ersten Bundespräsidenten der Bundesrepublik Deutschland gewählt.

15. September: Konrad Adenauer wird vom Bundestag zum ersten Bundeskanzler gewählt.

5. Oktober: Gründung der »Deutschen Demokratischen Republik« (DDR). Staatspräsident wird Wilhelm Pieck, Ministerpräsident Otto Grotewohl, sein Stellvertreter Walter Ulbricht, der Generalsekretär der Sozialistischen Einheitspartei Deutschlands.

Am 26. Mai 1952 löst der »Deutschlandvertrag« das Besatzungsstatut ab. Der Vertrag wird in Bonn von Acheson, Adenauer, Eden und Schuman unterzeichnet. Am 5. Mai 1955 wird die Hohe Alliierte Kommission aufgelöst und die Bundesrepublik Deutschland souverän. Am 9. Mai 1955 tritt die Bundesrepublik dem Atlantikpakt (Nato) bei. Am 14. Mai 1955 wird der »Warschauer Pakt« als Gegenstück der Nato gegründet.

Ortsregister

(Kursiv gesetzte Zahlen weisen auf Benennung im Bildtext hin)